初中语文优质教学设计：新标准·新教材·新教法丛书

统编初中语文教科书优质教学设计

总主编◎邓 彤 李冲锋
本册主编◎蔡忠平 杨亦文

（七年级上册）

华东师范大学出版社
·上海·

图书在版编目(CIP)数据

统编初中语文教科书优质教学设计.七年级 上册/邓彤,李冲锋总主编;蔡忠平,杨亦文本册主编.—上海:华东师范大学出版社,2022

(初中语文优质教学设计:新标准·新教材·新教法丛书)

ISBN 978 - 7 - 5760 - 2848 - 5

Ⅰ.①统… Ⅱ.①邓…②李…③蔡…④杨… Ⅲ.①中学语文课-教学设计-初中 Ⅳ.①G633.302

中国版本图书馆 CIP 数据核字(2022)第 139091 号

统编初中语文教科书优质教学设计(七年级上册)

总 主 编	邓 彤 李冲锋
本册主编	蔡忠平 杨亦文
策划组稿	赵建军
责任编辑	张 婧
责任校对	宋红广 时东明
装帧设计	俞 越

出版发行	华东师范大学出版社
社　　址	上海市中山北路 3663 号　邮编 200062
网　　址	www.ecnupress.com.cn
电　　话	021 - 60821666　行政传真 021 - 62572105
客服电话	021 - 62865537　门市(邮购)电话 021 - 62869887
地　　址	上海市中山北路 3663 号华东师范大学校内先锋路口
网　　店	http://hdsdcbs.tmall.com
印 刷 者	上海商务联西印刷有限公司
开　　本	787 毫米×1092 毫米　1/16
印　　张	19.75
字　　数	339 千字
版　　次	2022 年 9 月第 1 版
印　　次	2023 年 10 月第 2 次
书　　号	ISBN 978 - 7 - 5760 - 2848 - 5
定　　价	59.00 元

出版人　王　焰

(如发现本版图书有印订质量问题,请寄回本社客服中心调换或电话 021 - 62865537 联系)

初中语文优质教学设计：
新标准·新教材·新教法丛书
编委会

主　编　邓　彤　李冲锋

编委会主任　王希文

编　委（以音序排名）

蔡忠平	苍　郁	陈　丹	陈　莉	陈潋雯	程　盼
程思怡	褚　磊	丁　颖	段乐春	顾婷婷	郭荷苗
胡文耕	黄明晶	蒋玉坤	雷旭莉	李　杨	李天娇
李莹莹	李张勇	梁　颖	林　超	刘东贺	潘文冬
桑凤英	沙健芳	施　丹	王　洪	王婷婷	王伟华
吴群英	武罗欣	奚赛娟	徐　慧	杨膳荫	杨晓丽
杨亦文	张　莹	张雪欢	周　冰	周　燕	

本册主编　蔡忠平　杨亦文

编写人员　第一单元　杨晓丽
　　　　　　第二单元　李天娇
　　　　　　第三单元　张雪欢
　　　　　　第四单元　褚　磊
　　　　　　第五单元　杨膳荫
　　　　　　第六单元　王　洪
　　　　　　学习任务群　方晓冉　冯淑君

编者的话

现行义务教育教科书《语文》(七至九年级)是以义务教育课程方案和《义务教育语文课程标准(2011年版)》为依据编写的。2022年4月,《义务教育语文课程标准(2022年版)》颁布,新版课程标准对语文课程与教学提出了新标准、新要求。在此背景下,为帮助广大语文教师更好地使用这套语文统编教材,我们编写了这套语文教学参考书。

这是一套怎样的教学参考书呢?

它简明,具有纲目明晰之特征。它不贪多求全,没有连篇累牍的文章分析,没有堆积如山的资料汇编,更没有浩如烟海的习题测试。它提纲挈领、简明扼要地为教师把握一篇课文或一个单元的教学提供基本框架。它凸显教学核心任务,聚焦关键知识和基本素养,设计精当的学习活动。它以平等姿态与一线教师对话交流,旨在成为教师教学的友善型"辅助支架",而极力避免异化为耳提面命式的"教学律令"。

它好用,具有模块式自由组合之特征。教案中若干板块相互关联,却又各自独立,如同七巧板,教师可以依据自己的需要,选择其中若干模块,或重组,或拼接,或嵌入自己的教学设计,从而创设出具有自身特色的教学方案。一方面,它能够为教师提供一种新的思路,一种不一样的设计风格;另一方面,它具有柔性特征,能如水随形,便于教师吸纳、转化。它既能够为教师提供一个不错的教学样例,又充分尊重教师教学的现实需求与个性特征。

它好玩,具有快乐学习特征。语文课堂应该是"生动"的。这个"生动",有两层含义:一是指气氛活跃,一是指"学生参与"。理想的语文课堂不应该死气沉沉、面目可憎;学生学习语文也不应该愁眉苦脸、痛苦不堪。理想的语文教学设计,应该依据文本特征,贴近学生生活,运用学生喜闻乐见的方式,精心设计系列学习活动,使得语文教学妙趣横生,使得语文学习不再是一件苦差事。如此,语文课堂才能成为学生学习的乐园,学生才能够优游其中,含英咀华,流连忘返。

编写中我们遵循了以下三大编写原则。

1. 体现统编教材特色

编写中充分注意核心价值观在教学中的有机渗透,发挥语文学科教育在立德树人方面的重要作用;在设计中充分体现单元人文主题和语文要素的有机结合。

2. 关注语文深度学习

语文是一门实践类学科,语文深度学习必须高度重视转化学习内容与学习方式,帮助学生体验、经历知识的发现与建构过程,使学生真正成为语文学习主体。

3. 便于一线教师使用

理想的教学参考书籍,既要站位高,也要接地气。本丛书一方面基于新课程、新教材开展设计,一方面充分考虑到一线教师的实际需求,在总体框架、文本解读、学习活动设计等一线教师普遍觉得棘手之处着力较多,希望能够为教师教学提供有益的支援。

在上述原则指导下,在具体编写过程中,我们进一步凸显了本丛书的五大特点。

1. 注重单元设计

本丛书凸显统编教材单元整体感强之特征,立足于教材单元基本目标,围绕单元教学核心内容设计系列学习环节,注重单篇课文与单元其他文章的一体化设计,注重阅读活动与写作活动的有机融合。

2. 明确学习要素

为超越语文教学"暗中摸索"的经验性层级,本丛书明确引入"语文学习要素"概念,旨在以明确的语文核心知识引领师生开展语文教与学活动,使得语文教与学不断趋向"明里探求"层次。

3. 关注文本细读

语文学习核心素养之核心是"语言积累与建构",文本细读在语文教学中永远具有压舱石的重要作用。本丛书高度关注对文章重点语段、语句的精细化深度解读,这使得本丛书因此具有较为浓郁的"语文味"。

4. 设计模块化活动

注重活动与探究,是新版语文课程标准与统编语文教材的基本的核心理念与基本内容。本丛书为落实这一精神,致力于学习活动设计研究,开发设计了大量鲜活生动、具有浓郁语文味道的学习活动。这些活动如斑斓彩贝,闪烁于丛书各单元,或星星点点,或交织成文,共同构成一个生意盎然的语文学习生态场,这些活动,聚焦核心素养,内嵌关键知识,贴近学生生活,有利于促进学生开展研究性学习、多维表征学习。同时,本丛书设计的学习活动,形成相对独立的活动模块,以便教师依据实际需要对这些活动自由组合调配。

5. 凸显学习任务群

新颁布的《义务教育语文课程标准(2022年版)》提出以学习任务群组织、呈现课程内容。这对语文课程建设、教材编写与教学实施都提出了全新的要求。语文学习任务群是素养导向的语文实践活动,其实质是特定情境下的语言文字运用。语文学习任务群的提出,对语文教学方式与学习方式提出了崭新的要求,引起了广大一线教师的高度关注。

为此,本丛书编者依据新课标精神,整合统编教材内容,结合七至九年级语文学习实际,专门安排"学习任务群"板块,精心设计了系列学习任务群。这些任务群围绕新课标所确定的基础、发展、拓展三大类型,涵盖了语言文字积累与梳理、实用性阅读与交流、文学阅读与创意表达、思辨性阅读与表达、整本书阅读、跨学科学习等六大领域。具体安排如下。

【七年级上册】

1. 语言文字积累与梳理:有朋自远方来——"朋"字学习任务群设计

2. 文学阅读与创意表达:梦想与现实交织的生存悲歌——《骆驼祥子》课本剧创作与展演任务群设计

【七年级下册】

1. 跨学科学习:多学科碰撞出"大航海+故事"——《海底两万里》学习任务群

设计

  2. 文学阅读与创意表达：体验奋斗历程·讴歌奋斗精神——"奋斗"主题微电影拍摄与展播任务群设计

【八年级上册】

  1. 整本书阅读：红色经典与精神赓续——《红星照耀中国》学习任务群设计

  2. 实用性阅读与交流：昆虫世界探秘——《昆虫记》学习任务群设计

【八年级下册】

  1. 跨学科学习：古诗词游园会——《惠崇春江晚景》学习任务群设计

  2. 整本书阅读：峥嵘岁月与英雄品质——《钢铁是怎样炼成的》学习任务群设计

【九年级上册】

  1. 思辨性阅读与表达：实用类非连续性文本的阅读——侧重信息甄选与逻辑理解的思辨性读写任务群设计

  2. 文学阅读与创意表达：英雄传奇：精准人设打造与再造表现——《水浒传》学习任务群设计

【九年级下册】

  1. 整本书阅读：独立女性的赞歌——《简·爱》学习任务群设计

  2. 实用性阅读与交流："文化"的天平　思维的博弈——"文化传承与文化创新哪个更重要"主题辩论赛学习任务群设计

上述学习任务群在"文化自信、语言运用、思维能力与审美创造"等语文核心素养目标指导下，采用主题情境方式呈现，以学习任务统整语文学习全程，注重语文核心知识的实践运用与结构化掌握，希望能够为一线教师的教学提供有效的帮助。

本套丛书以全国著名特级教师邓彤主持的上海市语文名师基地成员为主要编写者，又邀请一些名校、名师参与其中，组成了一个阵容强大的编写团队。全国语文核心期刊《中学语文教学》杂志副主编王希文女士作为本团队学术导师，领衔担任丛书编委会主任，为丛书编撰提供学术指导，在此一并致谢。

  经过一年多的努力，全体编写者多次研讨，反复打磨，几易其稿，终于完成了这套教学设计参考书。希望本丛书的出版，能够帮助广大一线教师更深入领会新课程理念，更好地使用统编教材，更有效地培育学生的语文素养。当然，虽然本丛书全体编者尽心尽力，由于水平与条件所限，本丛书一定还有诸多待完善之处，在此恳请方家不吝指教。

总主编：邓彤 李冲锋

2022 年 6 月

目录

第一单元

1 春 3
2 济南的冬天 14
3* 雨的四季 25
4 古代诗歌四首 31
  写作　学会观察生活 42
  单元练习 46

第二单元

5 秋天的怀念 54
6 散步 63
7* 散文诗二首 71
8 《世说新语》二则 77
  写作　学会记事 86
  单元练习 95

第三单元

9 从百草园到三味书屋 108
10* 再塑生命的人 117
11 《论语》十二章 123
   写作　写人要抓住特点 132
   名著导读
   　《朝花夕拾》消除与经典的隔膜 136

目录

单元练习 141

| 第四单元 |

12　纪念白求恩 154
13　植树的牧羊人 166
14*　走一步，再走一步 178
15　诫子书 184
写作　思路要清晰 190
综合性学习
　　少年正是读书时 193
单元练习 199

| 第五单元 |

16　猫 206
17*　动物笑谈 215
18　狼 220
写作　如何突出中心 232
单元练习 237

| 第六单元 |

19　皇帝的新装 243
20　天上的街市 254
21*　女娲造人 261

22 寓言四则………………………………………………… 265
写作　发挥联想和想象………………………………… 274
综合性学习
　　文学部落…………………………………………… 277
名著导读
　　《西游记》精读和跳读……………………………… 281
单元练习……………………………………………… 286

| 学习任务群设计 |

语言文字积累与梳理：有朋自远方来
　　——"朋"字学习任务群设计………………………… 288
文学阅读与创意表达：梦想与现实交织的生存悲歌
　　——《骆驼祥子》课本剧创作与展演任务群设计…………… 294

注：阅读课文分"教读"和"自读"两类。篇名前标有＊的为自读课文。

第一单元

单元教学目标

1. 朗读课文,想象诗文中描绘的情景,领略景物之美。
2. 把握好重音和停连,在朗读中感受汉语声韵之美。
3. 揣摩和品味语言,体会不同语言表达技巧的妙处。

单元内容框架

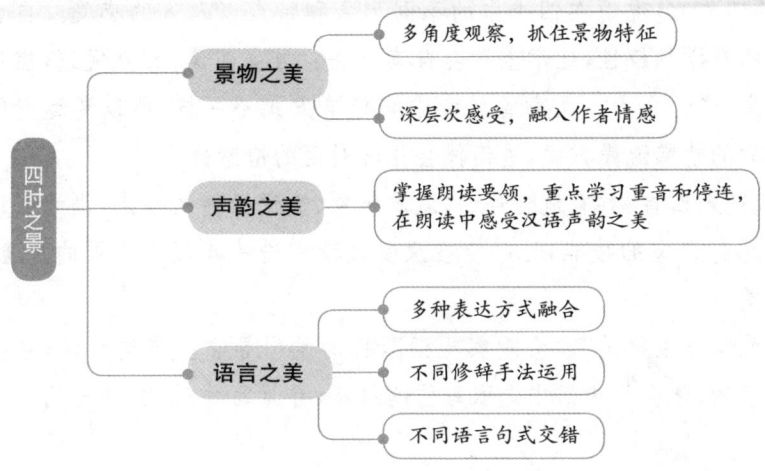

单元设计说明

本单元主题为"四时之景",所选都是写景抒情的诗文,描绘了多姿多彩的四季美景。这些名篇抓住景物特点,具有一些共同的特点,如语言精美、构思精巧、情景交融、富有诗情画意等。

《春》以生动形象的笔法,多层次、多角度地描写了一个春天的景象。不仅选材谋篇紧紧扣住春天的特征,更是赋予了"春"情感和生命。要恰当地运用朗读技巧,表现散文意境,感受作者情感。

《济南的冬天》对济南冬天场景和特点的描述,充分体现了作者对济南冬天的喜爱之情。全篇多用比喻和拟人,紧紧抓住济南冬天"温晴"的气候特点,使笔下景物与"温晴"天气紧密联系。对精美语句加以朗读,细细品味,有助于体会作者的思想情感。

《雨的四季》展现雨在四季中的不同形象和特点以及人的感受。自读课重在调动学生的自学积极性,让学生学会自读方法。自主朗读,相互促进,有助学生主动感悟语言、亲近文本。文章首尾和中间抒情方式不一样,所以要运用朗读去体会两种不同的情感流露方式,进而体会作者对雨的情感的升华。

《古代诗歌四首》具有适合吟诵、激发想象、愉悦性情的特点,诵读有助于培养学生整体感知课文的技能,让学生在反复诵读中进一步领会诗歌的意境美、语言美和声韵美。

本单元写作主题是"学会观察生活",目的是引导学生走进生活,学会仔细地观察周围事物,学会从生活中选取写作的材料,寻觅写作触点,并能用自己的语言表达生活。

1 春

朱自清

一、教学目标与学习要素

(一) 教学目标

1. 有感情地朗读课文，想象描绘的情景，掌握重音和停连等朗读要领，感受春之美好。
2. 理清文章结构，感受春之特点。
3. 从修辞、用词、多感官等角度品味春之典雅。

(二) 学习要素

1. 依据文章思想感情发展变化，掌握重音和停连的朗读要领。
2. 梳理文脉，把握春之特点。
3. 多角度品味语言。

二、文本解读

(一) 课文整体解析

《春》大致写于1933年间，此时朱自清刚结束欧洲漫游回国，与陈竹隐女士缔结美满姻缘，而后喜得贵子，同时出任清华大学中国文学系主任。在大自然中，他发现了美和希望，于是欣喜万状，写下了著名的散文《春》。

《春》抓住春景特点，描绘了五幅图画——春草图、春花图、春风图、春雨图和迎春图，展现了春回大地、生机勃发的动人景象，赞美了春的活力，带给人们希望和力量，激励人们努力工作，奋发向上。

全文共10段，可分为三部分。

第一部分(第1段)：盼春。第1段写出作者对春天的期待，引领读者一起进入对春天的企盼之中。

第二部分(第2—7段)：绘春。用总分结构描绘春天的景象。第2段总写，第3—7段从草、花、风、雨、人等几个方面分写。

第三部分(第8—10段)：赞春。用三个比喻性的排比句式，说明春天是新鲜、美丽、欢快、具有强大生命力的;人类也应当踏着春天的步伐,去创造美好幸福的生活。

作者为文章"扮美"的手法主要有以下几点:

1. 用拟人手法描绘春天。

总体描绘春天到来后的天和地:"一切都像刚睡醒的样子,欣欣然张开了眼",把春天描绘得像一个顽皮的孩子。写春日娇嫩的小草"偷偷地从土里钻出来",清新可人,极富神韵,一种生命的活力、新生之美盈然纸上。写春风"像母亲的手抚摸着你",春风的温柔、和煦仿佛拂面而来,一种母性的柔美光辉也一并吹到每个人身上。

2. 比喻使文句焕发出形象之美。

"红的像火,粉的像霞,白的像雪。"三种颜色,三个比喻,形象地表达了花之多、色之艳,展现了花儿争春比美,互不相让的热闹繁盛场面。写春雨"像牛毛,像花针,像细丝"从不同角度写出了春雨之稠密、闪亮、纤细,惟妙惟肖地描摹出了一种使人"如在雨中,走在画中"的优美意境。

3. 多感官来描写春天的画卷,有声有色,馥郁芬芳。

如通过视觉看到的盎然春草和鲜艳的桃花,晶亮细密的小雨飘洒在人家的屋檐,披蓑戴笠的农民,放风筝的老老小小……都是这一幅春天画卷中生动的一笔。

(二) 重点语段细读

1. 一切都像刚睡醒的样子,欣欣然张开了眼。山朗润起来了,水涨起来了,太阳的脸红起来了。

"张开了眼"与"刚睡醒"相呼应,不光有"眼"的形象,还有"张开"的行为,运用了拟人的修辞方法,非常形象。"朗润"让人想到树木抽芽,山草变绿,山色由暗淡渐渐明朗,由干枯转为润泽的景象。水的状态用"涨",再现了冰消雪化后春水浩大的样子。"红"使用了拟人的修辞手法,富有动感,让人感受到太阳红红的脸,感受到春日融融的暖意,非常生动;"起来"是一个过程,太阳开始变红了,只有阳光在"划破"黑暗的时候,才会慢慢红起来,所以"红起来",实际上是在写初升的朝阳。而朝阳又和春天一样,是最富有生命和活力的东西。三个"起来了",运用排比的修辞方法,读起来有一种连贯的气势。

2. 小草偷偷地从土里钻出来,嫩嫩的,绿绿的。

这里的"偷偷地"是"悄悄地、不知不觉地"的意思。"钻"表现出春草冲破土层的劲儿,突出了春草破土而生的旺盛生命力,使小草的形象更加生动形象;同时,采用拟人化的手法也使文章更加充满趣味。"嫩嫩的,绿绿的",形象准确地写出了小草初生"新"的特点;同时,运用叠词,舒缓语气,富有音乐美、节奏感。这句还是一个倒装句,"嫩嫩的,绿绿的"本该在"小草"的前面,现在置于其后,显出错落,颇有机趣,也凸显了小草的质地和色泽。

3. 野花遍地是:杂样儿,有名字的,没名字的,散在草丛里,像眼睛,像星星,还眨呀眨的。

野花"像眼睛,像星星""眨呀眨的"运用比喻和拟人,描绘了阳光下的野花闪闪烁烁、逗人喜爱的样子。这里没有明写阳光和风,但已寓于描写之中。因为有阳光,野花才会像眼睛、像星星一样亮;因为"风轻悄悄的",野花摇摇摆摆,才会像眼睛,像星星一样"眨呀眨的"。这两个比喻又是互补的:眼睛和星星都有"眨呀眨"的共性,但眼睛没有星罗棋布的特点,不能照应"遍地",星星闪烁又如眉目传情,两者一结合,真把野花写活了。

4. 春天像刚落地的娃娃,从头到脚都是新的,他生长着。

春天像小姑娘,花枝招展的,笑着,走着。

春天像健壮的青年,有铁一般的胳膊和腰脚,他领着我们上前去。

结尾排比段"赞春",层层递进,而且比喻精巧。一方面,这三句话通过写三种人各自不同的特点,热情赞美了春天蓬勃的生命力。春天像"刚落地的娃娃",因为他"新",突出了春的生机勃勃;春天像"小姑娘,花枝招展的",因为她"美",突出了春的艳丽容颜,呼应第二部分"绘春";春天像"健壮的青年",因为他有"力",突出了春的健壮身姿。另一方面,这三句的顺序是精心安排的,通过人从小到大、由弱转强的成长来表现春天的动态进程,非常生动形象。同时,"领着我们上前去"又表达出作者对春所象征的美好希望的追求。

课文用这三个句子来结尾,奇崛、瑰丽。作者在完美地绘制了春天的画卷之后,纵情地对春天予以赞美,进一步揭示春天有不可遏制的创造力和无限美好的希望。三个形象化的比喻,渐次排比,气势迭起,有力地归结全文,让情感戛然而止,却又余音绕梁。

5. 怎样理解"一点点黄晕的光"?

"一点点黄晕的光",不仅隐含了雨,而且明显地带有那个时代的特点。在当时那样一个落后的农业社会,农村地区家里根本没有电灯,家家一灯如豆,隔着蒙蒙细雨望去,灯光四周变成黄晕的光芒。

6. 春风,最难描绘,作者娴熟地用了触觉、嗅觉、听觉,把春风写得有感有情。各是怎样描绘的?

触觉:"像母亲的手抚摸着你",轻柔、温暖,充满了爱抚。

嗅觉:新翻的泥土带着湿润的气息,清爽的青草味,各种花的香,湿润、清爽、淡香由轻风融在一起。

听觉:由轻风传来了鸟鸣、流水、短笛的和谐悦耳的乐曲。

人们不能不感谢春风带来的温馨、柔润,不能不感谢春风给予的振奋。

三、教学过程

第一课时

(一)课时目标

1. 有感情地朗读课文,掌握重音和停连等朗读要领,感受春之美好。
2. 理清文章结构,感受春之特点。

(二)导入

引导学生背诵描写春季景象的诗句,简要描述诗句所展现的画面,概括诗句所体现的春之特点。

春天是一个美丽的季节,一个生机勃勃的季节,无数文人墨客都写下过赞美春天的诗句。今天就让我们跟着朱自清先生,走进他的散文《春》。在享受诗情画意的同时,探寻他是如何用生花妙笔为我们描绘了江南春景的。

(三)活动设计

▲ **活动设计一:感知《春》之语言**

1. 自由朗读课文,做到正确、流利。
2. 写一段文字介绍朱自清。

引导:

(1)读完全文,如果用一个词语来概括这篇文章的语言风格,你会选择哪一个词语?

教师提供如下词语:平实质朴　清新明丽　沉郁顿挫　雄奇飘逸

（2）联系我们之前学过的《匆匆》，想一想，这种文风和朱自清本人的性格有没有联系？

教师介绍：朱自清，字佩弦。取字于《韩非子·观行》的典故："西门豹之性急，故佩韦以自缓；董安于之性缓，故佩弦以自急。"

3. 照样子练习说话：朱自清的《春》，语言清新明丽，就像春天的阳光，干净、薄透，使人忍不住想赞美，想欢唱。

朱自清的《春》，语言清新明丽，就像春天的……

▲ **活动设计二：感受《春》之情感**

请同学任选一个自然段，自由、大声地朗读。

要求：读准字音，读出重音、停连。（言之成理即可，答案不唯一）

学生展示，师生围绕要求展开评价。

引导：

第1段写"盼春"，运用反复的修辞手法，突出作者盼望春天来临的急切心情；运用拟人的修辞手法，写出作者看到东风送来春天的欣喜之情。如何通过朗读，表现上述情感？

重音，指对一句话中需要强调的词语加以重读，以引起听者的注意。一般用着重号"·"标示在词语下面。

例：小草偷偷地从土里钻出来，嫩嫩的，绿绿的。

重读"钻"字，要读出春草破土而出的旺盛的生命力。重读"嫩嫩""绿绿"，形成语言抑扬顿挫的效果和短而快的语流节奏。

停连，指朗读语流的停顿和连接。停顿，犹如音乐中的休止符，用"ˇ"标示在词语之间的上方；停顿的地方，不限于有标点处，句中有时也有小停顿。连接，用"⌒"标示在词语之间的上方，表明为了表达的需要，有时在有标点处也不能停顿，而是要一口气读连贯。

例：坐着，ˇ躺着，ˇ打两个滚，⌒踢几脚球，⌒赛几趟跑，⌒捉几回迷藏。风ˇ轻悄悄的，草ˇ软绵绵的。

一连串六个动作的停顿，要错落有致。

评分表

评分项目	评比内容	满分值	得分
诵读能力	普通话发音准确,语调正确丰富	20 分	
	吐字清晰洪亮,表达流畅	30 分	
	节奏韵律明显(重音、停连等),感染力强	50 分	

▲ **活动设计三:细品《春》之画意**

1. 给每一幅图画取一个贴切的名字,答案不唯一,但要求能够传达意境。

如:春草萌动图　春花斗艳图　春风和畅图　春雨迷蒙图　活力迎春图

2. 在这些画面里,你觉得哪一笔写得最传神,请按照示例给出的方式,说一说。

示例:

我觉得"花下成千成百的蜜蜂嗡嗡地闹着,大小的蝴蝶飞来飞去"的"闹"字写得最传神。如果用"叫",只会让我们感觉到蜜蜂的声音;如果用"飞",只能让我们感觉到蜜蜂的形态,但是用一个"闹"字,那种蜜蜂数量的繁多,那种争着采蜜的繁忙,那种百花竞放的繁盛,那种生机勃勃,那种春意盎然,那种满心的欢喜,就全出来了。这就是所谓"仅着一字,尽得风流"。难怪古人有"红杏枝头春意闹"的佳句!

根据课堂生成因势利导的方向:

叠词

小草偷偷地从土地里钻出来,嫩嫩的,绿绿的。

风轻悄悄的,草软绵绵的。

动词

小草偷偷地从土地里钻出来,嫩嫩的,绿绿的。

野花遍地是:杂样儿,有名字的,没名字的,散在草丛里,像眼睛,像星星,还眨呀眨的。

看,像牛毛,像花针,像细丝,密密地斜织着,人家屋顶上全笼着一层薄烟。

(四)课堂小结

作者采用总分总结构:春天尚未来临,热切地盼望她的到来(盼春);待到她降临人间之后,则尽情欣赏这美好的大地回春的景象(绘春);最后以赞美作结,深化题旨(赞春),表达了作者对春天、生活的热爱。

(五) 布置作业

搜集有关春的诗文名句并积累。

第二课时

(一) 课时目标

从修辞、用词、多感官等角度品味春之典雅。

(二) 导入

作者满怀急切的心情"盼望着,盼望着",欣喜地盼来了东风,盼来了春天走近的脚步。春如一幅画卷,正在我们眼前缓缓展开……

(三) 活动设计

▲ 活动设计一：联读《春》之诗情

朱自清的《春》,是一幅幅美妙的画,也是一首首动人的诗,正像作者在沐浴着春风的时候,不由自主地想到"吹面不寒杨柳风"一样,朱自清的《春》,也能够时时让我们和诗相遇。那么,让你想到了哪些诗呢? 这些文字和这首诗之间,有什么异曲同工之妙呢?

示例：

"小草偷偷地从土里钻出来,嫩嫩的,绿绿的。"那刚刚从土里偷偷钻出来的小草,是嫩嫩绿绿的,更是好奇羞怯的,像一个个稚气的小姑娘,睁开好奇的眼睛。这句话,让我想到了"天街小雨润如酥,草色遥看近却无",想到了"乱花渐欲迷人眼,浅草才能没马蹄"。那大概,是小草最美的时刻吧。

根据课堂生成因势利导的方向：

花下成千成百的蜜蜂嗡嗡地闹着,大小的蝴蝶飞来飞去。(绿杨烟外晓寒轻,红杏枝头春意闹。)

野花遍地是：杂样儿,有名字的,没名字的,散在草丛里,像眼睛,像星星,还眨呀眨的。(乱花渐欲迷人眼,浅草才能没马蹄。)

看,像牛毛,像花针,像细丝,密密地斜织着,人家屋顶上全笼着一层薄烟。(青箬笠,绿蓑衣,斜风细雨不须归。)

傍晚时候,上灯了,一点点黄晕的光,烘托出一片安静而和平的夜。(野径云俱黑,江船火独明。)

天上风筝渐渐多了,地上孩子也多了。(儿童散学归来早,忙趁东风放纸鸢。)

▲ **活动设计二:抒发《春》之情意**

1. 在你心目中,春天还像什么呢?仿照朱自清的手法,用"三段式"的语言描述,注意句子内部结构的逻辑性。

春天像_____,_____,_____。

2. 春天召唤着我们,你最想走进朱自清笔下的哪幅画面里去做什么?除了朱自清描绘的美好活动,在这样的春天里,你还想做什么?

示例:

我最想走进朱自清笔下的那片草地,躺在那片软绵绵的草地上,吹着轻悄悄的风,看天上白云游荡,闻空气中各种花草的清香,想一想,在这新的一年,要如何努力地生长,努力地向上,不负春光,不负自己。

▲ **活动设计三:绘制《春》之美景**

春天处处皆可入诗入画入文。仿照课文写法,换一个朱自清没有写到的对象,如水、树、鸟、云等,写一段话,写出特点,必须有一处使用比喻的修辞手法,最好能够从多个角度来写。

(四)课堂小结

结合本文归纳写作特点(联系文章举例):

1. 观察细致,描述生动真切。
2. 诗情画意相融合。
3. 语言简洁明快,准确生动。

这篇优美的写景抒情散文,运用比喻、拟人、排比、引用等修辞手法和富有表现力的词语,调动人的多种感官,从不同角度观察、描写景物特点,字里行间洋溢着作者对春天的喜爱、赞美之情。

(五)布置作业

1. 阅读下文,回答问题。

春天在哪里?

风说:在这里,在万里无垠的长空。是我,把春天驮负而来,让春的气息撒满环宇。鸟儿,在我怀中纵情歌唱,满舞翩跹。多情的云,为春天绣出绚丽的衣裳。

春天在哪里?

山说:在这里,在这连绵起伏的岗峦。是我,把春天挽留,让春的色彩遍染大地。万树千花呢喃低吟,潺潺的流水,为春天编织闪光的银练。

春天在哪里?

海说:在这里,在辽阔广袤的波域。是我,把春天簇拥紧抱,让春的旋律震荡浪涛,你看那金色的沙滩,玩耍的人们开怀嬉戏,无忧的潮阵,为春天鸣奏蓝色交响曲。

春天在哪里?

心说:在这里,在平和愉快的心房。是我,敞开双肩,迎接春天怡然来往。啊,春天,你曾来过,又不辞而去。这回,我终于想到了留住你的办法,你别再想离去!

(1) 文章描写了_____、_____、_____、_____四幅画面,这很容易让人联想到朱自清在《春》中描绘的春草图、春花图、春雨图和迎春图。

(2) 作者赋予自然以人的情感来歌咏春天,主要赞美了春天的什么特点?
_____

(3) 春天无处不在:在天空、在山岗、在海域,更存在于人们的生活中。请模仿文章,根据提示完成下面的文字补写。

孩子说:在这里,在小伙伴花样百出的游戏中。

_____说:在这里,_____

_____说:在这里,_____

(4) 结合文中的画线句想一想,如果是你,你打算怎样留住春天?(不能用文中语句)
_____

参考答案:

(1) 风、山、海、心

(2) 歌咏春天的新、美、勃勃生机。(意对即可)

(3) 示例:蜂说:在这里,在五彩缤纷的花朵里。

　　　　树说:在这里,在这温暖和煦的柔风里。(意对即可)

(4) 示例:用照片、用笔、用图画把春天留在记忆里。(意对即可)

2. 阅读下文,对文中画线部分进行简要赏析。

最美的善举

从第一次踏进这间病房时起,我便有些讨厌3号床的那个陪床的男人。

男人姓苏,四十出头的样子,穿一件皱皱巴巴的短衫,浓眉凹目,络腮胡子,看上去挺吓人的。"络腮胡子"大大咧咧的。说话时声带上像是安了喇叭,从不掩饰自己的喜怒哀乐。他非常爱吃肉,羊排、猪杂儿、红烧牛肉是他食谱上的主角。尤其是到了中午,他总是喜欢买回五六个酱紫色的猪蹄儿,啃得喷喷作响,弄得那张原本就腻乎乎的脸像是刚从油锅里浸过一般。

每天中午只要一吃完饭,"络腮胡子"便毫不客气地把挨着窗台的那个空床据为己有,人往上面一躺,两分钟不到便鼾声大作,给人感觉这儿不是病房倒像是他的家。

同"络腮胡子"形成鲜明对比的是1号床的那对母子,极少说话,总是安安静静的。

1号床女人刚刚做了手术。她有两个孩子,女儿读高三,儿子上小学。她的男人只靠种地和养些鸡鸭挣生活。正值夏播季节,男人极少来探望,更多的时候只有那个十二三岁的男孩守候着母亲。男孩很懂事,主动包揽了整个病房里的热水供应。每次有人帮他扶着母亲去做检查,男孩总忘不了说声"谢谢"。

1号床的桌上基本没什么水果,偶尔有个苹果或一两块西瓜,母子俩也是推来让去的。有时男人会从街上买点儿卤肉来,女人总是先埋怨男人乱花钱,然后把大部分肉夹到孩子碗里。

一天,男人来探视时竟带了一小袋炸蝉蛹来,黄灿灿、香脆脆的。男人给我和"络腮胡子"各抓了一把,一屋子人嚼出了满嘴的香。尤其是"络腮胡子",发现了新大陆般,一再恳求1号床的男人帮自己弄点儿,说在饭店里吃过这东西,25块钱一盘,却没这个新鲜,只要能帮着弄些来,自己愿意按一元一个买他的。

1号床的男人笑了笑,没说什么。

几天后,1号床的男人果然又弄了些来,"络腮胡子"如获至宝,非要给对方27块钱,1号床的男人不肯收。"络腮胡子"便硬是把钱塞给了男孩,并且说自己就喜欢吃这口儿,只要是活的,有多少要多少。

1号床的男人没在意,男孩却把这话放在了心上,一到傍晚便跑到医院后面的树林里去找,最多时一晚上竟能挖到二三十个,"络腮胡子"总是照数全收。

有了这项收入,1号床的餐桌渐渐丰盛起来。中午时,男孩会为母亲买上一个肉菜,晚上,再加上一袋鲜奶。

这样的日子持续了半个月。一天,男孩悄悄地告诉我,"络腮胡子"吃蝉蛹上了瘾,现在有两个小朋友在帮着挖,他按2毛钱一个从小朋友手里收来再卖给"络腮胡子"。

我惊讶于男孩的聪明,也为他能找到这样一个赚钱的途径而高兴。

婆婆出院时,我把亲友送的水果、奶粉和罐头之类的东西留给1号床,起初1号床的女人不肯收,我谎称车小,再跑一趟还不够油钱,那女人才讪讪地接受了。

后来的一天,我去医院办理医保退款手续,从停车场出来,刚走了几步,远远看到"络腮胡子"手里拎着一个塑料袋子,径直走进路旁的灌木丛中。

等到走近,我才发现,他从塑料袋里倒出的,竟是一堆蝉蛹!

"苏大哥,这……"

他抬头,见是我,尴尬地笑了笑:"买得太多……"

"那你还买它干嘛?"我疑惑地瞅着他。

"嘿嘿……"他挠了挠头,露出一脸和他的年龄极不相称的腼腆,"看那一家怪不容易的。大忙咱也帮不上,添个菜钱还是有的。"

我恍然大悟,原来苏大哥一直在用这样的方式帮助1号床的病友。

那一刻,我的心头忽然涌起一股别样的温暖……

请对文中画线部分进行简要赏析。

参考答案:

用"啃"和"啧啧"写出了"络腮胡子"吃相的不雅,用词准确而生动;"像是刚从油锅里浸过一般",用夸张的修辞方法,突出强调了"络腮胡子"脸面油腻的特点。画线句子传神地表达了"我"对"络腮胡子"的厌恶之情。

2 济南的冬天

老 舍

一、教学目标与学习要素

(一)教学目标

1. 理清文章层次结构,把握济南冬天的特点。
2. 有感情地朗读课文,进一步掌握重音和停连的要领。
3. 从比喻、拟人的修辞角度品味语言,领会作者老舍遣词造句的妙处。

(二)学习要素

1. 梳理文脉,把握济南冬天的特点。
2. 把握文章思想感情发展变化,进一步掌握重音和停连的朗读技巧。
3. 通过比喻、拟人等修辞品味语言。

二、文本解读

(一)课文整体解析

老舍1924年赴英国,任教伦敦大学东方学院。1930年前后来到山东任教7年之久,对山东产生深厚感情,山东被他称为"第二故乡"。《济南的冬天》是老舍1931年春天在济南齐鲁大学任教时写成的。

文章围绕"温晴"这一特点,生动描绘了济南的天气、山、水,呈现给读者一幅山清、水秀、天蓝、地暖的冬景图,抒发了作者对济南的热爱之情。

《济南的冬天》结构上是总分关系。先写济南冬天温晴的特点,再分述济南的山和济南的水。在济南的山这一部分,写了阳光下的山,薄雪覆盖的山和城外的远山。

全文可划分为:

第一部分(第1段):总领全文,写济南冬天的天气,以亲身感受,通过对比,写济南冬天没有风声、没有重雾、没有毒日,突出它的"温晴",赞誉它是个"宝地"。

第二部分(第2段至第6段):分别写济南冬天的山水景物,无不涂上"温晴"色彩。

第一层(第 2 段)：写济南的老城。

第二层(第 3—5 段)：写济南的山景。

第三层(第 6 段)：写济南的水色。

第三部分(最后一段)：总结。

借助"温晴"这个词语，可帮助学生把全文内容梳理清楚。小山包裹下的济南，"暖和安适地睡着"，带给人"温暖"的感受；小雪覆盖下的小山、矮松如同"日本看护妇"，小山"秀气"又"温柔"；城外的小山，卧着村庄，卧着雪，又是一幅"温馨"的画面。而从水面到天空，"自上而下全是那么清亮"，只有"晴朗"的济南才会有这样的水与天。"温晴"一词，说明了济南为什么是个"理想的境界"。

为体现温晴，又把不同情感注入到济南的山与水。写城外小山时，突出"暖和安适"，而这份安适与包裹在山中的济南人内心的安心对应。写落了小雪的山，每一个比喻都围绕"秀气"展开。将宽敞的济南城郊浓缩成一幅"小水墨画"，又以一个"卧"字突显其安闲的姿态，这也与小山包裹中济南城的样子相对应。于是无论是在城内城外，都少不了那份安适。

最后，将清亮的水与明朗的天空融在了一起，包裹住了整个济南城。前面的一切都在这块"空灵的蓝水晶"中。从"济南的冬天"到"冬天的济南"，作者将重心落在了这座老城上，不露痕迹地表达了自己对它的情有独钟。可以引导学生，在把握每段描写中心的基础上，赏析作者是如何描写这些特点的。

一系列的比喻、拟人，都表现出济南冬天的无限生机和冬天里孕育着的朦胧春意，为教学中开展丰富的审美活动提供了资源。

(二) 重点语段细读

1. 对于一个在北平住惯的人，像我，冬天要是不刮大风，便觉得是奇迹；济南的冬天是没有风声的。

这一开篇的语句读起来好像有点陌生，仔细品味，很灵巧，有趣味。作者有意模仿人们日常随意说话时的口语，在"冬天……"前插入短语"像我"，以突出"我"的感受，也让人觉得亲切。

2. 自然，在热带的地方，日光是永远那么毒，响亮的天气反有点儿叫人害怕。可是，在北中国的冬天，而能有温晴的天气，济南真得算个宝地。

在"可是"前省略了一些话：在中国的北方，冬天理应是日光惨淡、寒风呼啸的，冷得叫人害怕。两相比较之下，更凸显出济南冬天的温晴。

3. 请闭上眼想：一个老城，有山有水，全在蓝天下很暖和安适地睡着，只等春风来把他们唤醒，这是不是个理想的境界？

　　这一段作者巧妙地运用了拟人的修辞手法，细致地描摹了景物的姿态：一个"睡"字深化了老城的这种悠闲，把老城的闲适姿态摹写得自然贴切。此句中，还使用了反问。反问也是一种常用的修辞方式，运用反问可以加强语气，增强语言的感染力和表达力。这句用商量的口吻，让人倍感亲切，好像是与人面对面交谈，又像是在征求意见，但答案是不言而明的，饱含了作者对济南冬天深深的喜爱和赞美之情。作者用反问句而非一般的陈述句，增强了语气，使感情得以完整抒发。

4. "明天也许就是春天了吧？这样的温暖，今天夜里山草也许就绿起来了吧？"就是这点儿幻想不能一时实现，他们也并不着急，因为有这样慈善的冬天，干啥还希望别的呢！

　　正因为度冬如春，所以才会产生幻想，正因为冬天这样"慈善"，所以"就是这点幻想不能一时实现"，人们的心情也"并不着急"。作者连用两个设问句，引人注目，突出了济南冬天的"温晴"，重点是答案，进一步加强语势。句中的"绿"字，形容词转为动词用，使人不仅感受到山草"绿"这样一种状态，更能体会到"绿"的动态过程。与"春风又绿江南岸"的"绿"一样，使文章的语言和所表达的内容都显得生动形象。这一部分写济南人的感受，也是作者自身的独特感受，表现了作者对济南冬天的喜爱和感激之情。

5. 山尖全白了，给蓝天镶上一道银边。

　　山尖白了，为什么会给蓝天镶上一道银边？注意"一道"这词，与前文"小山整把济南围了个圈儿"的描写联系起来理解，紧连的、绵亘的山脉积了雪，远远看去自然就成了镶在蓝天上的一道银边，这一描写句激发读者的想象。

6. 就是下小雪吧，济南是受不住大雪的，那些小山太秀气！

　　此句用了错综句式，本来可以写成同一格式："下大雪济南是受不住的"，和前面构成统一格式，但作者加以变化，避免了呆板，使情感得以自然流露。既有与老天商量的口气，怕秀气的小山被大雪压垮。又有一种赞许的口气，流露出作者对济南山水的热爱之情。

7. 雪后山景"妙"在何处？

　　（1）妙在雪光、雪色。"山上的矮松越发的青黑，树尖儿上顶着一髻儿白花"，松的翠与雪的白相映生色："山尖全白了，给蓝天镶上一道银边"，如洗的蓝天与似银的雪相映生辉;"一道儿白,一道儿暗黄,给山们穿上一件带水纹的花衣",白雪与暗黄的草色,组成彩色的美景。

(2)妙在雪态。"这件花衣好像被风儿吹动,叫你希望看见一点儿更美的山的肌肤",以动写静,写出动人的形态;"那点儿薄雪好像忽然害了羞,微微露出点儿粉色",把薄雪想象成害羞的少女,写出雪的情态。

三、教学过程

第一课时

（一）课时目标

1. 理清文章层次结构,把握济南冬天的特点。
2. 有感情地朗读课文,进一步掌握重音和停连的要领。

（二）导入

教师亲切问话:有同学到过济南吗?(如果学生中有去过济南的,可以谈谈感受)

然后在柔和、舒缓的音乐背景下,播放一段体现济南的人文、自然景观的视频,辅以简洁的文字介绍济南的地理位置。

济南很美,济南的冬天更美,老舍先生笔下济南的冬天还要美。这节课我们就随着老舍先生一起去领略一番。

（三）活动设计

▲ **活动设计一:整体把握,明了思路**

1. 画出课文结构图。
2. 师生评判。

示例:

济南冬天的特点:温晴
- 山 { 围城　第3段
　　　有小雪　第4、5段 }
- 第1、2段
- 水:冒热气　澄清　第6段

▲ **活动设计二:勾勒美景,描摹图画**

1. 试着给每一幅图景起一个雅致的名。

三幅图画分别命名为：小山摇篮图、雪霁秀峦图、空灵水晶图(答案不唯一)。

2. 流畅地介绍济南冬天的景色。

市旅游局准备聘一位导游，面试题目是：参照《济南的冬天》，给一个从没到过济南的人就济南美丽的冬天进行解说，要求流畅、准确。如果你去应聘，你会着重解说哪一幅画？

操作步骤：

(1) 学生自由选定解说内容，读读相关段落。

(2) 小组内热身。

(3) 全班交流。

示例：

大家好！今天我向大家介绍济南冬天的景色，济南自古有"泉城"之美称，具有2000多年的历史，是世界闻名的史前文化——龙山文化的发祥地，山灵水秀，人才辈出，历代文人墨客多聚于此。济南的冬景可美了！但更美的是冬天的水色，这里的水不但不结冰，反而能映衬出水里的水藻，水边还有许多柳树，柳枝倒映在清凌凌的河水里，显得更绿了，天空倒映在清凌凌的河水里，显得更蓝了，白云倒映在清凌凌的河水里，显得更白了。一眼望去，一片蓝绿相接的景色，是多么迷人。今天讲解就到这里，讲解不妥之处，请多多包涵并留下你们的宝贵意见。谢谢大家！

▲ **活动设计三：体察情感，美读再现**

1. 蓄势。

技法讨论：你认为朗读这篇文章应该注意些什么？

(面带微笑、语调柔和、满怀向往、无比热爱……)

2. 动情地读起来。

学生活动：走进朗诵大厅，感受最美济南。

(1) 请你带着热爱、赞美的情感,自由选读全文。
① 由学生推荐最美语段诵读。
② 教师从停顿、重音、音调等方面进行指导。
(2) 讨论交流听后的感受。
(3) 评选"最美朗诵者"。由"最美朗诵者"示范朗读。
(4) 全班齐读课文,读出语言美和情感美,将课堂学习气氛推向高潮。

(四) 课堂小结

《济南的冬天》极尽笔墨,描绘了阳光下的济南全景、雪后的小山、澄清的水等画面,给人以美的享受,表现了济南冬天"温晴"的特点。我们通过朗读,体验到老舍笔下暖和舒适的"济南的冬天"。

(五) 布置作业

1. 勾画课文中你认为优美的词语或句子,并反复朗读体会它的妙处。
2. 阅读《落雪》一文,想想课文中"雪"的可爱能在《落雪》中看到吗?为什么?

落雪(节选)
刘兰鹏

在宁静的冬日,人们等待的那一场雪已飘落在苍茫的原野。那是最纯的水给予冬日的圣洁,那是和雪一样洁白心灵的期盼。没有雪的冬天不能称其为冬天。

雪是冬的意象。雪是这个季节特有的风景。雪是这个星球最纯粹的语言。雪是冬的灵魂。雪如寻梦的蝴蝶,漫天飞舞着。雪以博大的胸襟,包裹着裸露的大地。

雪原静若处子。雪原的背后是一座圣洁的雪峰,固守着那份珍贵的贞洁,站在天边审视着我所居住的城市。

"窗含西岭千秋雪",是何等壮美的意境。雪落在村庄,像给淡泊的乡村生活注入了新鲜的盐粒。那温暖的颜色,如一朵朵微笑的棉花。

雪落在城市,成了一道风景。人群如雁阵般欣喜。那些修饰的眼睛和浮躁的市声,那些涂抹的红唇和化妆的倩影,该怎样读懂雪的博大和朴素,该怎样领悟雪纯净的语言,该怎样颂扬雪无私的品格?

雪落在记忆深处,落在童真的岁月。唯有圣洁的童心才配与雪游戏。

我们都曾以纯净的微笑和欢乐,用雪的纯净雕塑想象的房舍、村庄和意念中的城市。

我们幻想把真正的雪留下来,阳光让雪融进了我们的记忆和美好的人生。

雪落在宁静之夜,落在我们精神的家园。最深最冷的不是夜,是孤独。

雪夜该有多少诗人升腾着灵感的火焰,澎湃着艺术的激情,吟唱着"千树万树梨花开"的壮美;该有多少跃跃欲试的画家无力画出雪洁白的精神;该有多少爱雪的人,想象落雪的情景,喜悦如雪,潮湿的心灵,长出新绿的叶片。

沧桑岁月,天荒地老。雪显得无与伦比的崇高。崇高的是雪一生的干净,崇高的是雪洁白的精神。

参考答案:

这篇文章中的"雪"最大的特点是纯净,之所以和《济南的冬天》中的可爱的雪不同,实际上是因为作者的情感态度不同,这就正好可以让孩子们感受到情景交融的实质——一切景语皆情语,景物仍然是那个景物,但是不同的情感决定了它在不同人眼中的不同特点。

第二课时

(一) 课时目标

从比喻、拟人的修辞角度品味语言,领会作者老舍遣词造句的妙处。

(二) 导入

上节课,我们对课文进行了反复朗读,初步感受到了本文文字的美妙,同时我们还从整体上对这篇课文的结构进行了把握。这节课,我们将从语言的角度看看作者是如何描写景物的,这就是赏析课文。

(三) 活动设计

▲ **活动设计一:吟咏玩味,赏析美点**

学生选点品读,集体交流。

1. 教给学生具体的赏析方法。

"四美"感悟: 形象美　情感美　意境美　语言美

示例："很暖和安适地睡着",运用拟人的手法,烘托出一个理想的境界。

2. 教师巡视,参与引导。

(1) 引导学生解读济南冬天天气的特点:无风声、无重雾、无毒日——温晴。了解这一段中采用的对比手法。

(2) 引导学生解读济南的山的特点:阳光朗照下的山——温暖、可爱;薄雪覆盖下的山——美丽多彩;城外远山——是张小水墨画。了解这一段中采用的比喻、拟人的修辞手法及其中流露出的作者的赞美、热爱之情。

(3) 引导学生解读济南的水的特点:不结冰、清亮、空灵等,在把握景物特点的过程中,品味文中语言特点,比喻、拟人修辞手法的运用,以及其中流露的作者的赞美、热爱之情。

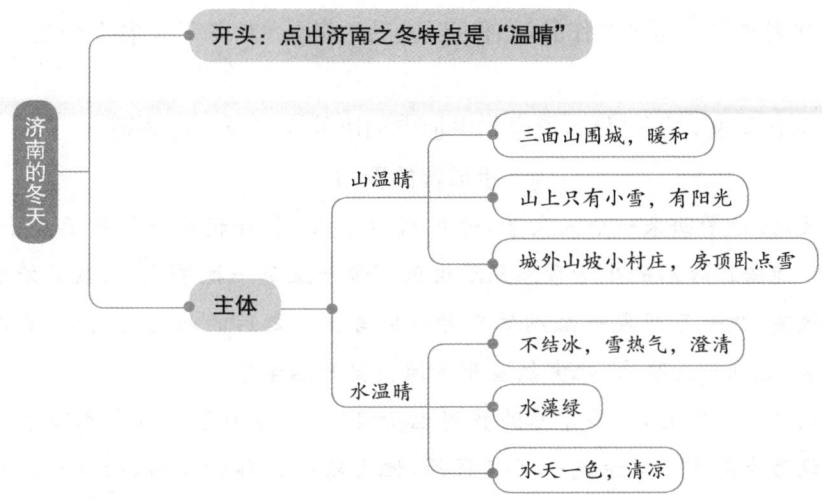

▲ **活动设计二:质疑反馈,加深理解**

小组讨论:结尾句"这就是冬天的济南"与题目"济南的冬天"有何不同?有什么作用?

引导:"济南的冬天"是指所写的是济南这个特定环境的冬天,不是别处的冬天;而"这就是冬天的济南"在上文具体描绘了冬天里济南特有的明丽色彩后,此句用"冬天"来修饰济南,就反映出济南在冬天这个特定季节里所具有的不同寻常的魅力。总结全文,既点题又深化题意。

▲ **活动设计三:积累背诵,美语储存**

请同学们根据自己的能力,选定最喜欢的一个句子或一段话,在规定的时间内背下来。

开展男女生的背诵挑战赛。

▲ **活动设计四：模仿运用，能力提升**

你认为家乡哪个季节最美？请你学习作者的某些写法（对比、比喻、拟人）对其进行描绘。

（四）课堂小结

欣赏了济南的冬天，领略了冬天的济南，最后送给大家一句话：慢点走，欣赏一路风景，欣赏自己。

（五）布置作业

1. 推荐阅读：写冬的作品，如鲁迅的《雪》、茅盾的《冬天》、俞平伯的《雪晚归船》。

2. 阅读下文，结合语境，说说句中加点词语的含义及表达效果。

手风琴的魔力

一天，父亲带回来一个大盒子，他把我叫过来，当着我的面打开了盒子，并对我说："它能给你今后的生活带来无限欢乐。"盒子里是一把手风琴，我只能勉强挤出一丝微笑，我一直想要一架钢琴或者一把吉他。之后的两周，父亲一直没提手风琴的事，直到一天晚上，他突然宣布下周我要开始学琴。

手风琴并不便宜，每周学琴的费用也价格不菲，这对于一直秉承节省风格的父亲来说有点反常。父亲是一名工程师，他喜欢研究各种东西，经常在工作室里修修补补。父亲话不多，但每句话都掷地有声。不过，音乐却能让父亲变成另一个人。他喜欢古典乐曲，每次外出驾车，他都会打开收音机寻找音乐节目。一次，我在家里找东西时居然发现了一把漂亮的小提琴。"那是你父亲的"，妈妈说，"你爷爷送给他的。但因为一些原因，他没有学，这一直是他的遗憾。"我无法想象父亲那双粗糙的手拉起小提琴是一种什么情景。

不久后，我开始跟着老师学拉手风琴。第一天，我就感到了"压力"，手风琴的重量压得我肩膀很不自在，还有就是父亲，上完课他对我说："听说你学得还不错，继续努力。"我看得出父亲很高兴，他的眼中闪着希望的光芒。此后，我被要求每天练习一个小时，这对我来说是个噩梦。我想出去打球，而不是背着这个沉重的东西练习枯燥的曲子。但父亲的话我不敢违背。在经过枯燥的练习后，我居然能把一个个音符连起来了,后来甚至还能拉出几首简单的曲子。晚饭后,父亲常常会要我拉首曲子。他靠在沙发上闭着眼睛听着,"不错,比上周又进步了,你的老师说得没错,拉手风琴的确适合你,你有这方面的天赋。"

整个夏天,我都在练习一首又一首的新曲子,因为有一个在当地剧院演奏的机会。不过每次练琴时我总能听到小伙伴们在外面嬉戏的声音,这让我纠结不已。终于有一天,这种情绪在父亲面前爆发了。"我不想当着那么多人去演奏。"我说。"你必须去。"父亲坚定地说。"为什么?"我叫了起来,"就因为你小时候没能拉上小提琴?你从来不用拉琴,而我为什么天天要这样?"父亲先是愣了一下,接着他说:"因为它能给你自己,也能给别人带来快乐,你现在也许感觉不到,但迟早有一天你会了解,而且你有这方面的天赋。"父亲又心平气和地说:"有一天你能为你的全家弹奏美妙的音乐。那时你会明白,如此努力到底是为什么。"父亲从未跟我说过这样的话。从那以后,我练琴再也不用别人督促了。

音乐会那天,妈妈特意精心打扮了一番。父亲也穿上了西装,打上领带。我感觉到,他们比我还紧张。这大概是父亲的一个梦想。终于轮到我了。我走向舞台中央,熟练地拉起手风琴,一个音符也没拉错。掌声四起,我的心情非常激动。我看到坐在第一排的父母激动地站起来为我鼓掌。演奏结束后,妈妈紧紧地抱住我。父亲也把我搂在怀里说:"你太棒了。"顿时我似乎明白了些什么。

随着岁月的流逝,手风琴渐渐淡出了我的生活。只有在家庭聚会上,父亲还会让我拉上一曲。后来,我上了大学,找到了工作,搬家时我把手风琴也带走了。再后来,我又搬过几次家,手风琴一直伴随着我,只是再也没有被打开过。直到很多年后,我的孩子们偶然发现了它。"盒子里是什么,爸爸?"我打开盒子时,他们笑了,叫道"拉一曲,拉一曲"。我不情愿地背上琴带,拉了几个简单的曲子。真没想到,我拉起来还是那么娴熟。很快,孩子们围成圈跳起来,咯咯地笑个不停。妻子也笑了,打着拍子。看着他们纵情欢笑,我感到惊异。我的耳边回响起父亲说过的话:"因为它能给你自己,也能给别人带来快乐,你现在也许感觉不到,但迟早有一天你会了解。"我终于明白,去努力,去为别人做出牺牲意味着什么。

(1)我只能勉强挤出一丝微笑。

(2) 父亲先是愣了一下。

参考答案：

（1）挤出：生硬地显露出。形象地写出了"我"不喜欢手风琴而又迫于父亲的要求不得不学时所流露出的尴尬无奈的表情。

（2）愣：吃惊发呆的样子。准确地表现了父亲面对儿子的顶撞一时语塞的情状。

3 雨的四季

刘湛秋

一、教学目标与学习要素

（一）教学目标

1. 把握文章内容，分析四季的雨的不同特点，体会作者对雨寄托的情感。
2. 读出感情基调和层次变化，进一步掌握重音和停连。
3. 从观察角度等方面总结本文写作特点。

（二）学习要素

1. 梳理文脉，分析四季的雨的不同特点。
2. 读出感情基调和层次变化，进一步掌握重音和停连的朗读技巧。
3. 总结写作特点。

二、学习建议

《雨的四季》一文的主要内容是通过细致描写雨的景象、雨的音响、雨的气息，表现出了雨的趣味、雨的性格、雨的情义，把雨描写得可感可触，给人以亲切可爱之感。文章用诗一般的句子，增强了形象感和动作性的表达，体现了作者对雨的赞美、喜爱和对生命与自然的热爱、赞美。

课文行文思路清晰自然，抓住春天景物的色彩、情态，调动不同的感官从听觉、视觉、嗅觉等角度，运用比喻、拟人等多种修辞手法，为读者展现了四幅美丽的雨景图，描绘了春雨的美丽、娇媚；夏雨的热烈、粗犷；秋雨的端庄、沉静；冬雨的自然、平静。

作者先用总领句"我喜欢雨，无论什么季节的雨，我都喜欢"直抒胸臆，接着以时间为顺序，依次描绘了春夏秋冬四季不同的雨景之美，最后再用一个抒情句"啊，总是美丽而使人爱恋的雨啊"直抒胸臆，总结全文，表达对四季的雨的赞美之情。总分总的结构使得文章层次清晰、结构严谨。

本文是一篇自读课，鉴赏重点是在整体把握散文思想内容和艺术形式的基础上，品味散文的语言美，赏析散文的画面美，教给学生抓住景物特征描写的方法。通过对《春》和《济南的冬天》的学习，学生对写景散文有了初步的认识，掌握了一部分写景的手法,能够在教师的引导下进行赏析品读,但还不具备独立阅读赏析的能力,需要教师进一步指导和训练。

文章的首尾部分和中间部分的抒情方式不一样,所以要继续运用朗读去体会两种不同的情感流露方式,进而体会作者对雨的情感的升华。

三、教学过程

(一) 导入

今天我们要一起学习刘湛秋先生的一篇美文《雨的四季》。雨是我们日常生活中常见的自然现象,不知道同学们有没有细心地观察过雨。

出示关于雨的图片,请每个同学说说喜欢哪一幅,并说明喜欢的理由。

学生选择图片并阐释理由。

教师总结:原来,雨在摄影师的镜头下是如此的美丽,雨就像是一支没有音符的乐曲,一点一滴,奏出动听的旋律。在文学家的笔下,雨又是一个怎样的形象?接下来,我们一起走进被誉为"中国抒情诗之王"的刘湛秋先生的美文《雨的四季》,去感受春、夏、秋、冬不同的雨趣。

(二) 活动设计

▲ **活动设计一:整体感知,初感雨趣**

以自己喜欢的方式朗读文章的第 2—5 段,感受四季雨不同的形象和特点。

要求:一边朗读,一边在文章空白处做好旁批或者在原文中做好圈点笔记,用几个形容词概括四季不同的特点和形象。

1. 学生一边朗读,一边做笔记;教师巡视。

2. 在黑板上分出四块区域:春、夏、秋、冬,一个小组负责一个季节,小组组员上讲台板书某个季节雨的形象和特点,并说明理由。当一个小组完成任务后,其他小组可以适当补充。

板书示例:

春雨
　　——清新、润泽、甜美

夏雨
　　——热烈、粗犷、奔放

秋雨
　　——沉静、端庄、深情

冬雨
　　——自然、平静、纯洁

（学生如果有另外的词语概括，只要言之有理也可）

▲ **活动设计二：赏析朗读，交流雨声**

1. 给例子，学方法。

例：这时，整个大地是美丽的。小草似乎像复苏的蚯蚓一样翻动，发出一种春天才能听到的沙沙声。

教师示范朗读，学生思考：怎样读才能很好地演绎这句话？

引导：了解句子的内容和其中的情感；恰当地运用朗读的技巧：重音、停连。

解读：这句话描写的是春雨到来给大地带来的生机，大地变美了，小草苏醒了，句中运用了拟人的手法和象声词，写出了作者对于春雨到来的喜悦，所以我们朗读时要做这样的朗读处理：

这时，整个大地˅是˅美丽的。小草˅似乎像˅复苏的蚯蚓一样^翻动，发出一种˅春天˅才能听到的˅沙沙声。

2. 选句子，用方法。

（1）要求每个学生从描写四个季节雨景的语段中选择一个进行朗读，按照学生的选择分好小组（四组）。

（2）以同桌为单位，从已选的段落中选择一个句子进行朗读处理，要求用到重音和停顿的朗读技巧。按照所给例子中用到的停连和重音符号，在文章中做好标记。

（3）同桌两人一起演绎自己选择的句子，其他组的组员对其朗读进行评价。评价的方向：有没有读出情感？朗读重音和停连处理是否到位？

示例：

每一棵树˅仿佛^都睁开˅特别明亮的眼睛，树枝的手臂˅也顿时柔软了，而那萌发的叶子，简直^就像起伏着˅一层绿茵茵的波浪。

一切都˅毫不掩饰地˅敞开了。花朵˅怒放着，树叶˅鼓着浆汁，数不清的^杂草˅争先恐后地^成长，暑气˅被一片绿的海绵˅吸收着。

成熟的庄稼˅等待收割，金灿灿的种子˅需要晒干，甚至^红透了的山果˅也希望˅最后的晒甜。

而近处池畦里的油菜，经这冬雨^一洗，甚至˅忘记了˅严冬。

3. 共合作，共朗读。

整个小组以朗读者的身份，演绎自己小组所选的段落。可以全组共同朗读一段,也可以分句子合作朗读或以其他方式呈现,力求有自己的特色,做到朗读精彩。

教师小结:本篇课文语言优美,如诗句一样,文中的感情基调是明朗、高昂的,朗读时要情绪饱满。注意重音和停连,有些短句中间要稍作停顿,而有些长句集中表达一个意思,中间不要停顿。

▲ **活动设计三:比较研读,感悟雨情**

小组讨论:

1. 文章第 1 段和第 6—7 段的抒情和文本第 2—5 段的抒情有什么不同?你更喜欢哪种?

2. 上文写雨,多用"她"或者"它"指称,为何到结尾部分改成"你"?

引导:文章第 1 段和第 6—7 段采用了直接抒情的方式,表达的是作者热情而奔放的情感;文章第 2—5 段表达的情感亲切而深厚,虽含蓄,但饱满。两种不同的方式抒发的情感都很充沛。运用第二人称"你"更加亲切,把雨看作是一个喜欢的对象。将雨拟人化,仿佛面对面地称赞,是作者情绪饱满到一定程度的宣泄,情感流露更直接。

▲ **活动设计四:想象情景,续写段落**

1. 引导学生以"雨季"为题,想象情景,为未完成的一段文字续写一个完整的片段。

未完成文字:雨季来时,石头上面长了些绿绒似的苔类。雨季一过,苔已干枯,在一片未干枯的苔上正开着小小的蓝花、白花,有细脚蜘蛛在旁边爬,河水在石缝间流出——

方法:

(1) 四人小组合作,先讨论省略的画面景物。

(2) 小组成员分景物描写。

(3) 将小组成员各自描写的内容组合成一篇短文。

(4) 组员讨论修改。

2. 各小组展示成果,师生共同点评。

(三) 课堂小结

《雨的四季》是一篇优美的散文,作者从视觉、听觉、嗅觉等不同的角度,使用多种修辞手法,运用联想和想象,描绘出了四季的雨不同的特点,写出了雨无穷的魅力,寄托了作者对雨的赞美和喜爱,表达了对生命与自然的热爱和赞美。

通过学习,感受了作者诗意的语言,学习了作者写景的方法,还尝试了写作。在我们看似寻常的生活中,珍藏着许多美丽。让我们学会用我们的眼睛发现生活之美,用我们的笔去描绘生活,让我们拥有一颗热爱生活的心。

(四)布置作业

1. 心中有诗,眼里便处处有诗意;心中有爱,脚步就会伴随着春风。我们不一定成为诗人,但我们可以诗意地活着。热爱生活,用心观察自然,会发现这个世界真的很美,可能是一朵云,一阵风,一片星空……选取自己喜欢的某种景物,抓住特点,从视觉、听觉、嗅觉等角度,运用拟人、比喻等修辞方法,展开想象,写一段文字。

2. 课后搜集其他作者描写雨的文章,进行比较阅读。

3. 借雨抒怀是很多文人墨客的最爱,下面把本文与《虞美人·听雨》做对比鉴赏,分析一下诗中的情怀。

虞美人·听雨
(宋)蒋 捷

少年听雨歌楼上,红烛昏罗帐①。壮年听雨客舟中,江阔云低,断雁②叫西风。而今听雨僧庐③下,鬓已星星④也。悲欢离合总无情⑤,一任⑥阶前点滴到天明。

① 昏:昏暗。罗帐:古代床上的纱幔。

② 断雁:失群孤雁。

③ 僧庐:僧寺,僧舍。

④ 星星:白发点点如星,形容白发很多。左思《白发赋》:"星星白发,生于鬓垂。"

⑤ 无情:无动于衷。

⑥ 一任:听凭。

参考答案：

《雨的四季》和《虞美人·听雨》同以"雨"为线索，却听出了两种不同的境界；《雨的四季》雅趣盎然赏心乐事，有一种乐感、美感；《虞美人·听雨》则悲苦、惆怅莫名，淅沥，益增愁思。

4 古代诗歌四首

一、教学目标与学习要素

(一) 教学目标

1. 朗读四首诗歌《观沧海》《闻王昌龄左迁龙标遥有此寄》《次北固山下》《天净沙·秋思》,想象诗中情景,体会诗人的情感。
2. 品析诗句,了解情景交融的写作手法,体会诗中有画,画中含情。

(二) 学习要素

1. 朗读诗歌,想象诗中情景,读出情感。
2. 理解并赏析古诗。

二、文本解读

(一) 课文整体解析

《古代诗歌四首》中的四首诗具有适合吟诵、激发想象、愉悦性情的特点。学习本课要品味精彩生动的优美语言,吟诵涵咏,熏陶感染,积累诗文语句,积累古代文化常识,积聚优雅的审美情趣。

《观沧海》是曹操的名篇,北征乌桓时所作。公元207年,曹操亲率大军北上,追歼袁绍残部,五月誓师北伐,七月出卢龙寨,临碣石山。他跃马扬鞭,登山观海,面对洪波涌起的大海,触景生情,写下了这首壮丽的诗篇。一个"观"字笼罩整个沧海,视觉的全景由此展开:眼前见实景,心中生幻景。

《闻王昌龄左迁龙标遥有此寄》大概作于唐玄宗天宝十二载(753年)。当时王昌龄从江宁丞被贬为龙标县(今湖南省黔阳县)尉,李白听到好友王昌龄的不幸遭遇之后,写下这首充满同情和关切的诗。

首句写景兼点时令,景中见情,次句直叙其事。后两句抒情,这两句诗所表现的意味,有三层意思,一是说自己心中充满了愁思,无可告诉,无人理解,只有将这种愁心托之于明月;二是说唯有明月分照两地,自己和朋友都能看见她;三是说,因此,也只有依靠她才能将愁心寄予,别无他法。

《次北固山下》作者王湾作为开元初年的北方诗人，往来于吴楚间，被江南清丽山水所倾倒，这首诗是诗人在一年冬末春初时，由楚入吴，在沿江东行途中泊舟于江苏镇江北固山下时有感而作。诗歌借景抒情，通过描写船在绿水中向前航行时所见到的景色，来表达诗人对千里之外的家乡和亲人的思念。

开头两句点题。颔联写船上所见景色，颈联既写景又点明了时令，由此他自然想到要借归雁来给他传递家书了。全诗层层相因，浑然一体。

《天净沙·秋思》作者马致远年轻时热衷功名，但由于元统治者实行民族高压政策，因而一直未能得志。他几乎一生都过着漂泊无定的生活，也因之郁郁不得志，困窘潦倒一生。在羁旅途中，写下了这首《天净沙·秋思》，体现了深秋的黄昏，风尘仆仆的游子肝肠寸断的乡愁。

这是一篇抒情作品，仅用28字就生动地表现出一个长期漂泊他乡的游子的悲哀。这篇作品在布局上有一个显著的特点：除最后一句外，全都是景语，而字字都是扣着"情"来写的，这就是它艺术上的动人处。

(二) 重点语段细读

1. 日月之行，若出其中；星汉灿烂，若出其里。

这几句意思为：太阳和月亮每天从东方升起，又从西方落下去，好像从海里升起又落到海里去一样。星光灿烂的银河，斜贯在天空，它那远远的一端垂向大海，就好像发源于沧海一样。诗人当时正处在自己事业的最高峰，他已经荡平了北方群雄，现在又打垮了乌桓和袁绍残部，消除了后患；如果再以优势兵力去消灭南方的割据势力，他就可以荡平宇内，一统天下了。没有这样宏伟的抱负，没有这样阔大的胸襟，他怎能写出"日月之行，若出其中；星汉灿烂，若出其里"这样的诗句呢？这四句写大海，全用虚写，却表现了大海包容天地的气概，诗人将自己的这种昂扬奋发的精神融会到诗里，更显示了诗人的博大胸怀。

2. 杨花落尽子规啼，闻道龙标过五溪。

作者选取两种富有地方特征的事物，描绘出南国的暮春景象，烘托出一种哀伤愁恻的气氛。"杨花"即柳絮，子规是杜鹃鸟的别名，相传这种鸟是蜀王杜宇的精魂所化，鸣声异常凄切动人。"龙标"在这里指王昌龄，以地名作为称呼是唐以来文人中的一种风气。本诗中所说的"五溪"是今天湖南西部、贵州东部五条溪流的总称。在唐代，这一带还被看作荒僻边远的不毛之地，而这个地方正是王昌龄要去的贬所。这起首二句看似平淡，实际却包含着比较丰富的内容，起到多方面的作用：它既写了时令，也写了气氛，既点明题目，又为下文的两句抒情张本。

3. 我寄愁心与明月，随君直到夜郎西。

这二句承接上文，集中抒写了诗人此时此地的情怀。句中"愁心"二字也是蕴藏着丰富的内容的，值得细细玩味。诗人为什么满怀愁思呢？不妨说，这里既有对老友遭遇的深刻忧虑，也有对当时现实的愤慨不平，有恳切的思念，也有热诚的关怀，所以诗人借明月抒发了思念家乡怀念朋友的感觉。这种联想和表现手法在李白以前的诗作中不止一次地出现过。

4. 潮平两岸阔，风正一帆悬。

"阔"是"潮平"的结果。春潮涌涨，江水浩渺，放眼望去，江面似乎与岸平了。船上的人视野也因之开朗。此句写得恢弘阔大。"风正一帆悬"愈加精彩。"悬"是端端正正高挂着的样子。诗人不用"风顺"而用"风正"，是因为仅"风顺"还不足以保证"一帆悬"，风虽顺，却很猛，那帆就鼓成弧形了。只有既是顺风，又是和风，"帆"才能"悬"，而"正"字兼包"顺"与"和"的内容。可见写景极为传神。

5. 海日生残夜，江春入旧年。

这两句诗意为残夜未消退之时，一轮红日已从海上升起；旧年尚未逝去，江上已露春意。这个时候一般的人家都是亲人团聚，其乐融融，而诗人却孤身漂泊在外，且时序交替，匆匆不可待，怎能不叫身在"客路"的诗人顿生思乡之情？这两句妙在作者无意说理，却在描写景物、节令当中，蕴含着一种自然的理趣。把"日"与"春"作为新生的美好事物的象征，提到主语的位置而加以强调，并且用"生"字"入"字使之拟人化，赋予它们以人的意志和情思。不仅写景逼真，叙事真切，且表现出具有普遍意义的生活哲理，给人以乐观、积极、向上的艺术力量。

6. 《观沧海》是怎样做到情景交融的？

《观沧海》的字里行间都洋溢着饱满的激情，"水何"以下六句虽然是在描绘生机勃勃的大海风光，实际上却是在歌颂祖国壮丽的山河，表露作者热爱祖国的感情。目睹祖国山河壮丽的景色，更加激起了诗人要统一祖国的强烈愿望。借助丰富的想象，作者充分表达了这种愿望，作者还以沧海自比，通过写大海吞吐宇宙的气势，来表现诗人自己宽广的胸怀和豪迈的气魄，感情奔放，却很含蓄。《观沧海》完全是把情包含在景中，寓情于景。

7. 《次北固山下》在内容上是如何前后照应的？

《次北固山下》中，作者乘舟，正朝着展现在眼前的"绿水"前进，驶向"青山"，驶向"青山"之外遥远的"客路"。这一联先写"客路"而后写"行舟",其人在江南神驰故里的漂泊羁旅之情,已流露于字里行间,与尾联的"乡书""归雁"遥相照应。

8.《天净沙·秋思》,简约之中见出深细。

小令的前三句,18个字,共写了藤、树、鸦、桥、水、家、道、风、马九种事物,一字一词,一字一景,真可谓惜墨如金。但是,凝练而并不简陋,九种事物名称之前分别冠以枯、老、昏、小、流、人、古、西、瘦这些表现特征的修饰语,使各个事物都带上了鲜明的个性,也使本来互不相干的事物,在苍凉深秋暮色的笼罩下,构成了一个统一体。全曲十个意象,前九个自然分为三组:藤缠树,树上落鸦,第一组是由下及上的排列顺序;桥、桥下水、水边住家,第二组是由近及远的排列顺序;古驿道、道上西风瘦马,第三组是从远方而到眼前的排列顺序,中间略有变化。最后一个意象"夕阳西下",是全曲的大背景,它将前九个意象全部统摄起来,造成一时多空的场面。作品整体上表现出由近及远的空间排列顺序。从老树到流水,到古道,再到夕阳,作者的视野层层扩大,步步拓开。作者没有写这些事物的方位,也未写这些事物与游子活动的关系,但读者却可以想象得到,并把它们紧密地联系起来。

三、教学过程

第一课时

(一) 课时目标

1. 朗读《观沧海》和《闻王昌龄左迁龙标遥有此寄》,想象诗中情景,感受曹操的抱负和李白对朋友的同情和关切。

2. 品析诗句,了解情景交融的写作手法,体会诗中有画,画中含情。

(二) 教学《观沧海》

导入

由有关《三国演义》的一些情节说起(学生说),然后顺势导入对曹操这个人物的介绍。

请学生为曹操设计名片。

教师对写作背景稍作补充:

汉献帝建安十二年(207),曹操亲率大军北上,追歼袁绍残部,出卢龙寨,临碣石山。他跃马扬鞭,登上秦皇、汉武当年也曾登过的碣石,又当秋风萧瑟之际,心潮像沧海一样难以平静，触景生情，写下这首壮丽的诗篇。诗作融会作者昂扬奋发的精神，具有一种雄浑苍劲的风格。

活动设计

▲ **活动设计一：品读诗的意境**

1. 听录音，请学生听准字音、停顿。

2. 学生齐读，教师指出其不足之处。

听准字音，把握四言诗的诵读节奏。诗歌节奏可以按音节兼顾意义来划分。四言诗每句一般读成"二二"节拍，如：东临/碣石，以观/沧海。

3. 学生自读，读出自己的理解。

学生通过富有魅力的节奏、韵律，直观地再现诗的音韵美。

▲ **活动设计二：我为景点起名字**

"诗中有画，画中有诗"，假如这首诗是"景点"，试着给它加上一个四字词的"名称"。

同学们朗读、思考、商量、表达。

答案不唯一：如"登山望海""望天看海"等。

根据课堂生成因势利导的方向：

（1）全诗围绕哪个字展开来写？

引导：全诗以"观"字统领全篇，由"观"字展开，写登山所见。

（2）描绘画面

引导：第一层（开头两句）：交代观海的地点；第二层（"水何澹澹"至"洪波涌起"）：描写海水和山岛。这一层全是写现实中的实景。第三层（"日月之行"至"若出其里"）：借助奇特的想象来表现大海吞吐日月星辰的气概，是虚景。最后两句是附文，是为和乐而加的，与诗的内容无关。

（3）诗中哪些诗句最能体现作者博大的胸怀？

引导："日月之行"四句写大海，全用虚写，却表现了大海有包容天地的气概，更显示了诗人的博大胸怀。

（4）这首诗表达了作者怎样的思想感情？

引导："诗言志"，诗人写沧海，抒发统一天下、建功立业的抱负。这种感情在诗中没有直接表露，而是蕴藏在对景物的描写当中。

教师小结：作者曹操观的不是大海，而是天下。对环境的描写，"树木丛生，百草丰茂""山岛竦峙"都是动静结合的手法衬托出大海的辽阔与威严,通过描写沧海的宏伟景象(即大海吞吐日月星辰),表达了诗人开阔的胸襟和统一天下建功立业的雄心壮志,以此抒情。

(三) 教学《闻王昌龄左迁龙标遥有此寄》

导入

1. 由已学过的李白的一些诗句说起(学生说),顺势导入对李白的介绍,并请学生为李白设计名片。

教师对李白生平稍作补充:

据《新唐书》记载,李白为兴圣皇帝(凉武昭王李暠)九世孙,与李唐诸王同宗。其人爽朗大方,爱饮酒作诗,喜交友。

705年,李白五岁,发蒙读书。十五岁,已有诗赋多首,并得到一些社会名流的推崇与奖励,亦开始接受道家思想的影响,好剑术,喜任侠。

二十四岁离开故乡踏上远游的征途。再游成都、峨眉山,然后舟行东下至渝州(今重庆市)。三十岁之前到处游历,广交朋友,希望得到引荐,却一事无成。

直到742年,由于玉真公主和贺知章的交口称赞,玄宗看了李白的诗赋,对其十分仰慕,便召李白进宫,令供奉翰林,职务是给皇上写诗文娱乐,陪侍皇帝左右。第二年,李白对御用文人生活日渐厌倦,始纵酒以自昏秽,又因权贵谗谤,玄宗疏远,内心烦闷,744年离开宫廷。

755年,安史之乱爆发,李白与妻子宗氏一道南奔避难。757年,李白因投永王兵败下狱,被判罪长流夜郎(今贵州桐梓)。759年,经长期辗转流离,终获自由。

761年,已六十出头的李白因病返回金陵。762年,李白病重,在病榻上把手稿交给了李阳冰,赋《临终歌》与世长辞。

2. 介绍写作背景并释题。

本诗体裁为七言绝句,是一首送别诗。《闻王昌龄左迁龙标遥有此寄》是李白为好友王昌龄贬官而作的抒发感愤、寄以慰藉的送别诗。在盛唐诗坛上,王昌龄也是璀璨的群星之一,以写边塞题材著称,特别擅长七绝。公元742年,李白在长安供奉翰林时,与他便有密切的交往。王昌龄一生遭遇坎坷,他的性格与李白的傲岸不羁有着相似之处。好友王昌龄从江宁(今南京)丞被贬为龙标(今湖南洪江)县尉时,李白已离京漫游,正在扬州。听到这个不幸的消息,便题诗抒怀,遥寄给远方的友人。题目中的"左迁"是贬官,降职的意思。古代尊右卑左,因此把降职称为"左迁"。

活动设计

▲ **活动设计一：朗读指导**

1. 学生自读，把握七言诗的诵读节奏。
2. 教师范读，正音解词。（或播放录音）
3. 学生齐读，要求准确整齐，有节奏感。
4. 理解大意。学生概述，老师补充指正。

▲ **活动设计二：诗歌演唱**

请学生欣赏歌曲《杨花落尽子规啼》（国风堂版本）。

1. 学生听唱，感受诗歌的音乐节奏。
2. 教师教唱，学生跟唱。
3. 全班合唱，融情于景，感悟作者情感。

▲ **活动设计三：合作探究**

小组讨论：

1. 诗中融情于景，含有飘零之感、离别之恨的句子是哪两句？

引导："杨花落尽子规啼，闻道龙标过五溪。"

2. 联系《闻王昌龄左迁龙标遥有此寄》的写作背景思考，李白在诗的开头写景为什么选取"杨花""子规"来写？

引导：写"杨花"且"落尽"是先点时令，杨花漂泊不定，如友人的身世；"子规"是杜鹃鸟的别名，鸣声异常凄切动人，这样的"暮春"在古诗中是一个花与泪同落的季候，这就奠定了全诗伤感的基调。

3. "我寄愁心与明月，随君直到夜郎西"这一名句运用了什么修辞手法？这样写有什么好处？

引导：拟人。明月有了人性，能将"愁心"带给远方的朋友，诗句生动形象地表达了诗人的忧愁和无奈，以及对友人的关切之情。

（四）课堂小结

诗人李白通过丰富的想象，抒写了志同道合的友情，给予抽象的"愁心"以物的属性，它竟会追随好友直到夜郎西。诗人将自己的感情赋予客观事物，使之人格化、具有感情，想象惊人，气概超逸，笔势灵动，充分地显示出李白的艺术个性，这也是《闻王昌龄左迁龙标遥有此寄》之所以有长久的艺术魅力的真正原因。

(五) 布置作业

1. 背诵《观沧海》《闻王昌龄左迁龙标遥有此寄》。
2. 画出内容,再创意境。根据古诗《观沧海》创作一幅绘画作品,并在画中题上这首诗。

第二课时

(一) 课时目标

1. 朗读《次北固山下》和《天净沙·秋思》,想象诗中情景,感受作者的思乡之情。
2. 品析诗句,了解情景交融的写作手法,体会"诗中有画,画中含情"。

(二) 教学《次北固山下》

导入

古时交通不发达,流落外乡或在外任职的人久不得归,自然会产生故园之思,因此乡愁成了诗歌中的一个重要主题。王湾的《次北固山下》就是一首写乡愁的诗,且以"海日生残夜,江春入旧年"这一联而闻名于天下。下面让我们一起来学习这首诗。

活动设计

▲ **活动设计一:朗读指导**

1. 学生听读,把握五言律诗的诵读节奏。
2. 教师正音解词,学生自读。(可以播放课文朗读的视频或音频文件)
3. 理解大意。学生概述,老师补充指正。

▲ **活动设计二:诗歌演唱**

请学生欣赏歌曲《次北固山下》(奇然/沈谧仁版本)。

1. 学生听唱,感受诗歌的音乐节奏。
2. 教师教唱,学生跟唱。
3. 全班合唱,感悟意境美。

▲ **活动设计三:勾勒美景,描摹图画**

文中用大量的笔墨写美景,如果让你画成画,你准备怎样画?在小组内互相

说说自己的设计构思。（提示学生可从下笔、轮廓、着色的顺序等方面设计）

根据课堂生成因势利导的方向：

（1）这首诗描绘的是哪个季节的景色？从哪些地方可以看出？

引导：描写的是初春的景色。可以从青山、绿水、潮平、风正、江春这些词语中看出。

（2）这首诗表达了作者怎样的思想情感？哪两句诗集中表达了这种情感？

引导：表达了作者思念故乡的思想情感。"乡书何处达？归雁洛阳边。"这两句诗集中表达了这种情感。

（3）想象"潮平两岸阔，风正一帆悬"是怎样的情景，如果你身临其境将会有怎样的感受？

引导："阔"是潮平的结果，春潮涌涨，江水浩渺，放眼望去，似乎江面与岸齐平，船上人视野也因之开阔。"悬"是端直高挂的样子，风"正"表明顺风，同时又是和风，因此帆便端直高挂了。

▲ **活动设计四：合作探究**

小组讨论：

"海日生残夜，江春入旧年"一联，历来被人称道，这两句在唐代已成名句。以至于唐代宰相、著名文学家张说，将这两句诗亲手写在办公的政事堂上，让朝内的其他读书人仔细观摩学习。请选一个角度，做简要分析。

引导：

（1）在描写景物、节令之中，蕴含着一种时序交替的自然理趣。

（2）表现了时光匆匆，光阴荏苒。

（三）教学《天净沙·秋思》

导入

有一首小令，仅用28字就生动地表现出一个长期漂泊他乡的游子的悲哀。它就是马致远的《天净沙·秋思》。

马致远，号东篱。元代著名散曲家。他与关汉卿、王实甫、白朴并称"元代杂剧四大家"。所作杂剧有《汉宫秋》《青山泪》等15种。在他的作品中，更能反映他风格的是散曲，散曲中又以小令《天净沙·秋思》最为有名，元人周德清誉之为"秋思之祖"。

活动设计

▲ 活动设计一：朗读指导

1. 划分这首散曲的诵读节奏。

引导：枯藤/老树/昏鸦，小桥/流水/人家，古道/西风/瘦马。夕阳/西下，断肠人/在天涯。

2. 教师范读，学生齐读，整体感知大意。

▲ 活动设计二：我为景点起名字

"诗中有画，画中有诗。"假如这首曲中描写的是一个"景点"，试着给它加上一个四字词的"名称"。

同学们朗读、思考、商量、表达。

答案不唯一：如"天涯孤旅"等。

根据课堂生成因势利导的方向：

（1）描绘画面

引导：枯藤、老树、昏鸦、小桥、流水、人家、古道、西风、瘦马，这些都是凄清、悲凉、感伤之景。

（2）哪一句道出了游子的情怀，可以作为点睛之笔？

引导："断肠人在天涯。"

（3）这首曲表达了作者怎样的思想感情？

引导：通过凄清、悲凉、感伤的秋景描写，表现了游子的悲秋情怀。

▲ 活动设计三：元曲演唱

请同学们试着给《天净沙·秋思》配上合适动听的旋律，唱一唱。

（四）课堂小结

《次北固山下》所写景色给人以生机盎然、清新愉悦的感受，全诗笼罩着一层淡淡的乡思愁绪；而《天净沙·秋思》所写景色特别悲凉，从"枯藤老树昏鸦"读到最后一句"断肠人在天涯"，有一种让人因为作者的思乡之情忍不住要流下眼泪的感觉。《次北固山下》写的是船停泊在北固山下所见的景象和作者的思想感情。《天净沙·秋思》借描绘一幅深秋晚景图，抒发了一个孤独愁苦的游子强烈的思乡之情。

（五）布置作业

1. 背诵《次北固山下》《天净沙·秋思》。

2. 根据课文《天净沙·秋思》展开想象，写一段 150 字左右的描述性文字，要有画面感。

例文：

深秋的黄昏，一个风尘仆仆的游子，骑着一匹瘦马，迎着一阵阵冷飕飕的西风，在古道上踽踽独行。他走过缠满枯藤的老树，看到即将归巢的乌鸦在树梢上盘旋；他走过横架在溪流上的小桥，来到溪边几户人家的门前，这时太阳快要落山了，想到自己却还没找到投宿的地方，迎接他的又将是一个漫漫长夜，不禁悲从中来，肝肠寸断。

3. 课后查阅图书或网络搜集与"秋"有关的诗词曲，选择喜欢的欣赏背诵。

4. 推荐学习歌曲《天净沙·秋思》。

写作　学会观察生活

一、教学目标与学习要素

（一）教学目标

1. 学会观察、感受生活。
2. 提炼有意义的素材，写最熟悉的生活。

（二）学习要素

1. 学会观察生活。
2. 积累素材。

二、教学建议

《义务教育语文课程标准》指出："写作要有真情实感，力求表达自己对自然、社会、人生的感受、体验和思考。"本节写作指导课旨在以学生喜爱的故事形式，引导他们发现看似单调的生活中，其实蕴藏着丰富的故事，美妙的故事来源于生活。欲让自己的故事有趣味、有意义，必然要观察、思考、感悟生活。写作并不难，并且是很有趣的事。只要深入生活，把生活中的故事讲好，写作便水到渠成。

三、教学过程

（一）导入

同学们，在我们的记忆中留下了许多人和事，有些事令我们刻骨铭心；有些事只在我们的脑海中留下模糊的影子；有些人虽然陌生，却会在我们的心湖荡起涟漪；有些人虽然熟悉，却总是被我们忽略。

是什么让我们总是忽略他们？是因为太无足轻重了吗？也许恰恰相反，只是因为太熟悉。这节课就让我们从身边写起，写眼前之景，眼前之事，或者熟悉的人，生活中的小事。

(二) 活动设计

▲ 活动设计一：讲故事，回忆生活

1. 学生按要求讲故事：
（1）讲出故事发生的时间、地点、主要内容即可，不需要细节；
（2）最好是自己的经历或见闻，而不是书上的内容。
2. 回顾梳理5分钟，然后讲述。

▲ 活动设计二：议故事，认识生活

学生可以运用下面的格式对故事进行点评：

"我评价第_____个故事。这是一个_____的故事。这个故事发生的地点在_____。我给这个故事加的标题是_____。"

教师小结：非常感谢以上同学对故事的评价。在我们自己身上，在我们周围，会发生很多故事。这些故事既可能是有趣的、有意义的、曲折的、动听的、幸福的，也可能是郁闷的、烦恼的。只要你是一个细心的学生，就会发现身边随时都有故事发生。蒙田说，生活乐趣的大小，取决于你对生活的关心程度。你们明白了吗？

学会观察生活

上联：苦坐苦想苦不堪言　　　　　　在生活中学会观察
下联：愁事愁情愁眉苦脸　➡　　　　在生活中学会积累
横批：写不出来　　　　　　　　　　在作文中学会做人

▲ 活动设计三：赏故事，体会写作

1. 教师提供一个故事请同学们欣赏。然后，请学生告诉大家：这个故事发生在哪里？写的谁？你如何评价这个故事？

我的老师

大家都说老师是严厉的，但这个老师却截然不同。

她长着一双呆萌的大眼睛，额头中间有几颗痘，但这些对于我来说却十分与众不同，她有一个瓜子脸，一张樱桃小嘴，说出来的话有时令人讨厌，有时令人哈哈大笑。脸部中间夹着一个"小高粱"，一对小扇子般的耳朵，头发乌黑发亮，一双白嫩的手，不胖不瘦的身材，令人十分喜爱。

她不仅是老师，还是一个名副其实的"大胃王"！一到中午她就像饿狼一般扑向食物，准备吃时却十分优雅，但不看不知道，一看吓一跳，无论吃多少，她总说太饿了,总感觉她的肚子是个无底洞!她还让我们必须光盘,不吃完就会"出局"!令人闻风丧胆。但她有时还是挺幽默的,在一节作文课上我们玩一局"官兵捉贼"的游戏,当轮到她时,她却这么说:"我这么可爱,会是贼吗?"我并没有笑出来,但心里已经是哈哈大笑!最后,老师真的是"贼"!我们都被老师的呆萌天真给蒙骗住了,老师却在那里暗暗地笑。

老师幽默,爱吃,但在讲课时却一本正经。在作文课上,我看到老师本子上满满的备课资料,才知道她平时语言幽默、天真可爱,背后却隐藏着无数辛苦的付出。她讲作文时并不是必须写给定的题目,她总能够听我们的建议更换主题,这种老师真是难遇啊!

这就是我所谓的"呆萌"老师。

学生听完就会发现这个故事的主人公就是咱们校园里的老师,而且这个故事写得非常有趣。

2. 如何观察生活,写作生活?

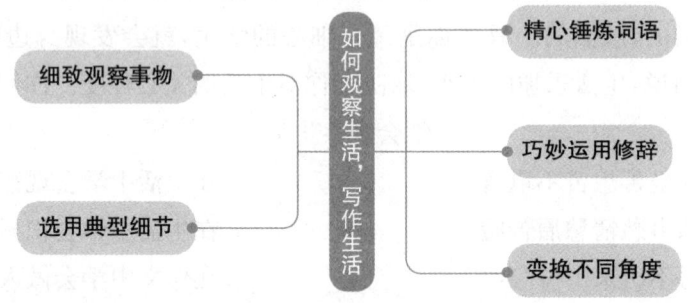

教师小结:这个关于老师的故事,就发生在我们的校园里。当你们感觉校园生活很枯燥的时候,不妨再读一读这个故事,或许会改变自己的观点。只要我们多留意身边的人、事、物,细心观察,就会发现找到故事并不难。把发生在身边的事说清楚,再加上一些细节和写作技巧就是故事。把这样的故事写下来,不就是很好的作文吗?

▲ **活动设计四：悟故事，热爱写作**

学生谈感想：通过讲故事、议故事、赏故事，你们有什么发现呢？比如说，故事发生的地点、故事中的人物、故事的主题等。你们的故事还可能发生在哪里？这些故事对你有什么启迪？如果想成为一个有故事的人，应该怎么做？

（三）课堂小结

一个热爱生活的人，才有故事，才能讲故事。故事让我们的生活丰富多彩，让我们的生活充满趣味。观察生活，感悟生活，讲好属于我们的故事，写好属于你的故事，让人生因为有故事而精彩！

（四）布置作业

写作练习：

每个人在成长过程中，都有欢笑，有快乐，有感动，当然也会有泪水，有痛苦，有迷茫……这些都是人生必不可少的体验，一点一滴都是生命中宝贵的财富。在你成长过程中，有什么经历让你一直难以忘怀？或是有什么印象深刻的故事想和大家分享呢？回忆一下，把它写下来，题目自拟，600字左右。

单元练习

一、实践活动

（一）品生活情怀　吟四季美景——金秋诗文朗读会

学习目标：运用重音、停连等技巧，通过诵读表达自己对作者所描摹之物的体会和感悟，激发学生对大自然、对人生的热爱。

活动形式：朗诵时间在4—6分钟，内容为优秀古诗文，形式为诵读。

加分环节：脱稿、配乐。

活动流程：

1. 全体学生自愿报名，可个人或团队参赛，形式不限；内容选择与秋天有关的文章。

2. 比赛开始前，参赛选手、评委、主持人提前30分钟到场，选手抽取朗诵顺序。

3. 主持人致开场词，各组选手上台前，主持人致串词，然后邀请选手上台朗诵。

4. 该组选手比赛完毕时，宣布上一组的成绩。依次进行。

5. 所有比赛结束后，宣读获奖名单并颁发奖品。

6. 教师致谢幕词。

评分表

评分项目	分值	评分标准	评分
仪表形象	1分	服饰大方、自然、整齐，举止从容、端正，精神饱满，态度亲切。	
语言表达	3分	普通话标准，吐字清楚、准确，语言生动，语气、语调、声音、节奏富于变化，轻重缓急、抑扬顿挫切合诗歌朗诵的内容，能准确、恰当地表情达意，舒心悦耳，娓娓动听。	
姿态神情	2分	姿态、动作、手势、表情、眼神能准确、鲜明、自然、形象地表达朗诵内容和思想感情，渲染气氛，增强表达效果。	
朗诵效果	2分	有感染力，声情并茂，朗诵富有韵味和表现力，能与观众产生共鸣。	

续　表

评分项目	分值	评分标准	评分
熟练程度	1分	内容熟练,脱稿,朗诵过程中无冷场或错误发生。	
配乐	1分	有配乐(0.5),符合诗歌主题(0.5)	
总分			

（二）品诗歌意蕴,展少年情怀——探情寻意最美书签

以古代诗歌为依托,插上想象的翅膀,在图文的创作中重新构建起自我与诗人、与文本的对话,制作"探情寻意最美书签"。

二、阅读理解

（一）阅读《白马湖之冬》,回答问题

白马湖之冬

夏丏尊

①　在我过去四十余年的生涯中,冬的情味尝得最深刻的要算十年前初移居白马湖的时候了。十年以来,白马湖已成了一个小村落,当我移居的时候,还是一片荒野。春晖中学的新建筑巍然矗立于湖的那一面,湖的这一面的山脚下是小小的几间新平屋,住着我和刘君心如两家。此外两三里内没有人烟。一家人于阴历十一月下旬从热闹的杭州移居这荒凉的山野,宛如投身于极带中。

②　那里的风,差不多日日有的,呼呼作响,好像虎吼。屋宇虽系新建,构造却极粗率,风从门窗隙缝中来,分外尖削,把门缝窗隙厚厚地用纸糊了,缝中却仍有透入。风刮得厉害时,天未夜就把大门关上,全家吃毕夜饭即睡入被窝里,静听寒风的怒号,湖水的澎湃。靠山的小后轩,算是我的书斋,在全屋子中风最小的一间,我常把头上的罗宋帽拉得低低的,在洋灯下工作至夜深。松涛如吼,霜月当窗,饥鼠吱吱在积尘上奔窜。我于这种时候深感到萧瑟的诗趣,常独自拨划着炉灰,不肯就睡,把自己拟诸山水画中的人物,做种种幽邈的遐想。

③　现在白马湖到处都是树木了,当时尚一株树木都未种。月亮与太阳都是整个儿的,从上山起直要照到下山为止。太阳好的时候,只要不刮风,那真和暖得不像冬天。一家人都坐在庭间曝日,甚至于吃午饭也在屋外.像夏天的晚饭一样。

日光晒到哪里,就把椅凳移到哪里,忽然寒风来了,只好逃难似的各自带了椅凳逃入室中,急急把门关上。在平常的日子,风来大概在下午快要傍晚的时候,半夜即息。至于大风寒,那是整日夜狂吼,要二三日才止的。最严寒的几天,泥地看去惨白如水门汀,山色冻得发紫而黯,湖波泛深蓝色。

④下雪原是我所不憎厌的,下雪的日子,室内分外明亮,晚上差不多不用燃灯。远山积雪,足供半个月的观看,举头即可从窗中望见。可是究竟是南方,每冬下雪不过一两次。我在那里所日常领略的冬的情味,几乎都从风来。白马湖的所以多风,可以说有着地理上的原因。那里环湖都是山,而北面却有一个半里阔的空隙,好似故意张了袋口欢迎风来的样子。白马湖的山水和普通的风景地相差不远,唯有风却与别的地方不同。风的多和大,凡是到过那里的人都知道的。风在冬季的感觉中,自古占着重要的因素,而白马湖的风尤其特别。

⑤现在,一家傤居上海多日了,偶然于夜深人静时听到风声,大家就要提起白马湖来,说"白马湖不知今夜又刮得怎样厉害哩!"

1. 白马湖冬天的风有什么特点?加以概括。

_____

2. 作者是如何表现白马湖冬天的风的特点的?(从用词和感觉的角度分析)

_____

_____

3. 《济南的冬天》描写冬日的画意,颇有诗趣;《白马湖之冬》写冬日也颇有诗趣,不同在于济南的冬天给作者的感觉是_____,白马湖的冬天给人的感觉是_____。在写法上,两者又各侧重于不同的感官,前者着重是从_____角度来写的,后者主要是从_____上写的。

(二)阅读《夏》,回答问题

夏

梁 衡

① 夏天到了。

② 好像炉子上的一锅水在逐渐泛泡、冒气而终于沸腾一样,山坡上的芊芊细草长成了一片密密的厚发,林带上的淡淡绿烟也凝成了一堵黛色长墙,轻飞曼舞的蜂蝶不见了,却换来了烦人的蝉儿,潜在树叶间一声声地长鸣。火红的太阳烘烤着一片金黄的大地,麦浪翻滚着,扑打着远处的山、天上的云,扑打着公路上的

汽车,像海浪涌着一艘艘的舰船。金色主宰了世界的一切,热风浮动着,飘过田野,吹送着已熟透了的麦子的香味。那春天的灵秀之气经过半年的积蓄,这时已酿成一种磅礴之势,在田野上滚动,在天地间升腾。

③ 夏天的色彩是金黄的。按绘画的观点,这大约有其中的道理。春之色为冷的绿,如碧波,如嫩竹,贮满希望之情;秋之色为热的赤,如夕阳,如红叶,标志着事物的终极。夏正当春华秋实之间,自然应了这中性的黄色——收获之已有而希望还未尽,正是一个承前启后、生命交替的旺季。<u>你看,麦子刚刚割过,田间那挑着七八片绿叶的棉苗,那朝天举着喇叭筒的高粱、玉米和那在地上匍匐前进的瓜秧,无不迸发出旺盛的活力</u>。这时它们已不是在春风微雨中细滋慢长,而是在暑气的蒸腾下,蓬蓬勃发,向秋的终点做着最后的冲刺。

④ 夏天的旋律是紧张的,人们的每一根神经都被绷紧。你看田间那些挥镰的农民,弯着腰,流着汗,只是想着快割,快割;麦子上场了,又想着快打,快打。他们早起晚睡亦够苦了,半夜醒来还要听听窗纸,可是起了风;看看窗外,天空可是遮上了云。麦子打完了,该松一口气了,又得赶快去给秋苗追肥、浇水。"田间少闲月,五月人倍忙",他们的肩上挑着夏秋两季。

⑤ 遗憾的是,历代文人不知写了多少春花秋月,却极少有夏的影子。大概,春日融融,秋波澹澹,而夏呢,总是浸在苦涩的汗水里,有闲情逸致的人,自然不喜欢这种紧张的旋律。我却要大声赞美这个春与秋之间的黄金的夏季。

(选自梁衡散文集《夏感与秋思》,有删改)

1. 阅读第②段,根据文段内容完成下面的表格。

描写对象	景物特点	体现了夏的什么特点	表达了作者什么情感
草木			

2. 第③段中画线的句子主要运用什么修辞手法?简要分析其表达效果。

3. 朗读,是语文学习极其重要的方式之一,是阅读的起点,是理解文章的重要手段。请你运用本单元学过的重音、停连的知识,从第④段中任选一句,给出诵读建议。

例:"吹面不寒杨柳风",不错的,像母亲的手抚摸着你。

诵读建议:"母亲的手""抚摸"要重读,令人觉得温暖、柔和、亲切;"抚摸"前停顿一下,以凸显作者喜欢春风的感情。

4. 选取你最喜爱的一个季节,用两句环境描写写出你对它的热爱与赞美。

我爱_____(某一季节),爱它_____,爱它_____。

解析

一、实践活动

略

二、阅读理解

(一)阅读《白马湖之冬》,回答问题

1. 风的多和大。

【思路点拨】依托文本仔细阅读就会发现,文章多处语句描绘风的特点,如第②段首句"那里的风,差不多日日有的,呼呼作响,好像虎吼"是总起句,"差不多日日有的"体现出风多的特点,"呼呼作响,好像虎吼"体现风大的特点。第③段直接写"白马湖的所以多风"以及第④段倒数第二行写"风的多和大",结尾最后一句"白马湖不知今夜又刮得怎样厉害哩",等等。

2. 用表示声音的词语生动地写出风的强劲,还通过人的感受和反应传神地写出白马湖冬天风的凛冽,从而更衬托出人烟稀少的白马湖之冬的寂寞、萧索。

【思路点拨】本文在写风很猛烈的时候,运用了一些如"呼呼作响""好像虎吼""松涛如吼"等表示声音的词语或短语。此外还通过刮风时给人的一些感受和反应写出白马湖冬天风的寒冷,如第③段"忽然寒风来了,只好逃难似的各自带了椅凳逃入室中,急急把门关上。在平常的日子,风来大概在下午快要傍晚的时候,半夜即息。至于大风寒,那是整日夜狂吼,要二三日才止的。最严寒的几天,泥地看去惨白如水门汀,山色冻得发紫而黯,湖波泛深蓝色。"

3. 温晴(响晴);寒风怒号,天寒地冻;视觉;听觉。

【思路点拨】这道题考查比较阅读。济南冬天的特点是温晴;而从《白马湖之冬》字里行间我们可以分析出,白马湖冬天风多且大,天气还很寒冷。在写法上,《济南的冬天》主要是从视觉的角度;《白马湖之冬》主要是从听觉角度来写。

(二)阅读《夏》,回答问题

1.

描写对象	景物特点	体现了夏的什么特点	表达了作者什么情感
草木	茂盛	热烈"磅礴之势"(答出一个即可)	对夏天的热爱、赞美之情
蝉声	长鸣		
太阳	火红、炽热、烘烤(答出一个即可)		
麦浪	金黄、翻滚(答出一个即可)		
风	热、浮动(答出一个即可)		

【思路点拨】根据第②段语句分析回答即可。

2. 运用拟人的修辞手法,形象生动地写出棉苗、高粱、玉米、瓜秧"旺盛的活力",表现出夏天蓬勃的生机,表达了作者对夏天的热爱和赞美。

【思路点拨】画线句运用了拟人的修辞手法。"挑""举""匍匐"三个描写人的动作的词语,让读者感受到棉苗均匀有力地喘息,高粱、玉米摇头晃脑的欢悦,瓜秧的腰肢抖动,把它们"旺盛的"的生命力形象地表现了出来,体现了夏天蓬勃的生机,表达了作者对夏天的热爱和赞美。

3. 示例:选句:"你看田间那些挥镰的农民,弯着腰,流着汗,只是想着快割,快割;麦子上场了,又想着快打,快打。"

诵读建议:"你看"后面可以稍作停顿,以引起听众注意,关注下面的内容;"快割,快割""快打,快打"要重读,让人体会到农民夏天的忙碌与辛劳。

【思路点拨】言之有理即可,答案不唯一。

4. 示例1:我爱春,爱它萌动的嫩芽,爱她粉红的蓓蕾。

示例2:我爱夏,爱它悠长的蝉鸣,爱它瓢泼的暴雨。

示例3:我爱秋,爱它高空中的风筝,爱它果摊上诱人的水果。

示例4:我爱冬,爱它小屋里红红的炉火,爱它雪地上两行可爱的足印。

【思路点拨】符合季节特点,写明喜欢的理由,言之有理即可。

第二单元

单元教学目标

1. 概括课文主要内容，体会作者的思想情感，理解亲情的丰富内涵。
2. 分析叙述、描写、抒情等多种表达方式综合运用的表达效果。
3. 朗读课文，分析关键语句的表达作用。

单元内容框架

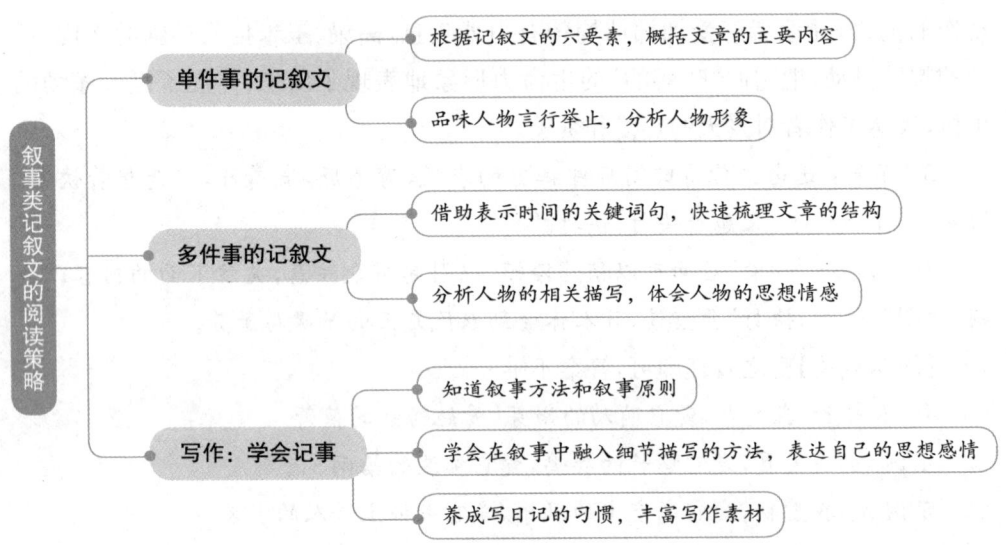

单元设计说明

本单元各篇课文，从内容主题来看，都在表现亲情。课文内容贴近学生的现实生活，对于七年级的学生来说，理解起来比较容易。其中《秋天的怀念》《散文诗二首》抒发对母爱的赞美；《散步》表现家人之间互敬互爱、其乐融融的美好氛围；《〈世说新语〉二则》讲述古代少年的聪慧故事，也能让人感受到魏晋世族家庭的文化修养和情趣。但本单元各篇课文的主旨，并不仅限于亲情，还可以读出其他丰富的内涵。例如，《秋天的怀念》不只是表现母爱，更有儿子的悔恨和愧疚之情，以及对生命意义的感悟；从《散步》中，可以读出生命轮回或延续的感慨，读出人生的选择，读出人到中年特有的责任感。

从阅读技能的角度看，本单元继续训练朗读技能。朗读技能分为外部语音技能和内部心理技能；其中外部语音技能包括重音、停连、语气、节奏的把握，内部心理技能则包括"情景再现"和"把握情感基调"；前者是上一单元朗读训练的重点，后者是本单元的训练重点。虽然两个单元在技能点上各有侧重，但又是互相呼应、反复训练、螺旋式提升的。朗读的教学方式，应以教师示范感染、学生反复练习、不断调动内心感受、不断打磨语音技巧为主，此外还可简明告诉学生相关术语（感情基调、语气、节奏等），以术语为工具，帮助学生有意识、有方向地提升自己的朗读技能。

从文章写法的角度看，本单元的另一个能力点是了解不同文章抒情的特点。相比之下，《散步》《荷叶·母亲》等课文，抒发的感情比较显豁明了，可以让学生直接把握；《秋天的怀念》表达的感情则非常深沉含蓄，需要在字里行间细细品味。实际上，文章抒情方式的显隐，与作者要表达的情感是相应的。一般而言，明朗、欢快、单纯的情感，表达起来比较显豁；沉郁、痛苦、复杂的情感，诉诸文字就相对含蓄。

5 秋天的怀念

史铁生

一、教学目标与学习要素

(一) 教学目标

1. 品味关键词句,从中感悟蕴含在字里行间隐忍的母爱。
2. 体会作者的思想感情,体会"好好活"的启示。

(二) 学习要素

1. 借助表示时间的关键词句,快速梳理文章的结构。
2. 分析人物的相关描写,体会人物的思想情感。

二、文本解读

(一) 课文整体解析

《秋天的怀念》是作家史铁生的一篇回忆性散文,以第一人称的叙述视角,回顾了自己与母亲共处的最后一段岁月。文中记叙了一位身患绝症的母亲忍受着病体和精神上的巨大痛苦,精心呵护双腿瘫痪的儿子的故事,突出表现了伟大而无私的母爱,表达了作者对母亲深深的愧疚与怀念之情,以及正确面对生活的残缺遗憾,勇敢地"好好儿活"的决心。

这篇散文的感人之处,在于史铁生独特的言说形式。散文是作者通过自己独特的言语形式,表达自己独特的情感的文章体裁。文中关于母亲的三处语言描写,藏着解开作者独特思想情感的"密码"。①"听说北海的花儿都开了,我推着你去走走。"……母亲扑过来抓住我的手,忍住哭声说:"咱娘儿俩在一块儿,好好儿活,好好儿活……②母亲进来了,挡在窗前:"北海的菊花开了,我推着你去看看吧。"……她忽然不说了。对于"跑"和"踩"一类的字眼儿,她比我还敏感。她又悄悄地出去了。③别人告诉我,她昏迷前的最后一句话是:"我那个有病的儿子和我那个还未成年的女儿……"

内容梳理:

第一部分(第1、2段):双腿瘫痪后,"我"暴怒无常,母亲小心翼翼地呵护

"我"。

第二部分(第3—6段):叙述母亲体贴入微地照顾"我",并鼓励"我"好好活下去地经过。

第三部分(第7段):妹妹推"我"去北海看菊花,"我俩"明白了母亲的心意——要好好儿活。

秋天的怀念 { 隐瞒病情悄抚慰 { 双腿瘫痪,暴怒无常 / 母亲病重,隐瞒病情 } 相约看花多牵挂 { 母亲央求去北海看花 / 母亲病危,临终牵挂 } 伟大的母爱 / 深切的怀念 ; 北海看花懂母心 { 妹妹推"我"去赏花 / "我"与妹妹懂母心 } }

(二)重点语段细读

母亲就悄悄地躲出去,在我看不见的地方偷偷地听着我的动静。

母亲不忍心看"我"痛苦的样子,但又忍不住不看。"悄悄地""躲"、"偷偷地""听",这一细节表现了母亲对"我"反复无常的宽容和迁就,对"我""暴怒无常"的理解,表现了母亲不忍打扰"我"、不想激怒"我",耐心等待"我"安静下来的心理和情态,形象地表现出母亲的慈爱。

三、教学过程

第一课时

(一)课时目标

1. 继续重视朗读,注意语气、节奏的变化。
2. 在整体感知全文内容的基础上,推敲关键词句,感悟蕴含在字里行间隐忍的母爱。
3. 借助表示时间的关键词句,快速梳理文章的结构。

(二)导入

同学们好,今天我们要进入第二单元的学习,本单元课文从不同角度书写了亲人之间真挚动人的感情,阅读这些课文,不仅可以加深我们对亲情的感受和理解,还可以丰富自己的情感体验,让我们一起来关注单元导语中的学习要求:要继续重视朗读,把握节奏的变化,在整体感知全文内容的基础上,体会作者的思想情感。

(三) 活动设计

▲ **活动设计一:介绍作者——模仿戏曲人物"自报家门"**

请同学们用戏曲人物"自报家门"的方式介绍本文的作者。"自报家门"是戏曲中主要人物出场时的自我介绍。它由引子、定场诗、坐场白组成。

引子:笼统地自叙心情、处境、身份、经历、性格,抒发志趣、抱负、情绪。

定场诗:内容大半是介绍特定情景和人物的思想情感。

坐场白:内容是介绍人物的姓名、籍贯、身世以及当时的情况、事件过程、心理活动等。

作者介绍:史铁生 1951 年生于北京,1969 年去延安一带插队,因双腿瘫痪,于 1972 年回到北京,1979 年开始发表作品,1998 年被确诊为尿毒症,靠透析维持生命,2010 年,曾担任中国作家协会全国委员会委员,北京作家协会副主席,中国残疾人联合会副主席,自称职业是生病,业余在写作,他的代表作有《我与地坛》《合欢树》等。

▲ **活动设计二:梳理和概括材料**

"双腿瘫痪后","北归的雁阵","窗外的树叶'唰唰啦啦'地飘落","又是秋天",这些词语或短语都提示了事件发生的时间,借助这些重要信息,我们能够很快地理清文章的结构层次:第 1、2 段为第 1 部分,第 3—6 段为第 2 部分,第 7 段是第 3 部分,这三个部分材料都和看花有关。

作者写了三个与看花有关的材料,要表达什么呢?首先来看看作者笔下的母亲是一个怎样的人?(依次分析:作者笔下的母亲面对怎样的境况?母亲在这些境况下如何表现?她为什么会如此表现?)

▲ **活动设计三:话里话外**

以史铁生的口吻,在母亲话语之后再加一两句话来阐释母亲语言的深意。

例如:母亲扑过来抓住我的手,忍住哭声说:"咱娘儿俩在一块儿,好好儿活,好好儿活……"

"扑"写出了当"我"对生活已经感到绝望,几乎失去了生存的勇气时,母亲反应之强烈和行动速度之快,阻止"我"近似"自残"的行为,母亲想要"抓"住的不仅仅是手,更是"我"想要死的念头,怕"我"轻生。母亲"忍"的一是自己的病痛,二是"我"那脾气,三是儿子的病痛带来的打击。体现出母亲的细心、耐心。在"忍住哭声"中说出"好好儿活……"的话语,字字沉重,句句贴心,这句朴实的话语道出了母亲的愿望,让人更加体会到母亲看到儿女痛苦时自己的心痛、难过和怜爱。

再如:母亲进来了,挡在窗前:"北海的菊花开了,我推着你去看看吧。"她憔悴的脸上现出央求般的神色。

母亲的这一"挡"是不愿意儿子看到树叶飘落的样子,树叶飘落意味着生命的结束,母亲不愿意"我"看到这些,怕"我"触景生情。这一"挡"更是挡住"我"烦躁的情绪和对生活的绝望,体现出母亲的细心呵护。"憔悴的脸"表明母亲积劳成疾,"央求般的神色"表现出母亲的耐心、慈祥,即使"暴怒无常"的"我",也不由得为之感动了。

▲ **活动设计四:一个标点一片深情**

分析文中描写母亲、儿子的语言时所运用的标点符号并进行比较。

第一处:

母亲扑过来抓住我的手,忍住哭声说:"咱娘儿俩在一块儿,好好儿活,好好儿活……"

第二处:

她也笑了,坐在我身边,絮絮叨叨地说着:"看完菊花,咱们就去'仿膳',你小时候最爱吃那儿的豌豆黄儿。还记得那回我带你去北海吗?你偏说那杨树花是毛毛虫,跑着,一脚踩扁一个……"她忽然不说了。对于"跑"和"踩"一类的字眼儿,她比我还敏感。她又悄悄地出去了。

第三处:

别人告诉我,她昏迷前的最后一句话是:"我那个有病的儿子和我那个还未成年的女儿……"

1. 体味这三处语言描写的共同点:运用省略号的表达效果。

第一处,"咱娘儿俩在一块儿,好好儿活,好好儿活……",这处省略号是母亲有太多话想说,但无从表达,同时也好像是"好好儿活"一句的无限循环让母亲这种强烈的生的意志不断循环与强调;第二处,"你偏说那杨树花是毛毛虫,跑着,一脚踩扁一个……"这是母亲发觉自己说错话后的戛然而止,这说明母亲的所有放松,都是紧张和压抑中的一些小罅隙,可爱又可怜;最后一个省略号,那是生命的绝唱,是母亲对两个子女的不放心,是母亲的舍弃不下。省略号,省去了母亲的话语,却浮现了儿子的彻悟。

2. 对文中描写母亲、儿子的语言时所运用的标点符号进行比较。

母亲的语言中多用省略号,儿子的语言中,多用感叹号。通过标点符号对照,让我们看到了儿子的暴躁和无礼,同时也看到母亲的体贴与隐忍。作者准确运用小至标点符号的各种言语形式来刻画人物形象,剖析自己,反思自己,这真是一种灵魂的拷问。

(四)课堂小结

《秋天的怀念》是一篇散文,我们首先借助表示时间的关键词句,划分文章层次,梳理出文章主要写了三个与看花有关的材料,由此我们提出核心问题,作者描写与看花有关的材料要表达什么?因三个看花的材料都与母亲有关,因此这节课,我们重点分析了作者笔下的母亲,我们依次分析了:母亲面对的是怎样的境况,在这些境况下她有什么表现,以及母亲为什么会如此表现。最终我们读出了文中母亲的特点。

(五)布置作业

1. 作者抓住四件平常的小事,表达了母子之间的似海深情。请概括这四件事情。

(1)＿＿＿＿＿＿＿＿＿＿＿＿＿＿＿＿＿＿＿＿＿＿＿＿＿＿＿

(2)＿＿＿＿＿＿＿＿＿＿＿＿＿＿＿＿＿＿＿＿＿＿＿＿＿＿＿

(3)＿＿＿＿＿＿＿＿＿＿＿＿＿＿＿＿＿＿＿＿＿＿＿＿＿＿＿

(4)＿＿＿＿＿＿＿＿＿＿＿＿＿＿＿＿＿＿＿＿＿＿＿＿＿＿＿

2. 文章第一、二、四部分三次提到看花,第一次"我""暴怒",第二次"我"答应去,第三次"我"和妹妹一起去,这三次看花也是作者思想变化的一个过程,这过程是:

第一次"我""暴怒":＿＿＿＿＿＿＿＿＿＿＿＿＿＿＿＿＿＿

第二次"我"答应去:＿＿＿＿＿＿＿＿＿＿＿＿＿＿＿＿＿＿

第三次"我"和妹妹一起去:＿＿＿＿＿＿＿＿＿＿＿＿＿＿

参考答案：

1. (1)"我"发脾气时母亲抚慰"我"。　(2)母亲为了"我"隐瞒病情。

    (3)母亲央求"我"看花。　　　　(4)母亲的临终牵挂。

2. 第一次"我""暴怒"：母亲提议去看花，我想到瘫痪的双腿，沉浸在绝望与痛苦中，粗暴地拒绝了母亲。

    第二次"我"答应去：母亲催我去看菊花，我懂得了母亲的用心良苦。

    第三次"我"和妹妹一起去："我俩"明白了母亲的心意——要好好儿活。

· · · **第二课时** · · ·

(一) 课时目标

1. 反复朗读，抓住人物的动作、神态、语言等描写，体会人物的心理。
2. 领悟文章所表现的母爱，联系生活实际，激发感恩情怀。
3. 分析人物的相关描写，体会人物的思想情感。
4. 体会抒情这一表达方式的表达效果。

(二) 导入

今天我们继续学习史铁生的散文《秋天的怀念》。这节课我们再来读一读课文，根据上节课的思考路径，我们依然可以提出这样几个问题：作者遇到了怎样的境况，面对作者有哪些表现？为什么会有这些表现？我们从作者的言行中读出了他怎样的情感态度呢？作者首先要面对的是自己双腿瘫痪，那么，他有哪些表现？为什么会有这些表现呢？

(三) 活动设计

▲ **活动设计一：梳理母子的表现**

首先，请同学们梳理"我"与母亲两次对话时，两人的不同表现，填入表格中。

	"我"的情况	母亲的表现	母亲的话	"我"的表现	母亲的表现
第一次					
第二次					

请同学们朗读这两段对话。注意在书上标注好重音停连的提示符号,也可以简略地批注人物的内心状态。

第1段对话中要读出"我"情绪中的痛苦、绝望、暴躁,母亲则是强忍悲痛,好语相慰;第2段对话中母亲是喜出望外,激动难耐以至于絮絮叨叨,"我"则是勉强应付,让我们来试一试吧。通过朗读,我们再次感受到了作者双腿瘫痪后,始终沉浸在自己的悲痛绝望中,还是没有能理解母亲的用心良苦,直到母亲去世后,我才追悔莫及。

文章结尾处写到了自己能欣赏到花儿的美,这与前文观雁听歌时的暴躁情绪形成了对比,在感怀母爱的过程中,"我"觉醒了,"我"改变了生活的态度,"我"要振奋精神,好好儿活,以告慰母亲的在天之灵。

▲ 活动设计二:替换标题

这篇文章的标题《秋天的怀念》,能否改为《母亲的回忆》或者《怀念母亲》? 为什么?

引导:母亲是秋天去世的,"我"深切怀念母亲对"我"的爱。秋天里去看菊花,是母亲对"我"的希望,"我"用行动向母亲表示,不仅自己好好活,还要带着妹妹好好活,让母亲在九泉之下放心。秋天是菊花盛开的时节,"菊花"是母亲坚韧、乐观精神的象征,看到菊花绽放得那样鲜艳、灿烂,让"我"明白了要好好儿活,活出精彩,做生活的强者。

标题的表层意义是,文章回忆的往事发生在秋天,文章表达的是对母亲的怀念。深层意义是,"秋天"常常隐喻着生命的成熟、思想感情的沉淀;"秋天的怀念",暗示着作者经受过命运残酷的打击,经历过暴躁绝望的心理过程,在母亲去世后,在风轻云淡的秋天,在菊花绽放的时节,才真正体会了母爱的坚忍和伟大,懂得了母亲的期望,悟出了生命存在的意义。如果说,题目中的"怀念"直接指向母亲,那么"秋天"则蕴含着"生命"的意味。

(四)课堂小结

我们通过分析作者遇到的境况和他面对这些境况时的表现,揣摩到了他从瘫痪后对生活绝望,对母亲缺乏关心体谅,到母亲去世后歉疚、悔恨,最终决心好好活的转变。从作者生活态度转变的原因,我们读出了他对母亲的感激和怀念,读出了他对生命存在意义的领悟。全文语言细细品味,意味深远,触动人心,发人深思。

（五）布置作业

1. 在横线处填上合适的词语，体会作者用词的准确精妙。

① 望着望着天上北归的雁阵，我会_____把面前的玻璃_____碎；听着听着李谷一甜美的歌声，我会_____把手边的东西_____向四周的墙壁。

分析填空内词语的用词精妙之处。

_____

_____

② 母亲就悄悄地_____出去，在我看不见的地方_____听我的动静。当一切恢复沉寂，她又_____进来，眼边红红的，看着我。

分析填空内的词语用词精妙之处。

_____

_____

2. 文章为什么取题为《秋天的怀念》？

_____

3. "我摇着车躲出去，坐在小公园安静的树林里，想，上帝为什么早早地召母亲回去呢？迷迷糊糊的，我听见了回答：'她心里太苦了。上帝看她受不住了，就召她回去。'我的心得到一点安慰，睁开眼睛，看见风正从树林里吹过。"（选自史铁生散文《合欢树》）请细细品读，并结合本文结尾，用80字左右写下"我"从母亲没有说完的话中究竟读懂了什么。

参考答案：

1. ① 突然　砸　猛地　摔

"突然""猛地"和"砸""摔"表明作者本来情绪相对平静，但他的暴怒是无常的，它的来临是自己都不知道的。沉寂中不知何时就会失控的情绪，让人感到可怕，作者面对自己双腿瘫痪的境况，始终没有振作起来，无法摆脱痛苦和绝望。

② 躲　偷偷地　悄悄地

"悄悄地躲出去"这一动作可以看出母亲深深地理解儿子的痛苦需要发泄，甚至需要一个人发泄，同时又担忧着儿子，怕他有什么过激行为伤害了自己，所以"偷偷地听"。这两个无声动作的背后，是她疼痛不已的揪心。下文写"她又悄悄地进来"，"眼边红红的"，正是这种心情的流露。

2. 题目的表层意义是：文章回忆的往事发生在秋天，文章表达的是对母亲的怀念。深层的意义是："秋天"常常隐喻生命的成熟、思想感情的沉淀；"秋天的怀念"暗示着作者经受过命运残酷的打击，经历过暴躁绝望的心理过程。在母亲去世后，在风轻云淡的秋天，在菊花绽放的时节，才真正体会到母爱的坚忍和伟大，懂得了母亲的期望，悟出了生命存在的意义。题目中的"怀念"直接指向母亲，"秋天"蕴含着"生命"的意味。

3. 课文结尾描写北海的各色菊花，无论"淡雅""高洁"，还是"热烈而深沉"，都是"泼泼洒洒，秋风中正开得烂漫"这象征着母亲的期望：无论遭遇怎样的厄运，无论选择怎么样的人生之路，都要活得坚忍，活出尊严，活出自我生命的个性与美丽。

6　散步

莫怀戚

一、教学目标与学习要素

（一）教学目标

1. 提取记叙的六要素，概括文章的主要内容，理解日常生活中流淌的美好亲情。
2. 分析文中意蕴丰富的词句，体会中年人的责任感，理解生命传承的本质。

（二）学习要素

1. 根据记叙的六要素概括文章的主要内容。
2. 体会对称的句子形式上的对称美、语义上的内在美。

二、文本解读

（一）课文整体解析

莫怀戚的《散步》是一篇清新优美、蕴藉丰富的精美散文。其以平实的叙事、真挚的情感、含蓄的说理和晓畅优美的语言，给我们描绘了初春一家四口祖孙三代在田野上散步这样一件小事。通过这样一件小事，我们看到了一个母慈子孝、夫妻恩爱、老幼有序的美满家庭。

1. 人称的选择：课文内容以第一人称"我"的视角来写，可以充分参与事件中，对事件真实的感受和评价，能让读者不经意间就进入故事里面，感受作者的情感。"我"字在文中出现 20 多次，除了本人"我"之外，母亲、儿子、妻子的称呼前面作者不厌其烦地几乎都加了"我的"这样一个定语，这体现了一个站在生命连接点上的中年人对家庭和社会的强烈责任感和使命感，这份责任感让人感受到沉甸甸的份量，同时更加让人觉得真切自然，情感真挚。

2. 对称的句式：对称的句子句式整齐，形式上有对称美，在语义上增强了字里行间内在的张力，朗读起来增强了文章的音韵美，富有情趣。

像第 8 段的"到了一处，我蹲下来，背起了我的母亲，妻子也蹲下来，背起了我们的儿子。我的母亲虽然高大，然而很瘦，自然不算重；儿子虽然很胖，毕竟幼小，自然也很轻。"这两组对称句把"我"和"妻子"郑重其事的样子很好地表达了出来。

3. 矛盾的情节和解决矛盾形成的顿挫效果。本文集中描写两次矛盾及解决，关于出不出去散步，关于散步应该走大路还是小路；这两处矛盾的解决不但形成了文章的曲折美、对称美，而且解决矛盾也成为推动故事情节发生、发展、高潮的主动力，而这一切都是围绕着敬老爱幼展开的，和谐的整体氛围随之形成。情节的戏剧性，让散步这一件小事投射出一个宏大的关于爱和责任的主题。

4. 融情于景：文中这两处对初春的描写，在全文中起到了衬托的作用，为散步提供了一个美妙的背景，在轻描淡写中充满了浓郁的诗情画意。这两段景物描写简洁精练，看似与文章的内容没有什么必要的关联，实际上，它穿插于两个矛盾解决的过程中。它们不仅为人物的活动和情节的展开提供了两幅非常优美的背景图画，同时更重要的是，它对文章中人物的情感表现起到了很好的衬托作用。那些富有生命力的景色，和整个散步的氛围相得益彰，令人觉得春意盎然、温情脉脉。

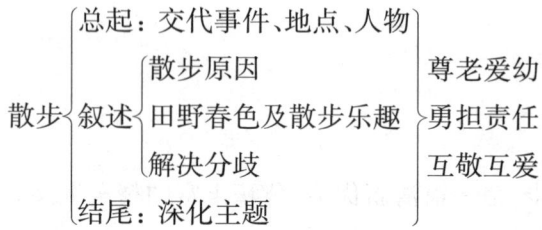

(二) 重点语段细读

1. 天气很好。今年的春天来得太迟，太迟了，有一些老人挺不住，在清明将到的时候去世了。但是春天总算来了。我的母亲又熬过了一个严冬。

"总算"既写出了"我"对春天的企盼，又写出了"我"对经历了漫长严冬的年迈的母亲的担心，暗含对春天到来的欣慰之情。

"熬"字意为忍受（痛苦或艰苦的生活等）。表现母亲度过严冬的艰难；也体现了作者内心的庆幸和欢欣，蕴含了对母亲的拳拳孝心。

2. 这南方的初春的田野！大块儿小块儿的新绿随意地铺着，有的浓，有的淡；树枝上的嫩芽儿也密了；田里的冬水也咕咕地起着水泡儿……这一切都使人想着一样东西——生命。

"这南方初春的田野！"运用感叹句，真切抒发了我们看到南方初春田野风光的欣喜之情。"新绿""嫩芽""冬水"这些景物描写显示了初春的田野一切充满了生机和活力,烘托了一家人散步时祥和、欢乐的情绪。"随意"写出了"新绿"不受拘束、自由自在的生长状态。"铺",是一片一片的,让人感觉到春天植物的生命力很旺盛。"密",让人感受到嫩芽蓬勃生长的状况,暗示着生命在不断地萌发。"咕咕",形象地表现冬水起泡的声音和形态,有动感,使人如见其形,如闻其声,一种生命的萌动和力量。这段文字描写南方初春田野的景致,表达了作者对春临人间、生机勃勃的喜悦之情,引发了对生命、对家庭、对责任的思考,为下文的处理分歧等情节埋下伏笔。

3. 那里有金色的菜花、两行整齐的桑树,尽头一口水波粼粼的鱼塘。

这些景物描写,点染了春天的美丽和生机,传达出万物复苏的生命感慨,还展现了一家人散步的美好情景和幸福心情。这段景物是母亲顺着小路望过去所见到的,这是她改变主意的缘由,表现了母亲对生命、对美好景象的热爱,以及对小孙子要走有意思的小路的顺从。

4. 但我和妻子都是慢慢地,稳稳地,走得很仔细,好像我背上的同她背上的加起来,就是整个世界。

"慢慢地""稳稳地""很仔细"都是形容"我"和妻子"走"的状态,表明我们走得很小心。因为走的是小路,唯恐哪一步有闪失,特别是母亲,经不起摔跌,非稳当不可。作者把"我"背母亲、妻背儿子写得那么郑重其事,从字面上看,表现出尊老爱幼的传统美德。深层次理解,"我"和"妻子"代表的是"现在","母亲"代表的是"过去","儿子"则是"未来"。"我"和"妻子"起着承上启下的传承纽带作用,这其中的责任感,使他们慢慢地,稳稳地,很仔细地走。

"整个世界"一方面表明了母亲和儿子在"我"和妻子心中的重要地位。另一方面,"整个世界"也表现出"我"和妻子所代表的中年一代所具有的家庭责任感。中年一代不仅要承担抚养下一代的责任,更要承担赡养上一辈的责任,这才是完整的生命世界。

5. 文中使用对称句式有什么样的作用?

对称的句子句式整齐,形式上有对称美,在语义上增强了字里行间内在的张力,朗读起来增强了文章的音韵美,富有情趣。像第8段的"到了一处,我蹲下来,背起了我的母亲,妻子也蹲下来,背起了我们的儿子。我的母亲虽然高大,然而很瘦,自然不算重;儿子虽然很胖,毕竟幼小,自然也很轻。"这两组对称句表达了"我"和"妻子"背起母亲和儿子时郑重其事的样子。

6. 分析"整个世界""民族领袖""严重关头"等词在文中的作用。

第8段中的"整个世界"与第6段"民族领袖""严重关头"都属于大词小用,"民族领袖"作者用这样的类比突出自己责任的重大,而这个责任源自自己对母亲和儿子的深爱,从而表明爱是与责任联系在一起的。"整个世界"在作者看来,老人代表着过去、历史,孩子则代表未来,他们是生命延续与传递不可或缺的两个节点,而过去、现在和未来构成了整个世界。这句话表达了对家庭、对责任、对生命的传承等主题的思考。这样的表达方式增加了文章的幽默感和生活情趣,也让我们感受到中年人特有的心境和责任感。另外,把两处联系起来看,还可以看出作者想突出的是中年一代的责任重大,"上有老,下有小",对上要赡养父母,对下要哺育子女,肩负着承前启后的重大使命。

三、教学过程

(一) 导入

学习这篇叙事类的文章,我们要思考的核心问题是:作者想要表达什么?为了解决这个问题,我们需要先梳理文中围绕"散步"发生的事情。

(二) 活动设计

▲ **活动设计一:剧本改编**

请同学们试着把本文改编为情景剧"剧本",主要内容应包括时间、地点、人物简介、基本剧情(人物对白)、画外音等。

时间:初春

地点:南方的田野上

人物:"我"、母亲、妻子和儿子

基本剧情:在南方初春的田野上,我们一家四口在散步时发生了分歧,最后我和妻子分别背起了母亲和儿子,一起走小路。

画外音:面对要走大路还是小路的这一矛盾,文中的"我"有什么心理及表现呢?

后来发生了分歧:我的母亲要走大路,大路平顺;我的儿子要走小路,小路有意思……不过,一切都取决于我。我的母亲老了,她早已习惯听从她强壮的儿子;我的儿子还小,他还习惯听从他高大的父亲;妻子呢,在外面,她总是听我的。一霎时,我感到了责任的重大,就像民族领袖在严重关头时那样。我想找一个两全的办法,找不出;我想拆散一家人,分成两路,各得其所,终不愿意。我决定委屈儿子了,因为我伴同他的时日还长,我伴同母亲的时日已短。我说:"走大路。"

从这些句子中我们发现,面对矛盾时"我"的心理及表现有:感受到责任的重大、想找到两全其美的办法、最终做出走大路的决定。

▲ **活动设计二:比较阅读**

请同学们对比原句和改后的句子,思考原句的表达方式有什么样的效果。

原句:我们在田野上散步:我,我的母亲,我的妻子和儿子。

改句:我和母亲、妻儿在田野散步。

原句——罗列四位家庭成员,且把"我"放在首位,并连用两个"我的",体现"我"这一家庭角色的重要,与下文要表现的中年人承担的家庭责任这一主旨形成呼应。

通过以上分析,我们体会到"我"面对矛盾时,感到责任的重大,有"像民族领袖在严重关头时那样"的感受,意在突出"我"在家中的重要位置,表现"我"的责任感。当出现家庭分歧时,理所当然是由"我"这个家庭的中流砥柱来解决。身处中年这样一个特殊的生命阶段,"我"面临的就是上有老、下有小的生命境况。面对走大路还是走小路的矛盾,我必须承担起作为一个儿子、父亲、丈夫的职责。我体谅母亲的行路之艰难,也了解儿子的好奇心,在两相比较中,我只能艰难地选择"走大路",因为我伴同儿子的时日还长,伴同母亲的时日已短。

▲ **活动设计三:火眼金睛找不同**

找到下面2组句子的不同点,并分析哪组句子的表达效果更好。

① 这南方的初春的田野!大块儿小块儿的新绿随意地铺着,有的浓,有的淡;树枝上的嫩芽儿也密了;田里的冬水也咕咕地起着水泡儿……这一切都使人想着一样东西——生命。

② 这南方的初春的田野。大块儿小块儿的新绿随意地铺着;树枝上的嫩芽儿也密了;田里的冬水也咕咕地起着水泡儿,这一切都使人想到生命。

第①组句子的表达效果更好。"这南方初春的田野!"运用感叹句,真切抒发了"我们"看到南方初春田野风光的欣喜之情;

而第②组句子中改为陈述句则情感平淡。第①组句子中"有的浓,有的淡"写出了"新绿"不受拘束、自由自在的生长状态;使用省略号显示出初春的景物还有很多,表现了初春的田野一切充满生机和活力,引发读者的联想。第②组句子删去了"有的浓,有的淡",且将省略号改为句号,则无法表现出"新绿"生长的自由自在,以及初春田野景物之丰富。第①组句子的最后一句使用了破折号,烘托了一家人散步时祥和、欢乐的情绪;第②组句子删去了破折号,则无法传达出这种情感。把母亲带进初春的田野,让母亲感受初春蓬勃的生命。这一次散步是在母亲经受了一次生命的"严冬"的考验之后的不寻常的散步,既有我们一家人对母亲劫后余生的庆幸和喜悦,更有"我"借这次散步让母亲充分感受春天带来的勃勃生机的希望。

这一段使用了六种标点符号:感叹号、逗号、分号、省略号、破折号、句号,朗读时要注意停顿与语气,譬如省略号要读出余味悠长的感觉。

▲ **活动设计四:分析对称句**

在这一自然段以及全文中,有不少对称的句子同样别有深意。请同学们把这些句子找出来,试着读一读、品一品。

第6段:我的母亲要走大路,大路平顺;我的儿子要走小路,小路有意思……

第6段:我的母亲老了,她早已习惯听从她强壮的儿子;我的儿子还小,他还习惯听从他高大的父亲;妻子呢,在外面,她总是听我的。

第8段:到了一处,我蹲下来,背起了我的母亲,妻子也蹲下来,背起了我们的儿子。

第8段:我的母亲虽然高大,然而很瘦,自然不算重;儿子虽然很胖,毕竟幼小,自然也很轻。

对称的句子句式整齐,形式上有对称美,在语义上增强了字里行间内在的张力,朗读起来增强了文章的音韵美,富有情趣。

▲ **活动设计五:探讨文章主旨**

第8段中的"整个世界"与第6段"民族领袖""严重关头"都属于大词小用,这样表达增加了文章的幽默感和生活情趣,也让我们感受到中年人特有的心境和责任感。另外,把两处联系起来看,还可以看出作者想突出的是中年一代的责任重大,"上有老,下有小",对上要赡养父母,对下要哺育子女,肩负着承前启后的重大使命。

将这些有意味的语言表现形式与"我"在解决分歧过程中的心理及表现联系起来看,作者想表达什么?

作者用这样一件日常小事，以小见大，表达了中年人对家庭的责任感，也表现了我们中华民族尊老爱幼、勇担责任的传统美德。

(三) 课堂小结

最后，我们来回顾一下本课的学习过程。我们首先关注标题，梳理出记叙的六个要素，抓住了故事发展中的主要矛盾。然后重点分析"我"在面对矛盾时的表现以及产生这些表现的原因，感受到"我们"一家四口尊老爱幼，其乐融融的亲情。最后通过抓最后一个自然段中"我和妻子"的表现以及文中一些意蕴丰富的语句和特别的语言形式，体悟到了作者借散步这样一件小事想要传达的中年一代作为"成熟的生命"对下一代"幼小的生命"和上一代"衰老的生命"的责任以及担负生命传承的重担。

(四) 布置作业

阅读短文《三代》并回答问题。

三代

在交叉路口转弯的时候，我的脚踏车把一位陌生先生的右脚踝碰伤了。本来我可以安全避闪的，当我看到那位先生一手拉着一个刚会走路模样的小男孩，一手牵着一个步履蹒跚的年老中风病患者时，我立刻紧急刹车把车头倾向一边，就在这时，他突然急速地跨前一步，自己撞了上来。

我赶紧跳下车，不安地说："对不起！对不起！"他一边弯下腰按摩脚踝，一边和气地抬起头说："不怪你，是我自己撞上的……是我太多虑了，以为车子如果不会撞上我的小孩，便会撞上我的父亲，于是下意识地上前拦挡。"

在我惊魂未定，讷讷不知所措的时候，那位先生已牵着小孩和老者慢慢离去，我愣愣地目送他们，三个脚步迟缓的背影构成一幅感人的画面。我有股搁下车子跟上前去帮助那位先生的冲动。可是，我一直没有那样做——我发觉小孩和老者好像那位先生肩上的两头担子，再艰苦他也不肯放下任何一边。

1. 读《三代》这篇短文，与课文比较，思考：哪个故事更感动你？

2. 《散步》这篇课文以"散步"为题是从文章主要事件的角度确定的，本文是以"三代"为题是因为＿＿＿＿＿＿＿＿＿＿＿＿＿＿＿＿＿＿＿。《散步》与《三代》的相同之处在于主人公都是＿＿＿＿＿＿，内容都与＿＿＿＿＿＿有关，不同之处在于前者的主题突出了为人子女应＿＿＿＿＿＿，后者则突出了主人公＿＿＿＿＿＿的精神，选材上两者都是通过_____刻画人物，表现主题。

参考答案：

1. 略。言之成理即可。

2. 表现三代人之间的和谐、融洽、血肉交融的关系　中年人　表现亲情　尊老爱幼　勇于牺牲　细节

7 散文诗二首

一、教学目标与学习要素

（一）教学目标

1. 整体把握散文诗的内容，理解作品的主题思想。
2. 梳理文章思路，感受作品的美好意境和语言风格。

（二）学习要素

1. 品读描写、抒情的语句，揣摩作者心情变化背后的情感脉络。
2. 学习象征手法对于表达情感的作用。

二、文本解读

（一）课文整体分析

散文诗是兼有诗与散文特点的一种现代抒情文学体裁。它融合了诗的表现性和散文的描写性的某些特点。在本质上，它属于诗，有诗的情绪和幻想，给读者美和想象；在内容上，它保留了有诗意的散文性细节；在形式上，它有散文的外观，不像诗歌那样分行和押韵，但不乏内在的音韵美和节奏感。

1.《金色花》

概括主要内容：我想象自己变成一朵金色花，与妈妈捉迷藏。

第一部分（第1—3段）：我想象要与妈妈捉迷藏的原因。

第二部分（第4—9段）：我想象与妈妈捉迷藏的三个场景。

作者在文中写了孩子想象自己变成金色花与母亲捉迷藏的内容，以金色花为题，将孩童比喻成圣洁的金色花，用金色花象征了孩子的天真可爱，纯洁活泼，而孩子的活泼可爱，又与母爱的滋养息息相关。文中的孩子想象自己跟妈妈三次捉迷藏，既是出于天真活泼的天性，也是出于对妈妈每时每刻的关注，作者借此抒发了孩童对母亲的热爱与眷恋之情。

2.《荷叶·母亲》

第一部分（第1—3段）：写得到两缸莲花和由此引起对故乡园院内莲花的

回忆。

第二部分(第 4—7 段)：写雨打红莲的过程和荷叶护莲的感人情景。

第三部分(第 8、9 段)：直接抒情,讴歌伟大而无私的母爱。

作者以清丽的笔调,描述了雷雨之夜的一朵红莲被风雨打得左右倾斜,红莲旁的大荷叶倾侧覆盖在红莲上,无惧无畏地守护着红莲,正如母亲呵护着儿女一般的情景,表达了对母亲由衷的感激和爱恋。

《金色花》和《荷叶·母亲》都运用了象征手法。《金色花》以孩童的口吻想象自己变成一朵金色花,用金色花象征天真活泼的孩子,他沐浴在母爱之中。

《荷叶·母亲》中作者自比红莲,以雨中的荷叶覆盖红莲,象征了母亲对女儿的心灵庇护。两篇作品都表现了子女对母亲的热爱与依恋之情。

(二) 重点语段细读

1. 假如我变成了一朵金色花,只是为了好玩,长在那棵树的高枝上,笑嘻嘻地在风中摇摆,又在新叶上跳舞,……我暗暗地在那里匿笑,却一声儿不响。我要悄悄地开放花瓣儿,看着你工作。

作者运用丰富的想象,孩子变成金色花来和妈妈捉迷藏,笑嘻嘻、匿笑、悄悄地等词句,写出了我捉迷藏的表现,塑造了一个天真可爱顽皮的孩童形象。

2. 母亲啊! 你是荷叶,我是红莲。心中的雨点来了,除了你,谁是我在无遮拦天空下的荫蔽?

作者运用了抒情,由此联想到自己是红莲,母亲是荷叶的感慨,并对母亲的保护产生了深深的感激之情,结尾处的抒情水到渠成的表现了作者对母亲呵护自己的依恋和感激。

三、教学过程

第一课时

(一) 课时目标

1. 整体把握本诗内容,梳理文章思路,理解作品主题思想。
2. 感受作品的美好意境和语言风格,品味作者寄寓作品中的情感。
3. 品读描写、抒情的语句,揣摩作者心情变化背后的情感脉络。

（二）导入

本课是自读课文,在学习文章内容时可以关注书本上的旁批、阅读提示来帮助理解课文,我们一起来看一下课本,阅读提示中有关于散文诗的介绍。

核心问题:作者的思想情感是什么?

首先来学习第一首散文诗,《金色花》。

（三）活动设计

▲ **活动设计一：画一画,"我"与妈妈捉迷藏的路线图**

第1段中可以看出我变成金色花最初的原因,强调了我一开始想要玩捉迷藏的初衷就是为了好玩,带着好奇又好玩的心情,我一开始表现是笑嘻嘻的摇摆,以及在新叶上跳舞。第1次捉迷藏的场景集中在文章第4段,第2次在文章第5第6段,第3次在第7到第9段。第1次捉迷藏的场景中,"我"散发香气让妈妈嗅到。第2个场景为当妈妈在读书时,"我"将自己的身影投在她正在看的书页上。第3个场景,虽然只写了妈妈提了灯进牛棚,但我们可以想象出孩子此时陪伴在妈妈身边。

▲ **活动设计二：说一说,我与妈妈捉迷藏的原因**

思考并交流：我跟妈妈玩起躲猫猫,只是为了好玩吗？

第4段写第一次捉迷藏的场景,这是一次对母爱无私的回报。孩子想为正在祷告的母亲做点什么,于是悄悄开放花瓣,并散发香气让母亲闻到。这是孩子想变成金色花的原因之一。

第5段写第二次捉迷藏的场景。母亲在读《罗摩衍那》时,"我"为了不让正午的阳光损伤母亲的眼睛而将自己的影子投在书页上,从而表现了孩子对母亲的爱。

第7段写第三次捉迷藏的场景。这是以孩子独特的纯真、调皮的行为方式来表现对母亲的热爱、依恋。

▲ **活动设计三：辩一辩**

泰戈尔为什么要选"金色花"而不是别的意象来比喻孩子呢？

因为金色花是印度的圣树,是非常美好和圣洁的,这和母子之间的感情很相似。而且印度人也喜欢用花比喻儿童,泰戈尔借美丽的圣树上的金色花赞美孩子的可爱。同时,那金黄的色彩,正反映着母爱的光辉。人们喜爱花儿,花儿也惠及人们,象征孩子回报母爱的心愿。泰戈尔的想象新奇而美妙。

(四)课堂小结

"我"变成金色花与妈妈捉迷藏,不仅仅为了好玩,而是表现出"我"对妈妈的依恋与热爱。作者以金色花为题,用金色花象征了孩子的天真、可爱、纯洁与活泼,而孩子的活泼可爱,又与母爱的滋养息息相关,作者借此抒发了孩童对母亲的热爱、眷恋之情。

(五)布置作业

1. 以"假如我变成了……"开头,仿写课文。(字数不限)
2. 阅读《泰戈尔诗选》,摘录喜欢的诗句。

第二课时

(一)课时目标

1. 整体把握散文诗的内容,理解作品的主题思想。
2. 感受作品的美好意境和语言风格,品味作者寄寓作品中的感情。
3. 学习象征手法对于表达情感的作用。

(二)导入

上节课我们通过作者情感来把握核心问题,这节课我们继续用这种阅读方式,一起学习第 2 首散文诗,冰心的《荷叶·母亲》,思考作者想要抒发怎样的情感。

(三)活动设计

▲ **活动设计一:读"荷",说印象——小小诗歌朗诵会**

正确、流利、有感情地朗读诗歌。

▲ **活动设计二:品"荷",赏语言——小小卡片我填充**

作者每一次看红莲时的自然环境和红莲的情景是怎样的?作者的心情如何?

	第一次	第二次	第三次	第四次
环境	繁杂的雨声，浓阴的天	雷声大作，雨愈下愈大	雨肆意地下着，大荷叶慢慢倾侧了下来	雨势并不减退，勇敢慈怜的荷叶上面聚了些水珠
红莲		左右攲斜	被大荷叶覆盖	不动摇
心情	烦闷	不适意	不宁的心绪散尽	深深地受了感动

▲ 活动设计三：悟"荷"，感诗情——制作佳句美书签

你认为哪句话写得美？在书签上写下你的赏析。

▲ 活动设计四：仿"荷"，抒真情——选选最佳拍档

两位同学一组，用"母亲是_____，我是_____"写一句话，赞颂母爱。看看哪两位同学说得最贴切最有文采，颁发最佳拍档奖！

示例：母亲是灯塔，我是夜航的船儿。

(四) 课堂小结

整篇课文中，母亲并没有正面出场，文章只写到一句，"对屋里母亲唤着，我连忙走过去，坐在母亲身边"。作者写母亲完全使用象征手法，将荷叶象征母亲，细腻地写出了荷叶为红莲遮雨时，温柔又坚定的情态。表达了母亲对子女尽力的呵护，体现出一个慈爱而又勇敢的母亲形象，既表现了母爱伟大而动人的力量，也表现出作者对母亲的深厚依恋。

(五)布置作业

本文以《荷叶·母亲》为题有何好处?

_____

_____

参考答案:

雷雨之夜的一朵红莲被风雨打得左右倾斜,红莲旁的大荷叶倾侧覆盖在红莲上,无惧无畏地守护着红莲,正如母亲呵护着儿女一般的情景。作者自比红莲,以雨中的荷叶覆盖红莲,象征了母亲对女儿的心灵庇护,表达了对母亲由衷的感激和爱恋。

8 《世说新语》二则

一、教学目标与学习要素

(一) 教学目标

1. 积累相关文学常识以及文言字词，了解"谦称"和"尊称"，理解文章大意。
2. 品味人物言行举止，分析人物形象，欣赏古代少年的聪慧机敏。
3. 感受古人的生活雅趣及"魏晋人物"独特的人格魅力。

(二) 学习要素

1. 积累常见的文言实词。
2. 学会分析和比较本体和喻体两者之间的相似点。
3. 学习古人坚持原则、直言是非的"方正"品质。

二、文本解读

(一) 课文整体解析

《咏雪》和《陈太丘与友期行》都选自志人小说集《世说新语》，是南朝刘义庆组织编写的。

《咏雪》这则小故事通过谢家儿女咏雪一事，表现了谢道韫的文学才华和聪明机智，同时也透出一种家庭生活的雅趣和文化的传承。文中主要写了三个人物，谢太傅，"兄子胡儿"即谢朗，"兄女"即谢道韫。人物之间是亲属关系，谢朗和谢道韫分别是谢太傅的侄子和侄女。"谢太傅寒雪日内集，与儿女讲论文义。"从这句话可知，故事发生的时间是"寒雪日"，一个寒冷的下雪天。句中的"内集"是"把家里人聚集在一起"的意思，由此可以推断故事发生的地点是在家中。"与儿女讲论文义"的意思是"和小辈们谈论文章的义理"，这是咏雪这个故事发生的背景。在谢太傅随口一问，不是特意拟一道题来考查小辈的这种情形下，谢道韫能够即兴回答出"未若柳絮因风起"这样的佳句来，可见其机敏与聪颖。正是因为这一段佳话，谢道韫获得了"咏絮之才"的美名。

《陈太丘与友期行》讲述的是陈太丘依约行事，当友人失约时，他决然舍去；友人至,无礼于元方,元方机智应答入门不顾的故事。结合注解和标题可知,文中一共写了三个人物:陈太丘,友人,元方。陈太丘与友人是朋友关系,陈太丘与元方是父子关系。而且从文中"元方时年七岁,门外戏"一句可以得知,故事中的元方是一个七岁的小孩子。从"过中""乃至"以及后文的"门外戏"一句可推断友人与元方之间的这个故事发生的时间是在正午过后,故事发生的地点是在陈太丘的家门外。主体部分的事件主要写了友人与元方两人之间的对话,课文虽然在陈太丘身上着墨不多,但通过其子、其友我们读到一个立体丰满,具有丰富内涵的陈太丘。

这篇短文选自《世说新语》"方正"篇,文章篇幅短小,情节简单而饶有趣味。正如宗白华先生所言:"汉末魏晋六朝是中国政治上最混乱、社会上最苦痛的时代,然而却是精神史上极自由、极解放,最富于智慧、最浓于热情的一个时代。"《世说新语·方正》所记"陈太丘与友期"的故事是那个时代精神的一种缩影和文化略观,是晋人在道德观和立法观上不重形式而重真性情的表征。

晋人的美学是人物的品藻。言其欲言之言,行其欲行之事。李泽厚《美的历程》中讲到:"正是对外在权威的怀疑和否定,才有内在人格的觉醒和追求。"魏晋士人的个体意识的觉醒在这一特定时代里被强调、夸张和放大,呈现出此一时期士人独特的人格魅力。他们以自己聪明机智的言谈、任情率性的行为完成了极富个人魅力的个体生命的雕塑。

(二)重点语段细读

1. 兄女曰:"未若柳絮因风起。"

谢道韫由"雪"联想到的物是"柳絮"。柳絮,就是柳树的种子,上面有白色绒毛,随风飞散。柳絮不仅其颜色与雪相似,而且其轻盈的形态与雪相似,其轻飞飘舞之状也与纷纷扬扬的大雪相似。由"柳絮"这一物构建的情形是"柳絮因风起","柳絮因风起"不但有形态,而且有动态,与"大雪纷纷扬扬"的情形相似。柳絮随风飞舞是春天的景象,这一情形能引发人们诗意的联想,易让人联想到春天的勃勃生机。它更浪漫,传递出一种诗的意境。

2. 元方曰:"君与家君期日中。日中不至,则是无信;对子骂父,则是无礼。"

元方在回应友人的话时,先要向友人强调"期日中"这个约定的时间,为接下来要说的第二句话做准备。第二句话由两个分句组成,元方先指出友人"日中不至"的行为,再对这样的行为做出"无信"的评价,接着指出友人"对子骂父"的行为,再对这样的行为做出"无礼"的评价。元方在一个成人面前,能把话说得如此有理有据,可见其聪慧机敏。

三、教学过程

第一课时

(一) 课时目标

1. 知道"俄而、拟、未若"等词的意思,理解文章大意。
2. 比较两个"咏雪"句的优劣,感受谢道韫的聪慧、才气以及作者对其的赞赏。
3. 感受古人的生活雅趣。
4. 学会分析和比较本体和喻体两者之间的相似点,感受谢道韫的聪慧、才气以及作者对其的赞赏之情。

(二) 导入

同学们,大家好!今天我们学习第 2 单元第 8 课《世说新语》二则,选自《世说新语笺疏》。

(三) 活动设计

▲ **活动设计一:制作知识卡片**

请同学们查阅相关内容,以制作知识卡片的形式来交流这部著作。

《世说新语》知识卡片		
主要内容	编写者	艺术特色

《世说新语》,南朝宋临川王刘义庆(403—444)组织编写的一部志人小说集,主要记载汉末至东晋士大夫的言谈、逸事。从人物的姿容、言语,到人物的品性、情感,以至人物的才艺、专长,《世说新语》成为展示魏晋时期各类人物风貌的艺术长廊。书中内容分"德行""言语""政事""文学""方正"等三十六篇,课文所选的两则分别出自《言语》篇和《方正》篇,题目是编者所加。

▲ **活动设计二：演一演——情景剧表演**

角色：谢太傅、谢朗、谢道韫

情景：谢太傅提问："白雪纷纷何所似？"谢朗回答："撒盐空中差可拟。"谢道韫回答："未若柳絮因风起。"

思考：两人的回答谁更胜一筹呢？

首先我们来看谢朗的回答。兄子胡儿曰："撒盐空中差可拟。"谢朗由"雪"联想到的物是"盐"，"盐"的颜色与"雪"的颜色相似。"盐"这个喻体主要就是展现了"雪"的颜色白，所展现的本体的特征比较单一。由"盐"这一物构建的情形是"撒盐空中"，盐是居家常见的实用之物，由"撒盐"这一情形让人联想到的主要是做菜、腌菜这一类的生活画面，将这样一类偏向实用性的生活画面映射在"纷纷扬扬"的白雪上，自然缺少意境，缺少美感。

我们再来看谢道韫的回答。兄女曰："未若柳絮因风起。"谢道韫由"雪"联想到的物是"柳絮"。同学们看到过柳絮吗？柳絮，就是柳树的种子，上面有白色绒毛，随风飞散。由此我们就会发现，柳絮不仅其颜色与雪相似，而且其轻盈的形态与雪相似，其轻飞飘舞之状也与纷纷扬扬的大雪相似。由"柳絮"这一物构建的情形是"柳絮因风起"，不但有形态，而且有动态，与"大雪纷纷扬扬"的情形相似。柳絮随风飞舞是春天的景象，这一情形能引发人们诗意的联想，易让人联想到春天的勃勃生机。它更浪漫，传递出一种诗的意境。

同学们，刚才我们从"盐""柳絮"与"雪"相似之处的比较，由"盐""柳絮"构建的情形所联想到的画面，以及产生的意境这几个角度，对谢朗和谢道韫的咏雪句进行了分析。两人的回答高下之分非常明显。

把两个人的表现放在一起，突出了谢道韫在咏雪中表现出的丰富的想象力。正是因为这一段佳话，谢道韫获得了"咏絮之才"的美名。

比较了"盐""柳絮"两个喻体的差异，我们不妨看看两人咏雪时的语气。请同学们聚焦这一组词语。

兄子胡儿曰："撒盐空中差可拟。"

兄女曰："未若柳絮因风起。"

"差可拟"，即"大体可以相比"，可看出谢朗虽立刻回应，可底气似乎不足；谢道韫紧接其后，一个"未若"，隐含意思是你的不如我的好，可见谢道韫的自信。在谢太傅随口一问，不是特意拟一道题来考查小辈的这种情形下，谢道韫能够即兴回答出"未若柳絮因风起"这样的佳句来，可见其机敏与聪颖。

(四) 课堂小结

　　这篇短小的文言小故事属于叙事类文章。为了解决"作者借咏雪这个小故事想表达什么?"这一核心问题,我们首先梳理了故事涉及的人物、人物的身份、人物之间的关系以及故事发生的时间、地点,叙事背景等基本信息。接着,我们聚焦主体事件"咏雪"的相关语句,分析了人物语言表现的差异以及作者把这些表现组合在一起想表达什么这一问题。

(五) 布置作业

　　1. 把大雪纷飞的情景分别比作"撒盐空中"和"柳絮因风而起",谢安认为那个比喻更好? 你有什么不同看法吗?

_____

_____

　　2. 如何理解作者在文章结尾交代谢道韫的身份这种写法?

_____

_____

参考答案:

　　1. 从文中谢安"大笑乐"的反应来看,他倾向于"柳絮因风起"的说法。"柳絮因风起"更好,因为它写出了雪花飘舞的轻盈姿态,"柳絮"是轻盈的,"盐"却是沉重的颗粒,缺乏美感。也可以认为"撒盐空中"更好,因为文中说到"骤雪",大雪下得猛烈密集时,只见雪粒片直落,看不见雪花轻飘漫舞的样子。"撒盐空中"的比喻,更为真切地描摹了当时的场景。

　　2. 这样写,使读者在不知道她是谁的时候先领略了她的才华,已经暗示了她是一个不平凡的人。这是一种未见其人先知其才的写作技巧,使谢道韫这个人物形象和她的才华展现得尤其突出,表明作者非常赞赏她的才气。

第二课时

(一) 课时目标

　　1. 借助工具书及注释疏通故事内容,积累"期、舍、去、信、引"等重要的文言字词和省略句。

　　2. 通过诵读和品味关键字词,感受元方的聪慧机敏以及作者对其的赞赏。

3. 品味人物言行举止，初步感受汉朝名士率性而为，"不交非类"的做人个性，学习古人坚持原则，直言是非的"方正"品质。

（二）导入

今天我们继续学习第8课中第二则小故事《陈太丘与友期》，选自《世说新语》的《方正》篇。

（三）活动设计

▲ 活动设计一：划分朗读节奏

"陈太丘与友期行"和"待君久不至"的节奏划分存在两种情况。一种是"陈太丘与友/期行"和"待君久/不至"，另一种是"陈太丘/与友期行"和"待君/久不至"。从补充省略句内容和联系上下文推敲辨别两种停顿。

"陈太丘与友/期行"这种停顿，我们感觉到的是陈太丘和朋友之间相互约定，"陈太丘/与友期行"表现出来的意思则是，陈太丘是主动约，友是被约。联系后文中友人的话，"与人期行，相委而去"一句，从文意上判断，两人应该是相互约定。所以，"陈太丘与友/期行"的划分更恰当一些。

落实字词：掌握"期、委、去"等文言词语的解释。

"待君久/不至"出现分歧的原因在于，翻译之后可能会出现两种补充句子成分的情况，一种是"待君久/（君）不至"，一种是"待君/（君）久不至"。"待君久/不至"强调"我"等待了，而且等了很久。"待君/久不至"强调对"你"的批判，我等你了，但你久久不来。联系上文，客问元方："尊君在不？"一句，可以看出，元方要回答父亲在与不在这个问题。但在回答在与不在之前，元方要解释不在的原因，解释这个原因，他应当突出父亲等了很久。所以，"待君久/不至"的停顿感觉更好一些。

落实字词：掌握"待、至"等文言词语的解释以及给文中省略句补充主语的方法。

▲ 活动设计二：概述故事内容

按照起因、经过和结果的步骤来概述故事。

1. 用文中语句来填空。

起因：陈太丘与友期（"日中"）行，过中乃去

经过：友人怒骂（"相委而去"）的陈太丘

结果：元方对("无信、无礼")的友人("入门不顾")。

2. 按照起因、经过和结果用自己的话把这个故事复述一下。

落实字词：掌握"日中、信、顾"等文言词语的解释。

▲ **活动设计三：小小辩论会**

请同学们任选"友人""元方""陈太丘"其中一个人物进行探究。

1. 探究"友人"

（1）辩论主题：友人前后反应的变化，反映出他怎样的性格特点？

反方：从"尊君"到"非人哉"分析友人对于陈太丘称呼的变化中反映出他什么样的性格特点。

正方：从"问""怒""惭""引"的言行举止的转变中反映出他什么性格特点。

（2）辩论主题：如果你是友人，你会对7岁的元方"下车引之"吗？

正方：会。阐明理由。

反方：不会。阐明理由。

2. 探究"元方""陈太丘"。

（1）辩论主题：友人、陈太丘到底谁无信？

正方：元方认为"期行日中，日中不至"是无信。

反方：友人认为"与人期行，相委而去"是无信。

（2）辩论主题：从元方的反应中，你能联想出他平日所受的家庭教育是怎样的？

正方："入门不顾"的举止流露出对"无信无礼"的"非名士"的鄙视。

反方："入门不顾"的举止不礼貌。

▲ **活动设计四：角色扮演，谈谈体会**

1. 如果你是陈太丘，你会"过中不至，舍去"还是一直等待？说说理由。

2. 补充《世说新语》中陈太丘教育元方、季方的故事。

以简要概括的形式在课件中投示。

宾客诣陈太丘宿，太丘使元方、季方炊。客与太丘论议。二人进火，俱委而窃听。炊忘著箪，饭落釜中。太丘问："炊何不馏？"元方、季方长跪曰："大人与客语，乃俱窃听，炊忘著箪，饭今成糜。"太丘曰："尔颇有所识不？"对曰："仿佛志之。"二子俱说，更相易夺，言无遗失。太丘曰："如此但糜自可，何必饭也？"

落实字词：掌握"怒、惭、引"等文言词语的解释。

3. 总结陈太丘、友人、元方三个人物的共同点。

言其欲言之言，行其欲行之事。率性而为。

补充："魏晋时代人的精神是最哲学的，因为是最解放的、最自由的。""这样解放的自由的人格是洋溢着生命，神情超迈，举止历落，态度恢廓，胸襟潇洒。"——《论〈世说新语〉和晋人的美》宗白华，选自《美学散步》

▲ **活动设计五：替换标题，说说感受**

1. 编者给这篇文章拟的题目是《陈太丘与友期》，还有拟题成《元方答客问》，你喜欢哪个题目？

第二个题目突出了元方，在文章中，虽然主要表现了元方，但是不是仅仅表现元方。

课文的题目好，因为只有陈太丘和朋友相约定了，才可以引出元方，才能表现出元方的聪明机智。如果用第二个题目反而只是突出元方一个人了，他父亲和父亲的朋友就无法表现了，而课文的题目却能把三个人物都概括其中。

补充总结：这篇文章在《世说新语》中没有归入专门写小孩的"夙惠"篇中而是归入"方正"篇中，可见也不是专门表现元方的，而是为了表现他们三人身上的精神。毛纶、毛宗纲父子在《三国演义》第三十七回"司马徽再荐名士，刘玄德三顾茅庐"回前有精彩的评语："盖善写妙人者，不于有处写，正于无处写。"陈太丘作为一个虚写的父亲形象，虽只寥寥几笔，但作品中其他人物的描写可以对陈太丘的形象加以完型，让人觉得藏身在子、友二人背后的这一配角形象越来越清晰可辨，具有玄远丰赡、意味深长的况味。

2. 归纳"方正"的含义。

"方正"是指坚持原则，直言是非，刚正不阿。

（四）课堂小结

《世说新语》中这样率性而为、放情肆志的故事太多了。比如王子猷的"乘兴而去，尽兴而归"，张翰的"莼鲈之思"等等。希望大家读一读这部书，会对我国文化中的魏晋风度和精神有更深入的了解。

（五）布置作业

1. 选词填空并为带点字释义。

信、去、期、顾、舍、引

① 不（　）而遇：_____。②锲而不（　）：_____。
③（　）危就安：_____。④言而无（　）：_____。
⑤（　）吭高歌：_____。⑥瞻前（　）后：_____。

2. 根据课文内容，用现代文改写一则小故事，注意对人物的语言、神态和动作做适当描写，力求表现人物的性格。

说明：由课内到课外，既巩固了课堂内容积累文言实词，又开阔阅读视野，培养举一反三的迁移能力，这是训练学生语文能力的重要环节。

参考答案：

1. ①期：约定。②舍：放弃。③去：离开。④信：信用。⑤引：拉长。⑥顾：看。

2. 略

写作　学会记事

一、教学目标与学习要素

（一）教学目标

1. 知道叙事方法和叙事原则。
2. 学会在叙事中融入细节描写的方法，表达自己的思想感情。
3. 养成写日记的习惯，丰富写作素材。

（二）学习要素

学会在叙事中融入细节描写的方法，表达自己的思想感情。

二、教学建议

记事，就是有目的地记述事情，即记叙事情发生、发展、结束的整个过程。记事的记叙文，要以叙述事情为主，表现事情的某种意义，反映作者对事情的某种态度和看法。怎样才能写好记事类的作文呢？

1. 抓住要素，让事件经过更具体；
2. 添加细节，让事件内容更丰满；
3. 设置波折，让事件经过有起伏；
4. 融入情感，让事件读来更生动。

三、教学过程

（一）导入

同学们，在本单元的学习中，我们跟随莫怀戚在初春的田野上漫步，通过解决散步过程中的分歧一事，感受到了家人之间互敬互爱、其乐融融的美好氛围，体会到生命的传承、中年人特有的责任感。我们也与史铁生一起，在秋风中，通过回忆与母亲的几件事，体会到母亲用坚韧与隐忍经受住了自身病痛和儿子瘫痪的双重压力，用言行教会儿子面对有缺憾的生命。

作者或以从容舒缓的笔调娓娓道来，或以感伤凝重的笔触尽情倾诉，使读者记住了文中的事,亲近了文中的人,感悟了文中的情。今天我们就来共同学习第二单元的写作课:学会记事。

(二) 活动设计

▲ 活动设计一:学习记事方法

同学们,把事情说清楚,说到人的心坎儿上,使读者能够与你产生共鸣,这是一种基本的写作能力。拥有这样的能力,并非是遥不可及的,在一定程度上也是有法可学、有技可循的。

1. 提炼中心,捕捉要素,叙事要清楚

同学们,我们要先明确一种认识,那就是我们为什么要写记叙文?写记叙文往往是为了与别人分享一段经历,分享一种情感体验。因此在记事之前我们首先要思考的一个问题就是:我想与别人分享的情感体验是什么?也就是文章的中心是什么?

明确了中心之后,围绕这一中心,接下来就要思考:我准备写一段什么经历?准备写给谁看的?

那么为了表达文章的中心,我们准备写的一段经历中,哪些基本要素是需要交代的呢?那就是我们通常讲的记叙的六要素:时间、地点、人物,事件的起因、经过和结果。因为这六个要素是构成描述一段经历的基本内容。

这段经历发生在什么时间?发生在一个什么地点或空间?时空的背景交代是与别人分享经历必不可少的。此外,还要思考要通过哪件事情来分享我的情感体验?事件中到底有多少人物?除了我之外,人物的身份,人物彼此之间的关系又是怎样的?分享一段经历时,交代事件的起因、经过和结果,这是叙事是否清楚完整的基本条件。

例如本单元我们学习的《散步》一文。我们首先回忆一下,《散步》一文作者想要与我们分享的情感体验是什么?作者想表达的是中年人对家庭的责任感,表现我们中华民族尊老爱幼、勇担责任的传统美德。为表现这个中心,作者交代了哪些基本的要素呢?

时间:初春

地点:南方的田野上

人物:"我"、母亲、妻子和儿子

起因:一家人在田野上散步。

经过:发生分歧,母亲要走大路,儿子要走小路。

结果:"我"背起母亲,妻子背起儿子,一起走小路。

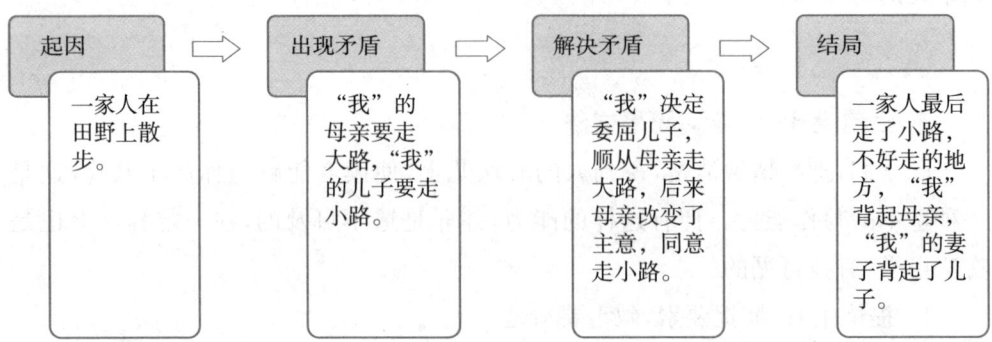

在事件的发展过程中,之所以要设置走大路还是走小路的矛盾冲突,就是因为这矛盾的形成与解决恰恰与他表达的中心有关系。

其实写作的思考过程与阅读的思考过程正好是互逆的。我们在学习叙事类文章时,所掌握的阅读路径实际上也是我们写作时的思考路径。总结起来,要把一件事写清楚,动笔之前先要思考我想与别人分享的情感体验是什么,也就是要表达的中心是什么?而后考虑哪段经历有助于表达我的这种情感体验?再接着就要围绕这段经历理清事情的来龙去脉,交代清楚事件的基本要素,并按照一定的顺序有条理地写下来。通过这样的基本要素构建起的叙述框架,它是有助于表达我的某种情感体验的。

2. 添加细节,融入情感,叙事要具体

同学们,我们还可以通过什么方法来更好地表达自己的某种情感体验呢?比如在你的经历中你觉得有需要分享的内容,想请读者进入到当时的叙事场景,可以怎么做呢?这就需要在叙事当中融入一些细节描写。

你要能够在叙事的过程中将打动别人的细节、凝聚你情感认识的细节呈现给读者。用叶圣陶先生的话来说,文章要通过人物的一颦一笑去触动别人,让别人读出他是一个怎样的人。

除此之外,在叙事过程中,我们还可以通过叙述的语言,交代自己的感受,把这段经历背后的情感体验清晰地分享给别人。

我们学过《秋天的怀念》,文章在看似平静的叙述中蕴含着感人的力量,这主要体现在一些细节中。我们一起读一读这两段文字。

母亲就悄悄地躲出去,在我看不见的地方偷偷地听着我的动静。当一切恢复

沉寂,她又悄悄地进来,眼边儿红红的,看着我。母亲扑过来抓住我的手,忍住哭声说:"咱娘儿俩在一块儿,好好儿活,好好儿活……"

——《秋天的怀念》

当"我"脾气暴怒、砸碎玻璃、猛摔东西时,母亲并没有马上劝说、安慰、制止"我",而是"悄悄地躲出去","在我看不见的地方偷偷地听着我的动静","又悄悄地进来"。"悄悄地躲""偷偷地听""悄悄地进"的细节,可以看出这位母亲深深地理解儿子需要发泄痛苦,甚至需要一个人发泄,她用宽厚的母爱容忍着儿子的暴怒,同时又为儿子担忧,怕他有什么过激行为伤害了自己。无声动作的背后,是她疼痛不已的心。

"母亲扑过来抓住我的手",一个"扑"、一个"抓",动作幅度很大,因为"我"喊了一句"我可活什么劲儿!"这是一句母亲最不希望"我"说并付之行动的话,她怕"我"轻生,母亲抓住的不仅是"我"的手,还有"我"的命。母亲"忍住哭声说'咱娘儿俩在一块儿,好好儿活,好好儿活……'"忍得住自己的哭声,忍得住儿子暴躁无常的脾气,忍得住照料儿子的艰辛,而面对儿子轻生的念头,她却实在忍不住。她是以怎样强大的毅力克制着自己的悲情,怎样努力地给儿子一份坚定的力量啊!

▲ **活动设计二:写作实践**

接下来我们进入写作实践环节,主要学习如何把事情写具体,表达出自己的思想感情。

首先,我们要选择有利于表达中心的一段经历,交代清楚这段经历中的时间、地点、人物,起因、经过和结果。通过对事件起因、经过、结果的完整记叙,来表现文章的中心。

其次,捕捉最触动自己内心的、最有利于表达中心的细节来进行刻画。可以运用肖像描写、动作描写、语言描写、心理描写和环境描写。通俗地讲,就是将你看到什么、听到什么,你是怎样想的,你是怎样做的,根据中心的需要写具体。

请同学们朗读下面这段文字,试着运用刚刚所讲的方法帮作者把它写得具体、生动一些。

那天放学回家,我不小心摔了一跤,手受了伤,校服也磕破了。回到家里,爸爸、妈妈、爷爷、奶奶都很心疼,嘱咐我以后走路要小心。

1. 明确中心,捕捉要素

如何把这个材料写具体呢?首先,同学们要想一想,根据这则经历,你觉得这位小作者试图想与我们分享的情感体验是什么呢？根据"我"放学回家路上摔跤，回家后家人心疼及嘱咐"我"的表现，可以推断出作者想要表达的中心是"家人对我的关爱"。

围绕这个中心，你觉得在这段经历中应该交代的一些基本要素，这位小作者都交代清楚了吗？同学们不妨先按照记叙的六要素梳理一下作者所记的事。

中心：家人对我的关爱

时间：_____ 地点：_____ 人物：_____

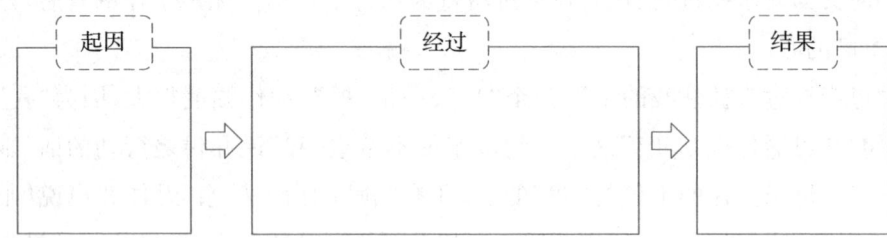

示例：

中心：家人对我的关爱

时间：那天放学后　　地点：回家的路上——家里

人物：我、爸爸、妈妈、爷爷、奶奶

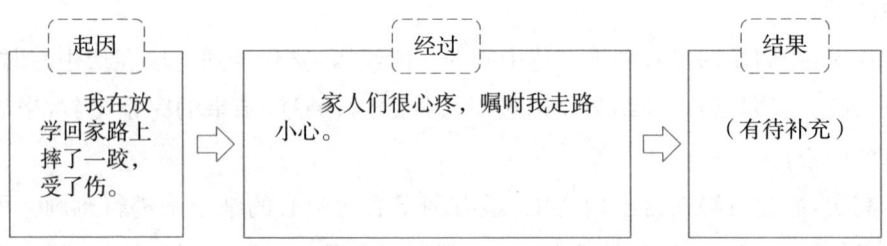

梳理下来，我们发现作者没有交代结果，结果有待补充。根据文章的中心以及事情的起因和经过，同学们可以根据自我的表达需求来设定事情的结果。

我们再看经过部分，经过部分是写家人们很心疼，嘱咐"我"走路小心，为使叙事更加完整，这部分在叙述中缺少必要的内容。那么这个部分我们还可以添加哪些内容呢？这些内容哪些先写？哪些后写？同学们思考一下，然后尝试着填写以下流程图。

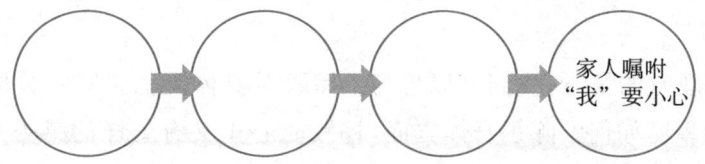

老师给大家一些提示,可以把这个经过按照时间顺序大致分为这四个部分:家人发现"我"受了伤——家人询问"我"的伤情——家人帮"我"处理伤口——家人嘱咐"我"要小心。这样一补充就使得经过部分呈现一条清晰的叙事脉络。

示例:

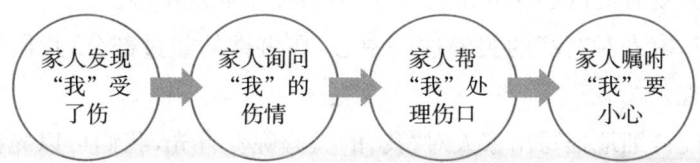

2. 添加细节,融入情感

从记叙的六要素的梳理来看,这位小作者叙事过程基本上是完整的,缺陷就是细节刻画不足。基于要表达家人对我的关爱这一中心,我们需要在事件的起因、经过和结果部分添加一些内容。比如为了表达家人对"我"的关爱这一中心,在事件的起因部分。我们在写摔跤的情况时,需要补充哪些内容呢?比如"我"为什么会摔跤?"我"摔跤时的情形是怎样的?同学们先试着把起因部分的内容写一写。

老师给大家一些提示,请看这张图片。

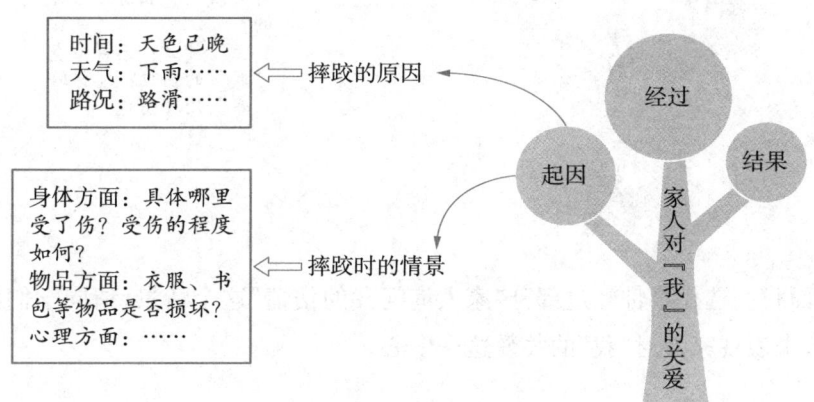

追溯摔跤的原因，可能是天色已晚，或者下雨、也或者是路面情况不好等客观因素。

回忆摔跤时的情景，我们可以思考：摔跤时身体受伤了吗？具体哪里受了伤？受伤的程度如何？除了身体方面，摔跤时心里又有怎样的感受？然后再由人到物，"我"随身的物品是否有损坏？物品损坏时，内心又有怎样的感受？等等。

交代"我"摔跤的原因，可以选择其中一个或多个方面的原因来写，注意原因的交代不必面面俱到。介绍"我"摔跤时的情景，根据原文内容，需要交代"我"受了伤，还要注意着重描绘"我"摔跤时的感受，因为这些内容的添加与后文中写家人对"我"的关爱时的内心感受是有关联的，有助于表现中心。

为了表达家人对"我"的关爱这一中心，在事件的经过部分，我们需要详细描绘家人的表现。

怎样才能详细地描写出家人对"我"的关心呢？首先，我们可以先把家庭成员一一罗列出来：父母、祖辈、兄弟姐妹等。然后思考：平时生活中因为年龄、职业身份等的不同，他们的性格特征也各不相同；那么他们在面对"我"受伤时的具体表现是否会有差异？我们可以想一想：他们会说些什么？他们说话时的语气和表情是怎样的？他们又做了些什么？比如怎样检查"我"的伤口？怎样给"我"处理伤口？等等。

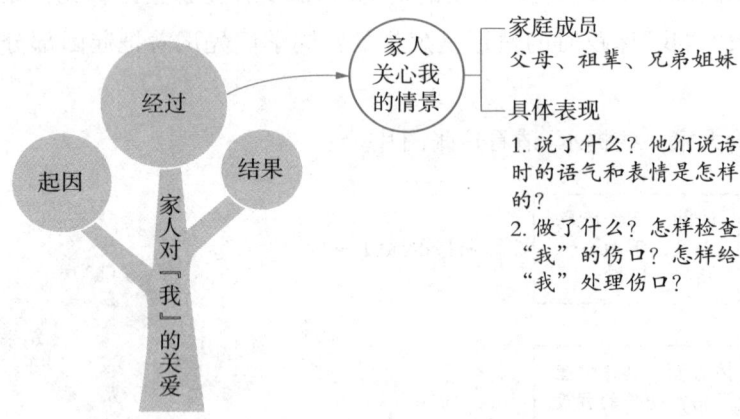

下面我们选择事件经过部分"家人询问我的伤情"这个情景，请同学们添加一些细节，来表现家人对"我"的关爱这一中心。

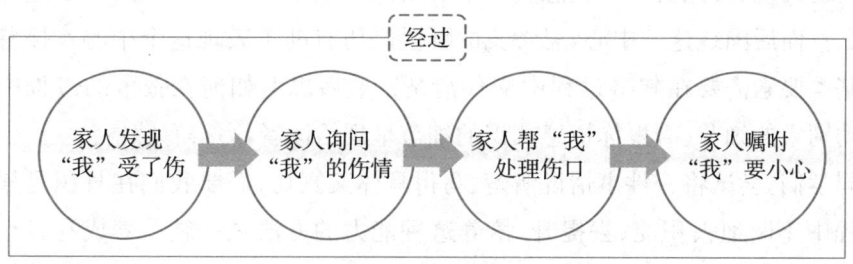

下面我们来看一位同学所写的片段。

妈妈把我扶到沙发上,忙蹲下身,检查我的伤口。一边检查,一边急切地问:"怎么回事?伤得这么重?"一家人围着我,问我事情的来龙去脉。听完我的诉说,妈妈的眼里满是心疼。……

在这一片段中,主要叙述家人询问"我"摔跤的经过,通过添加妈妈的一些细节描写,让读者感受到妈妈对"我"的关爱之情。如动作描写"把我扶到沙发上""蹲下身来检查伤口",尽显动作的轻柔、检查伤口的仔细;有语言描写,如用短句表现妈妈急于了解事情来龙去脉的心理。

下面请同学们围绕"家人询问我的伤情"这个情景,在这几个句子后面的省略号处继续添加一些细节描写,来凸显家人对"我"的关爱这一中心。大家可以想一想,妈妈是这样的表现,那爸爸或者爷爷、奶奶,他们又会说些什么?做些什么?请同学们不妨动动笔吧!

妈妈把我扶到沙发上,忙蹲下身,检查我的伤口。一边检查,一边急切地问:"怎么回事?伤得这么重?"一家人围着我,问我事情的来龙去脉。听完我的诉说,妈妈的眼里满是心疼。____

除了添加细节,精心锤炼词语外,我们还要在行文的过程中融入自己的真情实感。我们还要学会在事件的过程中梳理"我"情感发展的变化过程。如摔跤后的心理状态、到家门口时的心情、跟家人说明原委时的心理、得到关爱后的感受。

如果我们能这样去添加细节,这位作者的这篇文章就变得生动、具体了,而且还能和读者产生情感上的共鸣。

(三)课堂小结

最后,让我们一起回顾本堂课所学。围绕着怎样才能写好记事类的作文这一核心问题,我们首先要思考我想要分享的情感体验是什么?也就是要表达的中心是什么?而后围绕这一中心,思考我的哪段经历有助于表现这个中心?接着思考哪些基本要素需要在叙事过程中交代清楚?最后思考如何在叙事的过程中将能够打动别人的细节、凝聚你情感认识的细节呈现给读者,写得有感情?

同学们,尝试将一件事情说清楚、写得具体又真切,需要我们在日积月累的写作过程中不断地去积淀、去提升,培养这种能力的方法之一就是养成写日记或周记的习惯。正如我们在《学会观察生活》的写作课上学到的一样:我们每天都会遇到不同的人,发生不同的事,把你生活中看到的、听到的、想到的人和事按一定的顺序记录下来,多年后再去回顾我们的日记,就会发现蕴藏着很多值得写的事件。

(四)布置作业

请同学们从课本第二单元"写作 学会记事"的写作实践第二、第三题中任选一个作文题目,然后根据提示写一篇以记事为主的作文。不少于500字。写之前同学们可以先拟一个作文提纲。

单元练习

一、实践活动

总活动：举办主题为"感恩母亲"的班会活动。

学习目标：诵读课文佳句，感念母恩；通过人物专访，感悟母情；制作贺卡，抒发对母亲的感恩之情。

（一）从课本中——感念母恩

举办朗诵会。

要求：从本单元的课文中摘取切合主题的相关内容，声情并茂地朗诵所选作品。

步骤：筛选朗诵材料—对照朗诵评价表进行练习—选择合适的配乐—小组分工合作进行排练。

朗诵评价表					
学生姓名	朗诵要求				合计
	正确	流利	有感情	注重仪表	
	语音、语调正确（不错字、不漏字、不添字，注意轻声、变调、停连）(40分)	不唱读、不重复读、不破词句，停顿适当、声音洪亮清晰、语气连贯流畅 (20分)	语调、语速、语气合适，能够准确地表情达意（读出语感、声情并茂）(30分)	精神饱满、姿态大方、有礼貌 (10分)	

（二）从生活中——感悟母情

进行人物专访。

要求：对"母亲"进行专访，采访前列好采访的提纲。

步骤：确定采访对象——拟定采访提纲——进行人物专访——汇总采访材料。

采访主题	母爱无处不在
采访对象	
采访时间、地点	
采访方式	如：面对面采访
设计问题	例如：请你回忆一下在与孩子的相处过程中，有哪些难忘的经历呢？这次经历令你难忘的原因是什么呢？……

（三）从行动中——感恩母亲

1. 制作贺卡。

要求：为表达对母亲的感谢，亲手制作一张贺卡，写下祝福语。

步骤：选择贺卡的样式——构思祝福语——进行美化设计。

2. 把贺卡赠送给母亲时，你们之间有怎样的对话？当时的情景是怎样的？你的内心有怎样的感受？你能把这段经历分享给你的好朋友们吗？试着把你制作的贺卡拍成照片，配上文字，发一个朋友圈吧！

二、阅读理解

（一）课内阅读

《世说新语》二则

1. 《咏雪》和《陈太丘与友期行》都选自志人小说集《_____》，是南朝_____组织编写的。后人用"咏絮才"赞誉_____。

2. "谢太傅寒雪日内集，与儿女讲论文义。"从这句话可知，故事发生的时间是"_____"。句中的"内集"是"把家里人聚集在一起"的意思，由此可以推断故事发生的地点是在_____。"与儿女讲论文义"的意思是"和小辈们谈论文章的义理"，这是咏雪这个故事发生的_____。

3. "差可拟"，即"大体可以相比"，可看出谢朗虽立刻回应，可底气似乎不足；

谢道韫紧接其后,一个"未若",隐含意思是你的不如我的好,可见谢道韫的_____。

4. 把大雪纷飞的情景分别比作"撒盐空中"和"柳絮因风而起",谢安认为哪个比喻更好?你有什么不同看法吗?
_____
_____
_____

5. "陈太丘与友期行,期日中。过中不至,太丘舍去,去后乃至。"这个背景告诉我们哪些信息呢?
一是_____;
二是_____。

6. 《陈太丘与友期行》中,友人对陈太丘从起初称呼"_____"到后来直言"非人",从"问"变为"怒曰",由此可以看出友人是一个_____的人。而陈元方对友人的称呼始终是"_____",且语气态度始终为"答曰""曰",由此可以看出元方_____。一个"惭"写出友人的_____心理,一个"引",写出友人用拉元方这个行为来表达_____。友人之所以会有态度上的转变,正是因为元方的这番话起了作用,所以写友人的这一表现也从_____面表现了元方的_____。

7. 在友人"惭""下车引之"时,元方却"入门不顾"是否失礼?
_____
_____
_____

8. 第8课《世说新语》二则,有些相似之处。内容上两篇文章都表现了古代儿童的_____。《咏雪》中,谢道韫的"未若柳絮因风起",留下了"咏絮之才"的佳话。《陈太丘与友期行》中,元方面对父亲友人的怒骂,表现得沉稳大方,辩驳有理有据,思路清晰。写法上两篇文章都主要通过人物的_____来表现人物形象。

(二) 阅读下文,回答问题

在那颗星子下
——中学生时代的一件小事

① 母校的门口是一条笔直的柏油马路,两旁凤凰木夹荫。夏天,海风拂下许

多花瓣，让人不忍一步步踩下。我的中学时代就是笼在这一片红殷殷的花雨梦中。

② 我哭过、恼过，在学校的合唱队领唱过，在恶作剧之后笑得喘不过气来。等我进入中年回想这种种，却有一件小事，像一只小铃，轻轻然而分外清晰地在记忆中摇响。

③ 初一年级，我们有那么多学科，只要把功课表上所有的课程加起来就够吓人的，有11门课。当然，包括体育和周会。仅那个崩开线的大书包，就把我们勒得跟登山运动员那样善于负重。我私下又加了10门课：看电影、读小说、钓鱼、上树……我自己也不知道，究竟是把读书当玩了，还是把玩当作了读书。

④ 学校规定，除了周末晚上，学生们不许看电影。老师们要以身作则，所以我每次大摇大摆触犯校规，都没有被当场逮住。

⑤ 英语学期考试前夕，是星期天晚上，我串上另外三个女同学去看当时极轰动的《五朵金花》。我们哑着冰棍儿东张西望，一望望见了我们的英语老师和她的男朋友。他们在找座位。我努力想推测她看见了我们没有，因为她的脸那么红，红得那么好看，她身后的那位男老师（毫无根据地，我认定他也教英语）比我们的班主任辜老师长得还神气。

⑥ 电影还没散场，我身边的三个座位一个接一个空了。我的三个"同谋犯"或者由于考试的威胁，或者受到良心的谴责，把决心坚持到底的我撂在一片惴惴然的黑暗之中。

⑦ 在出口处，我和林老师悄悄对望了一眼。我撮起嘴唇，学吹一支电影里的小曲（其实我根本不会吹口哨，多少年苦练终是无用）。在那一瞬间，我觉得她一定觉得歉疚。为了寻找一条理由，她挽起他的手，走入人流中。

⑧ 第二天我一觉醒来，天已大亮。老外婆舍不得开电灯。守着一盏捻小了的灯打瞌睡，却不忍叫醒我起来早读。我跺足大呼，只好一路长跑，幸好离上课时间还有10分钟。

⑨ 翻开书，眼前像骑自行车在最拥挤的中山路，脑子立即做出判断，哪儿人多，哪儿有空档可以穿行，自然而然有了选择。我先复习状语、定语、谓语这些最枯燥的难点，然后是背单词。上课铃响了，b-e-a-u-t-i-f-u-l，beautiful，美丽的。"起立！""坐下。"赶快，再背一个。老师讲话都没听见，全班至少有一半人嘴里像我一样咕噜咕噜。

⑩ 考卷发下来，我发疯似地赶着写，趁刚才从书上复印到脑子的字母还新鲜，

把它们像活泼的鸭群全撵到纸上去。这期间,林老师在我身旁走动的次数比往常多,停留的时间似乎格外长。以致我和她,说不准谁先扛不住,就那样背过气去。

⑪ 成绩发下来,你猜多少分?113分!真的,附加两题,每题10分,我全做出来了。虽然beautiful这个单词还是错了,被狠狠扣了七分,但从此我也把这个叛逃的单词狠狠地揪住了。

⑫ 那一天,别提走路时我的膝盖抬得有多高。

⑬ 慢!

⑭ 过几天是考后评卷,我那林老师先把我一通夸,然后要我到黑板示范,只答一题,我便像根木桩戳在讲台边不动了。她微笑着,惊讶地,仿佛真不明白似的,在50双眼睛前面,把我刚刚得了全班第一名的考卷,重新逐条考过。你猜,重打的分数是多少?47分。

⑮ 课后,林老师来教室门口等我,递给我成绩单,英语一栏上,仍然是叫人不敢正视的"优"。

⑯ 她先说:"你的强记能力,连我也自叹不如。以前,我在这一方面也是受我的老师称赞的。"沉默了一会儿,只听见一群相思鸟在教室外的老榕树上幸灾乐祸地鸣叫。她又说:"要是你总是这么糟蹋它,有一天,它也会疲累的。那时,你的脑子里还剩了些什么?"

⑰ 还是那条林荫道,老师纤细的手沉甸甸地搁在我瘦小的肩上。她送我到公园那个拐弯处,我不禁回头深深望了她一眼。星子正从她的身后川流成为夜空,最后她自己也成为一颗最亮的星星,永远闪烁在我记忆的银河中。哦,我的林老师。

1. 本文与课文《散步》一样叙事一波三折,比较两篇文章,梳理情节。

《散步》:

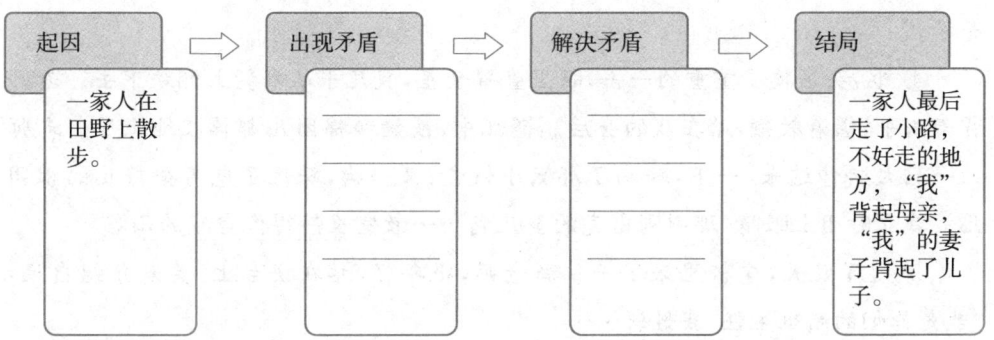

《在那颗星子下》：

第一个意外：_____

第二个意外：_____

第三个意外：_____

第四个意外：_____

2. 本文是作者"进入中年"后对"中学时代""一件小事"的"回想"，属于_____的记叙顺序，选文⑤—⑦段，回忆了_____的事情。

3. 第⑦段画线句运用了_____描写，表达效果是_____
_____

4. 结合文章内容，说说林老师觉得歉疚的原因是：_____
_____

（三）阅读下文，回答问题

蚕儿

陈忠实

① 从粗布棉袄里撕下一疙瘩棉花，摊开，把一块 zhuì（　　）满蚕籽儿的黑麻纸铺上，包 guǒ（　　）起来，装到贴着胸膛的内衣口袋里，暖着。在老师吹响的哨声里，我慌忙奔进教室，坐在课桌旁，把书本打开。

② 老师驼着背走进来，侧过头把小小的教室扫视一周，教室里顿时鸦雀无声。老师把一张乘法表挂在黑板上，领我们读起来，我念着，偷偷摸摸胸口，那软软的棉团儿，已经被身体暖热了。我想把那棉团掏出来，瞧瞧老师，那一双眼睛正盯着我，我立即挺直了身子。

③ "那两条小蚕儿出壳了吧？"我终于忍不住，掏出棉团儿来。"蚕儿果然出壳了。"

④ 哐，头顶挨了重重的一击，眼里直冒金星，我几乎从木凳上翻跌下去。老师背着双手，握着教鞭，站在我的身后。慌乱中，铁盒和棉团儿都掉在地上了。老师的一只大脚伸过来，一下，踩扁了那只小铁盒；又一脚，踩烂了包着蚕籽儿的棉团儿。我立时闭上眼睛，那刚刚出壳的蚕儿啊……<u>教室里静得像空寂的山谷。</u>

⑤ 过了几天，学校里来了一位新老师，很年轻，站在讲台上，笑着介绍自己："我是你们的新班主任，我姓蒋……

⑥那天,我爬上村后那棵老桑树摘桑叶,慌忙中松了手,摔到地上,脸上擦出血了。

⑦"脸上怎么弄破了?"蒋老师吃惊地说。我站在教室门口,低下头,不敢吭声。

⑧他_____(拉、牵、拽)着我的胳膊走进他住的小房子,从桌斗里翻出一团棉花,又在一只小瓶里蘸上红墨水一样的东西,往我的脸上涂抹。我感到伤口又扎又疼,心里却有一种异样的温暖。

⑨"怎么弄破的?"他问。"上树……摘桑叶。"我怯生生地回答。

⑩"摘桑叶做啥用?"他似乎很感兴趣。"喂蚕儿。"我也不怕了。

⑪"噢!"他高兴了,"喂蚕儿的同学多吗?""小明,拴牛……"我举出几个人来,"多咧!"

⑫他高兴了,喜眯眯的眼睛里,闪出活泼的好奇的光彩,"你们养蚕干什么?""给墨盒儿做垫子。"我答道。

⑬"多有意思!"他高兴了,"把大家的蚕养在一起,搁到我这里,课后咱们去摘桑叶,给同学们每人网一张丝片儿,铺墨盒,你愿意吗?""好哇!"我高兴地从椅子上跳下来。

⑭于是,他领着我们满山沟跑,摘桑叶。我们把它吐出的丝儿压平;它再网,我们再压,强迫它在纸格里网出一张薄薄的丝片来。老师和我们,沉浸在喜悦的期待中。"我的墨盒里,就要铺一张丝片儿了!"老师高兴得像个小孩,"是我教的头一班学生养蚕网下的丝片儿,多有意义!"可没过多久,老师却被调走了。

⑮三十多年后的一个春天,我在县教育系统奖励优秀教师的大会上,意外地碰到了蒋老师。他的胸前挂着"三十年教龄"纪念章,金光给他多皱的脸上增添了光彩。我从日记本里给他取出一张丝片来。"你真的给我保存了三十年?"他吃惊了。

⑯我告诉他,在我中学毕业以后,回到乡间,也在那个小学里教书。第一个春天,我就和我的学生一起养蚕儿,网一张丝片,铺到墨盒里,无论走到天涯海角,都带着我踏上社会的第一个春天的"情丝"。

(选自《陈忠实文集》,有删改)

1. 第①段中,根据拼音应填入的汉字是:zhuì(   ) guǒ(   )
2. 根据文章内容,填充表格。

围绕养蚕事件	老师发现我养蚕后	"我"的心理活动	概括老师形象
第一位老师	先是：在我头顶重重敲了一击。 再是：__(1)__	__(2)__	严厉粗暴
第二位老师	先是：__(3)__ 再是：和同学们一起摘桑叶。	胆怯、喜悦	__(4)__

3. 第④段画线句运用了_____修辞方法，表达效果是_____

4. 第⑧段横线处应填入的动词是：_____，理由是：_____

5. 对于结尾处"我"称呼丝片为"情丝"，理解不正确的一项是（　　）。

A. 情系学生，体现"我"当上教师后，与学生们因养蚕而结下的深厚情谊

B. 情系春天，我要把执教第一年所得的丝片永久珍藏

C. 情系老师，表达对蒋老师的感激与思念之情

D. 情系教育事业，表明我愿与蒋老师一样，坚守岗位，默默奉献

解　析

一、实践活动

略

二、阅读理解

（一）课内阅读

1.《世说新语》　刘义庆　赞誉在诗文创作方面卓有才华的女子

2. 寒雪日　家中　背景

3. 自信

4. 从文中谢安"大笑乐"的反应来看，他倾向于"柳絮因风起"的说法。"柳絮因风起"更好，因为它写出了雪花飘舞的轻盈姿态，"柳絮"是轻盈的，"盐"却是沉重的颗粒，缺乏美感。也可以认为"撒盐空中"更好，因为文中说到"骤雪"，大雪下得猛烈密集时，只见雪粒直落，看不见雪花轻飘漫舞的样子。"撒盐空中"的比喻，更为真切地描摹了当时的场景。

5. 一是陈太丘与友人相约正午时分同行，结果友人迟到了；二是陈太丘在约

定时间过后丢下友人离开了。

6. 尊君　脾气暴躁、蛮横无理（不知礼）、推卸责任、不自省　君　知礼守节、处事不惊　惭愧　歉意　侧面　聪慧过人。

7. ① 不失礼。元方年仅七岁，我们不应对其求全责备；友人失信又失礼，行事不端，态度恶劣；元方必须用"入门不顾"的态度维护自己和父亲的尊严，这是坚持原则的一种体现，同时也是给"友人"一个难忘的教训。

② 失礼。人非圣贤，孰能无过？知错能改仍不失为有识之人。怎么能因他人的一时之错便彻底否定这个人呢？原谅一个知错能改的人，不正表现了一个人胸襟宽广，有涵养吗？元方批评友人无礼，自己更应做到有礼——友人已经认错，又是父亲的朋友，是长辈，即使有错，也应以礼待之。

8. 聪慧机敏　语言

（二）阅读下文，回答问题

1. 第一个意外：英语考试前夕看电影，巧遇林老师。

第二个意外：考前临时抱佛脚意外得高分。

第三个意外：重考只有 47 分。

第四个意外：成绩单上仍然是一个叫人不敢直视的"优"。

【思路点拨】我们首先回忆一下，《散步》一文作者想要与我们分享的情感体验是什么？作者想表达的是中年人对家庭的责任感，表现我们中华民族尊老爱幼、勇担责任的传统美德。为表现这个中心，作者交代了哪些基本的要素呢？

（1）时间：初春

（2）地点：南方的田野上

（3）人物："我"、母亲、妻子和儿子

（4）起因：一家人在田野上散步。

（5）经过：发生分歧，母亲要走大路，儿子要走小路。

（6）结果："我"背起母亲，妻子背起儿子，一起走小路。

在事件的发展过程中，之所以要设置走大路还是走小路的矛盾冲突，就是因为这矛盾的形成与解决恰恰与他表达的中心有关系。

要梳理《在那颗星子下》的四个"意外"，首先，要整体阅读，概括全文内容：一次英语考试前"我"溜出去看电影，意外遇到英语林老师。第二天考试凭强记意外得了全班第一，可是在试卷评讲时被老师点破，重新检查后不及格，但老师在成绩单上还是给"我"评了"优"，并教育"我"不该糟蹋自己的天赋。由此"我"对老师肃然起敬,充满了对老师的赞美,钦敬与感激。

再次,借助语言标志梳理文章结构。开篇作者先点明故事发生的时间环境,并引起了全文。③④段勾勒出"我"中学时代的性格特点。⑤—⑦段写"我"又违反校规与同学出校看电影,却不想在影院巧遇林老师的情形。⑧—⑩段写"我"临阵磨枪,紧张应考。⑬段一个"慢"字,又加了感叹号,写出了事情的突转。⑭段写林老师先夸"我",又让"我"到黑板前为同学示范考题,结果因为是考前突击的缘故,"我"在全班面前得了不及格,但林老师顾及我的尊严,并没有当场戳穿"我"考前看电影。⑮段写课后林老师给"我"成绩单,"我"惊讶地发现英语成绩是"优"。

2. 倒叙　星期天晚上"我"在电影院巧遇林老师

【思路点拨】第①段用拟人的手法,点明了故事发生的时间环境,寓情于景,把对美好中学生活的深切怀念之情寄托在一片梦境般的景色之中。第②段概述了中学时代的生活,用一件小事引起了下文,那件事尽管是个教训,但林老师的亲切话语令"我"深受感动,给"我"留下了温馨的记忆。通过梳理开头部分,可以得知这是按照倒叙的记叙顺序来写的。内容的概括可以逐段分析每段的主要内容,第⑤段写"我"在考试前一晚出去和同学看电影《五朵金花》,看见老师也毫不顾忌。第⑥段写"我"的同学见到老师后悄悄逃跑,"我"虽也有些忌惮,但仍"打肿脸充胖子"。第⑦段写林老师看到"我"之后,虽然知道"我"违反了校规,但她更因为自己没有以身作则而感到愧疚。然后按照时间、地点、人物、事件的记叙要素来简要概括。

3. 动作　生动形象地写出了"我"与老师不期而遇时故作轻松的神态和心情。

【思路点拨】首先判断是人物描写。抓住此句中"我撮起嘴唇,学吹一支电影里的小曲"动词"撮起""吹"得知应是动作描写,再联系人物有此动作的原因是"我"的同学见到老师后悄悄逃跑,"我"虽也有些忌惮,但仍"打肿脸充胖子"。所以借吹小曲来掩盖"我"的紧张害怕,故意做轻松的样子给老师看的心理。

4. 老师没有做到以身作则。

【思路点拨】推断原因需要联系上下文,根据文章的第④段"学校规定,除了周末晚上,学生们不许看电影。老师们要以身作则,所以我每次大摇大摆触犯校规,都没有被当场逮住。"得知学校里有规定除了周末晚上,不许看电影。老师更要以身作则地遵守学校的规定。

(三)阅读下文,回答问题

1. 缀　裹

2. (1)踩扁铁盒、踩烂包着蚕籽儿的棉团儿。

(2) 恐惧、悲伤(或者：害怕、痛苦)(写出一个词语即可)

(3) 建议把同学们的蚕养在一起,搁到老师这里。

(4) 尊重学生；平易近人；充满爱心等

【思路点拨】本文围绕养蚕这件事写了两位老师,第一位老师：①粗暴严酷,他随意责打学生,使学生心生畏惧；②冷漠无情、高高在上,他发现学生养蚕,二话不说把蚕打翻在地,肆意践踏。第二位老师：①有平等意识,充满爱心,他和学生打成一片,没有架子,关心爱护学生；②对生活充满了好奇心和热情,他和学生一起养蚕,享受养蚕带来的喜悦。根据表格中已有信息,到相关段落中筛选文中的信息。

3. 比喻　生动形象地写出了教室寂静无声的特点,突出表现了老师踩扁铁盒、踩烂蚕籽后"我"痛苦(悲伤)的心情。

【思路点拨】联系此段的一系列动作描写,形象生动地表现出老师对"我"的凶狠、对蚕儿的暴力,突出了他冷漠、严厉的特点；此段中教室里的寂静氛围描写,本体是教室,喻体是山谷,两者之间的相似点是"空寂"。运用比喻的修辞手法表现"我"无奈、绝望的心情。

4. 牵　"牵"动作较轻,能够表现蒋老师想带领"我"到他的宿舍,给受伤的"我"擦药的关爱之情。而"拉"和"拽",都有用力拉扯的意思,不符合蒋老师的平易近人、充满爱心的人物特点。

【思路点拨】首先梳理事件,这一段写"我"摔伤后,新老师对"我"的关切和爱护。再比较相似动词的特点："拉"和"拽",都有用力拉扯的意思,不符合蒋老师的平易近人、充满爱心的人物特点。"牵"动作较轻,能够表现蒋老师想带领"我"到他的宿舍,给受伤的"我"擦药的关爱之情。

5. B

【思路点拨】对比手法在这篇小说中运用得特别突出,其中主要有以下几组对比：①站在"我"的角度将两个教师的年龄、进教室时的神态进行对比,写出学生喜欢的老师的样子。②将两个教师对"我"养蚕之事的态度和做法进行对比,突出新旧两种教育理念对学生幼小心灵的深刻影响。关于"丝片"的对话和解说,暗示了"我"传承了蒋老师的教育理念,才得以成为一名优秀的教师。

第三单元

单元教学目标

1. 学习默读,在保证一定速度的前提下一气呵成地读完全文。
2. 学会抓住标题、开头、结尾和关键语句,迅速了解文章大意。
3. 了解多姿多彩的学习生活,感受他人的学习智慧,获得人生启示。

单元内容框架

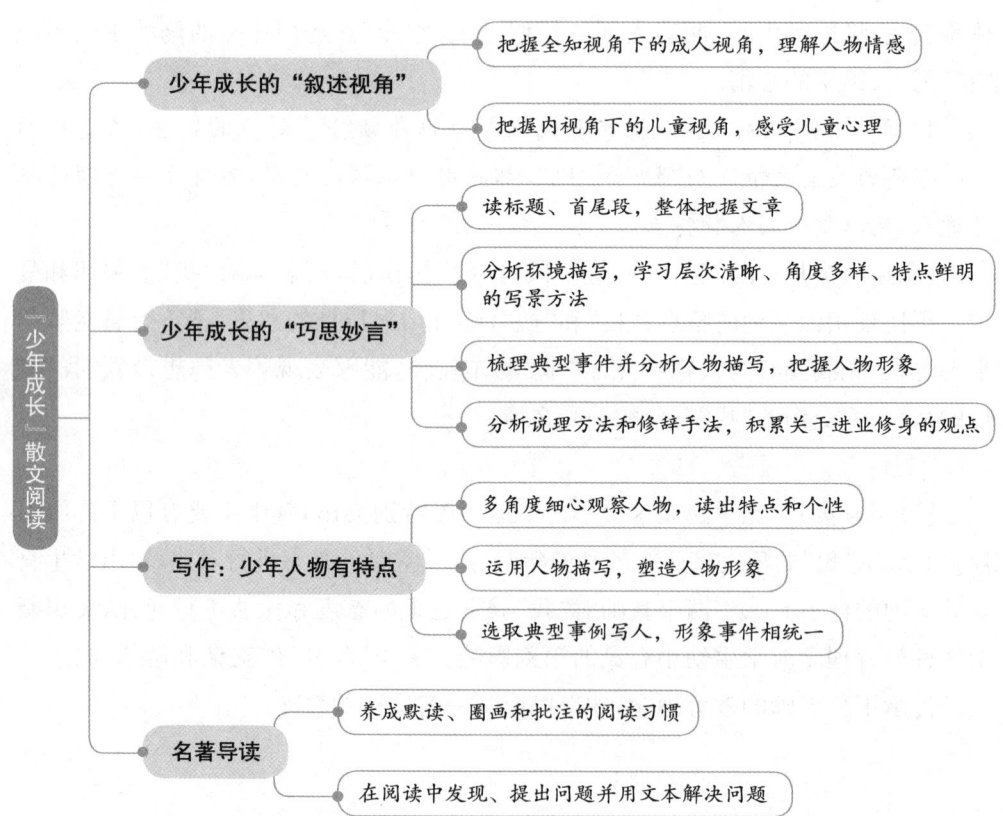

单元设计说明

本单元三篇课文都是散文：有叙事性回忆散文《从百草园到三味书屋》、有自传散文节选《再塑生命的人》、有选自文言语录体散文的《〈论语〉十二章》。散文高度个人化的言说对象——作者极具个人特性的感官、个人情感所过滤的人、事、景、物，富有主观特色；用个性化的言语表达来抒发作者独特的情感与认知。

三篇文章都与少年学习成长相关。《从百草园到三味书屋》通过儿童叙述视角，用富有层次且极具特色的描写和典型的事件来表现童年生活的快乐，抒发作者对童年的怀恋和对当时教育的思考。《再塑生命的人》以莎莉文老师再塑海伦·凯勒传奇生命的过程为言说对象，记叙了小海伦在莎莉文老师耐心智慧的引导下从焦虑迷茫到对世界、对生命充满热爱和期待的感人故事。《〈论语〉十二章》以议论为主要表达方式，阐述了孔子对于学习方法、学习态度、个人修养的看法，对于少年的成长和学习有着重要的教育意义。

写作教学主题为"写人要抓住特点"，重在细心观察，写出人物的特点，在塑造人物形象时选取典型事例，用生动准确的人物描写展现人物形象。

名著导读主题为"《朝花夕拾》消除与经典的隔膜"。通过读书活动指导来消除与经典的隔膜，提高阅读兴趣，让少年在经典作品的滋养之下成人、成才。

9 从百草园到三味书屋

鲁 迅

一、教学目标与学习要素

(一) 教学目标

1. 学习默读,在保证一定速度的前提下一气呵成地读完全文,了解文章大意。
2. 把握回忆性散文的叙述视角,体会作者的童心童趣、以及对童年的怀念之情。
3. 抓住标题和关键语句,快速梳理文章结构,精准感受作者情感。

(二) 学习要素

1. 继续培养良好的默读习惯,不指读、不动唇、不分心、不停顿、一气读完全文。
2. 以叙述视角来感知人物独特的形象和情感。
3. 把握以体现写作顺序的标题和过渡段来梳理文章结构的方法。
4. 分析环境描写和人物描写,概括描写对象特点。

二、文本解读

(一) 课文整体解析

《从百草园到三味书屋》写于 1926 年,"三一八"惨案后,鲁迅受北洋军阀通缉,无奈之下远赴厦门大学任教,却仍备受排挤。于是躲在厦门大学的图书馆创作,渴望从美好的童年中获得慰藉。本文后收录到散文集《朝花夕拾》中。

本文是一篇回忆性叙事散文,作者以地点的转换来行文,从儿童视角来观察世界,通过记叙童年时在"百草园"自由的快乐生活以及在"三味书屋"里"闷"中寻乐的学习生活,表达对童年的依恋、对大自然的喜爱。作者又以全知视角下的成人视角表达了对"百草园"卖于他人的遗憾和对童年一去不返的怅惘。

全文分为两部分,前写"百草园"后写"三味书屋"。作者以"乐景""乐闻""乐事"将旁人眼里的"荒园"盛赞为"乐园"。这种"乐"是儿童化的,也是精神层面的。在回忆"三味书屋"的读书生活时,作者用幽默调侃的语调记叙了拜师行礼、问"怪哉"虫、后园觅乐、师生读书、课堂偷乐五个片段。在"三味书屋"虽不如在"百草园"自由畅快,但枯燥压抑的读书生活也因为儿童善于发现乐趣、创造乐趣的天性而增添了温馨和谐趣。这两段生活共同架构起鲁迅快乐温馨的童年,描摹出人生美与趣、真与善的底色,无论何时何地都带给他以慰藉和力量。

学习本文可抓住散文学习的三大着眼点——高度个人化的言说对象(儿童视角下的"百草园"和"三味书屋"中的生活),个性化的语言表达(或深情或幽默的语调、生动而准确的语言),独特的情感认知(对大自然的热爱、对童年生活的怀恋、对当时教育的思考)。

(二) 重点语段细读

1. 分析下列语句中两个省略号的作用。

也许是因为拔何首乌毁了泥墙罢,也许是因为将砖头抛到间壁的梁家去了罢,也许是因为站在石井栏上跳了下来罢,……都无从知道。总而言之:我将不能常到百草园了。Ade,我的蟋蟀们!Ade,我的覆盆子们和木莲们!……

第一个省略号是对此事原因猜测的省略,说明还有很多关于他在"百草园"快乐却调皮的乐事,表明小鲁迅对于自己被送到"三味书屋"原因的反复猜测,表现他对此事的不解、无奈、不满,对"百草园"的热爱和不舍。第二个是省略号是对百草园里景物的省略,表明百草园里景物品类、数量之多,景色之美。

2. 赏析环境描写的特点。

不必说碧绿的菜畦,光滑的石井栏,高大的皂荚树,紫红的桑椹;也不必说鸣蝉在树叶里长吟,肥胖的黄蜂伏在菜花上,轻捷的叫天子(云雀)忽然从草间直窜向云霄里去了。单是周围的短短的泥墙根一带,就有无限趣味。油蛉在这里低唱,蟋蟀们在这里弹琴。翻开断砖来,有时会遇见蜈蚣;还有斑蝥,倘若用手指按住它的脊梁,便会拍的一声,从后窍喷出一阵烟雾。何首乌藤和木莲藤缠络着,木莲有莲房一般的果实,何首乌有拥肿的根。有人说,何首乌根是有像人形的,吃了便可以成仙,我于是常常拔它起来,牵连不断地拔起来,也曾因此弄坏了泥墙,却从来没有见过有一块根像人样。如果不怕刺,还可以摘到覆盆子,像小珊瑚珠攒成的小球,又酸又甜,色味都比桑椹要好得远。

(1) 写景富有层次。首先作者用"不必说……也不必说……单是……"这样的句型由面到点、点面结合地总写了百草园的美景。从百草园的整体大景到局部小景,突出了"墙根一带"的无限趣味。其次高低有序,这个句子中,写静态植物按照由低到高的顺序,写动态动物按照由高到低的顺序。

(2) 抓住景物特点并充分运用感官多角度描写景物。如颜色、触感、外形、声音、姿态动作、味道等,真可谓有形有味有声有色,四季皆美,趣味盎然。

(3) 儿童视角下的体验,景物有情有趣,人物富有童心童趣。

三、教学过程

第一课时

(一) 课时目标

1. 学习默读,在保证一定速度的前提下一气呵成地读完全文,了解文章大意。
2. 分析层次清晰、角度多样、特点鲜明的环境描写,学习环境描写的方法。
3. 品味描写"百草园"的语言,把握儿童叙述视角。

(二) 导入

杜伽尔在《蒂博一家》一书中说过:"永远是独一无二不可替代的事物:这是童年的回忆。"一代伟人鲁迅在回首童年往事时,又会想起哪些童年趣事?童年里的小鲁迅又是怎样的呢?今天我们一起学习《从百草园到三味书屋》,走进鲁迅的童年天地。

(三) 活动设计

▲ **活动设计一:为鲁迅设计微信个性签名**

假设鲁迅先生要加入班级微信群来指导同学们阅读,但先生的微信缺少个性签名,请你根据对先生的了解,代为拟句签名,要求突出先生某一方面的特点。

设计建议:个性签名可根据生平事迹、个性、名言、作品等进行设计。

示例:横眉冷对千夫指,俯首甘为孺子牛。

设计意图:引导学生结合所学内容总结鲁迅先生的相关信息和生平经历等,更好地进行课文学习。

▲ **活动设计二:"百草园"游园会**

1. 贴一贴——认识景点。

(1) 默读课文第1—8段,了解语段大意。

默读要求:不指读、不动唇、不分心、不停顿、一气读完全文,如遇生字词,可用猜读法或暂时跳过去,留待后续学习、积累。

（2）下图是"百草园"的简易地图，请你根据课文第 2 段内容，在各个位置贴上对应景物，并涂上颜色，注意景物的大小、颜色，景物之间的顺序。

参考前文"重点语段细读"2。

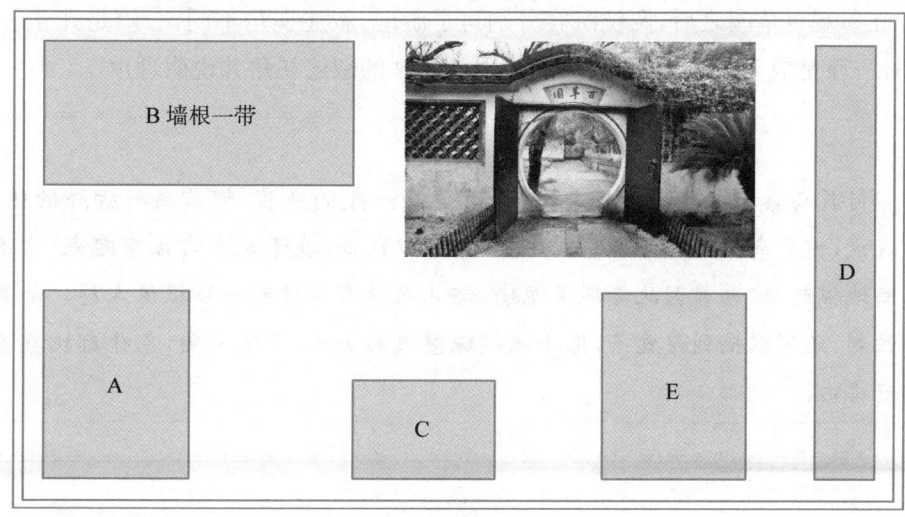

贴纸：

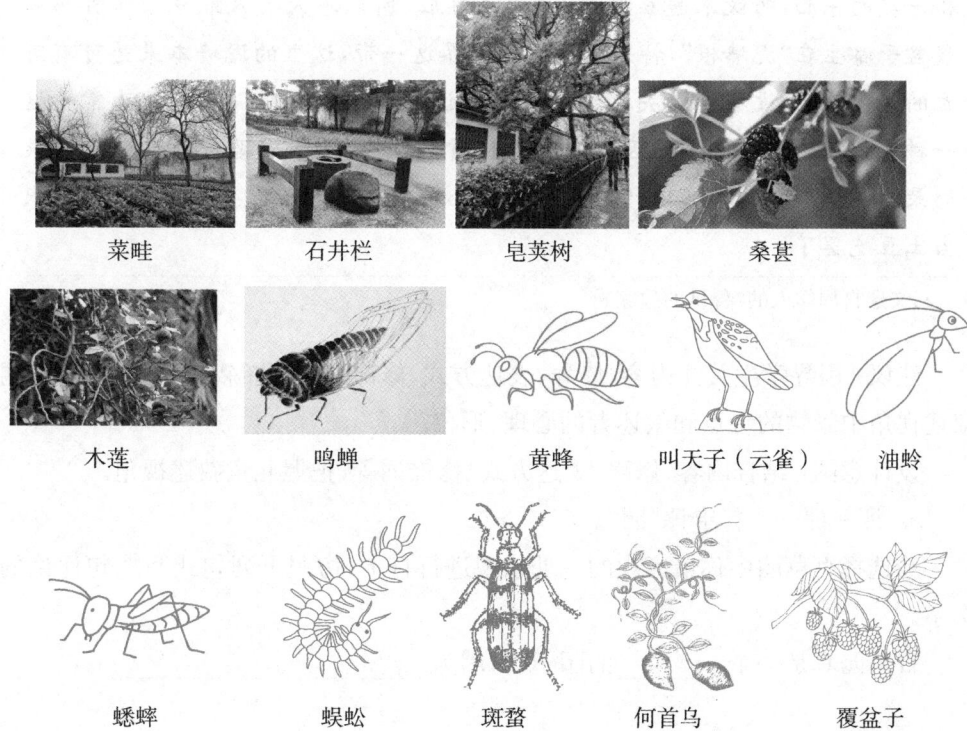

设计意图:分析层次清晰、角度多样、特点鲜明的环境描写,学习环境描写的方法。

2. 比一比——儿童视角趣味多。

在参观百草园之后,两位游客分别写了游记,叙述视角不同,一篇是儿童叙事视角,一篇是成人叙述视角,请你判断甲乙两文的叙述视角并说明理由。

甲

何首乌藤和木莲藤缠络着,木莲有莲房一般的果实,何首乌有拥肿的根。有人说,何首乌根是有像人形的,吃了便可以成仙,我于是常常拔它起来,牵连不断地拔起来,也曾因此弄坏了泥墙,却从来没有见过有一块根像人样。如果不怕刺,还可以摘到覆盆子,像小珊瑚珠攒成的小球,又酸又甜,色味都比桑葚要好得远。

乙

木莲藤缠绕上树,长得很高,结的莲房似的果实,可以用井水揉搓,做成凉粉一类的东西,叫做木莲豆腐,不过容易坏肚,所以不大有人敢吃。何首乌和覆盆子都生在"泥墙根",特别是大小园交界这一带,这里的泥墙本来是可有可无的,弄坏了也没有什么关系。据医书上说,有一个姓何的老人,因为常吃这一种块根,头发不白而黑,因此就称为何首乌,当初不一定要像人形的,《野菜博录》中说它可以救荒,以竹刀切作片,米泔浸经宿,换水煮去苦味,大抵也只当土豆吃罢了。

注:乙文选自周作人的《鲁迅的故家》。

建议:引导学生关注内容、修辞、表达方式、修饰词等判断叙述视角,感受不同叙述视角中景物的特点和叙述者的心理、形象。

设计意图:结合内容、修辞、表达方式、修饰词等,把握儿童叙述视角。

3. 评一评——打卡评"园"。

请选择百草园中你最喜欢的一处景观进行打卡,仿照下列句式写一句评论的文字。

百草园真是一个_____的园子啊,因为_____。

示例：

百草园真是一个荒芜的园子啊，因为其中似乎确凿只有一些野草且人迹罕至。

建议：生机勃勃、神秘、富有吸引力、有趣、令人感到自由轻松快乐、人迹罕至、荒芜等角度也可。

设计意图：提取关键语句，结合景物特征和典型事件分析环境特点和作者情感。

4. 想一想——三种叫法的联系。

文中对于"我家的后面"那个"很大的园子"，作者用了三种叫法——"百草园""乐园""荒园"。请你思考这三种叫法的特点和联系。

示例："百草园"是口口相传而来的称呼，文中说"相传叫做百草园"，是一种亲切且较受认可的称呼，至于园子里是否有百种草，已无从追究。"乐园"是作者从小鲁迅这一内视角得来的称呼，因为小鲁迅在百草园里获得了"三乐"，这一叫法是非常具有个人情感的，"乐"是儿童化的，非成人化；是精神层面的、非物质的，和"荒园"是相对的。关于"荒园"这一叫法，文中说到"其中似乎确凿只有一些野草"，"这是荒园，人迹罕至"。这是从客观而言，成人化的叫法，是基于"百草园"草数量多的传说而来的。

设计意图：通过分析三种叫法之间的联系分析不同叙述视角下景物特点和人物情感。

5. 做一做——"乐园"故事会。

请同学们模仿长妈妈的口吻朗读"美女蛇"的故事，关注标点和停顿。

设计意图：引导学生关注朗读的语音、语调和停连，感受"百草园"的神秘色彩。

(四) 课堂小结

本节课我们主要通过为鲁迅先生拟写个性签名，对先生有了更多的了解；通过参加"游园会"领略了"百草园"的"三乐"——"乐景""乐闻""乐事"，感受到小鲁迅的童心童趣。作者精选有趣的材料表现"乐园"之"乐"，用巧妙的写法使文章"趣上加趣"，让我们身临其境地感受到百草园的无限魅力，不禁感慨"乐园"无限的趣味。

(五) 布置作业

小练笔：仿本文第 2 段来介绍自己童年的乐园，比如班级、校园、社区等地方。要求：运用"不必说……也不必说……单是……"的句型；写景有顺序；多角度观察景物，并抓住景物特点加以描写；用儿童视角，体现儿童心理；至少运用两种修辞。

第二课时

(一) 课时目标

1. 品味文中描写"三味书屋"的语言，学习描写人物、精选素材的方法，感受作者对先生的深情。
2. 理解地点转换型标题和过渡段的作用，梳理文章脉络。
3. 对比在"百草园"的生活和在"三味书屋"的学习生活，感受作者对于两段生活的不同感受。

(二) 导入

百草园里的童年生活无忧无虑，让小鲁迅自由畅快地享受着大自然的美，学习着人生经验。今天我们一起和小鲁迅继续长大，进入"三味书屋"学习。

(三) 活动设计

▲ 活动设计一：深情话别离，一纸寄相思

时光流逝，在百草园中自由快乐的生活结束了，小鲁迅终于要将进入人生另一个阶段，开始新的学习生活。请找出文中关于小鲁迅告别"百草园"进入"三味书屋"学习前的心理的句子，分析他的情感。

设计意图：理解地点转换型标题和过渡段的作用，梳理文章脉络，感受人物情感。

▲ 活动设计二：好戏连台——"三味书屋"，矛盾不断

1. 默读"三味书屋"部分，概括事件，为"好戏"命名。

示例：主要有：拜师行礼、问"怪哉"虫、后园觅乐、师生读书、课堂偷乐。

2. 选择其中一段和同学一起演一演。
3. 穿越时空——恰遇"三味书屋"招生，鲁迅是否会主动报名，请根据散文内

容说明理由。

示例：

（1）鲁迅不会主动报名，理由如下：

三味书屋的学习生活乏味无趣，压抑儿童的天性，鲁迅对此充满批判和厌恶之情。如：三味书屋的拜师行礼，作者揶揄了拜师行礼这一封建礼术。在"怪哉"虫事件中可看出三味书屋的学习枯燥压抑，压抑了学生的求知欲。在师生共读可笑无趣的场面中不难发现学生所读的内容是深奥复杂的，不适合儿童学习，并且儿童也不懂。在三味书屋的课堂上，学生们不爱学习，或跑去院子里玩乐不上课或趁先生读书入神之时，偷偷玩乐，不学习，等等。

（2）鲁迅会主动报名，理由如下：

三味书屋的学习生活"闷"中有趣，鲁迅对此是充满眷恋的。鲁迅对先生充满恭敬和理解之情。先生是一个严而不厉、博学、质朴、方正的好老师。后院寻乐亦有乐，乐不思学。虽然这里没有百草园那么广阔自由，也算是解放了儿童的天性，带来可贵的乐趣。"课堂偷乐"谐趣横生，乐亦无穷。

小结：我们紧密结合文本内容，通过起戏名、编戏、评戏，体会到小鲁迅和他的同学们在压抑枯燥的环境里依然发现快乐、创造快乐的童心和童趣，也隐隐感受到"大"鲁迅对于三味书屋的眷恋和怀念。

设计意图：概括典型事件，分析人物描写，感受小鲁迅对于"三味书屋"的情感。

▲ **活动设计三：新书宣传会**

鲁迅先生的散文集作品《朝花夕拾》已经出版了，结合下列材料，写宣传文案。

> 我常想在纷扰中寻出一点闲静来，然而委实不容易。目前是这么离奇，心里是这么芜杂。一个人做到只剩了回忆的时候，生涯大概总要算是无聊了罢，但有时竟会连回忆也没有。中国的做文章有轨范，世事也仍然是螺旋。前几天我离开中山大学的时候，便想起四个月以前的离开厦门大学；听到飞机在头上鸣叫，竟记得了一年前在北京城上旋绕的飞机。我那时还做了一篇短文，叫做《一觉》。现在是，连这"一觉"也没有了。
>
> ——《朝花夕拾》小引

> 《从百草园到三味书屋》写于1926年，"三一八"惨案后，鲁迅受北洋军阀通缉，无奈下远赴厦门大学任教，却仍倍受排挤，于是躲在厦门大学的图书馆创作本文。

示例：

我在走一条路，一条少有人走的崎岖之路，荆棘丛生。好在百草园里的蝉鸣、覆盆子的酸甜、美女蛇的故事、捕鸟的往事、三味书屋里逃学玩乐的谐趣都成为了我生命的底色，让我在黑暗的此刻，心头依然是暖的！这底色、这暖如今都在《朝花夕拾》里留存着，温暖着、鼓舞着四面楚歌、却依然坚强执著的我。

设计意图：知人论世，结合写作背景和作者生平分析写作目的。

(四) 课堂小结

"形散神聚"是散文最大的特点。我们在学习散文的时候要把握散文的中心——作者个性化的思想情感，进而理解材料之间的顺序安排以及内在关系，正是这些着了作者情感的人事物才让我们跨越时空和作者同频共振。同时我们还要关注散文的叙述视角和个性化的语言，进一步了解叙述者的身份、心理、形象等，更好地读懂散文内容、作者的思想情感。希望通过本文学习，帮助我们掌握阅读散文的方法。

(五) 布置作业

在《先生鲁迅》《鲁迅传》《鲁迅的大家庭梦想》《鲁迅之路》中任选一部纪录片观看，写一篇关于鲁迅先生的小传。

10　再塑生命的人

海伦·凯勒

一、教学目标与学习要素

（一）教学目标

1. 继续学习正确的默读方法，在保证一定速度的前提下一气呵成地读完全文，了解生命再塑的过程。
2. 品味人物描写的语言，感受儿童叙述视角下独特的心理变化。
3. 关注体现写作顺序的词句、标题以及首尾段，梳理文章脉络，感受老师形象和作者情感。

（二）学习要素

1. 养成良好的默读习惯，以及圈画文中重要信息的习惯。
2. 以人物描写来梳理儿童叙述视角下的心理变化。
3. 通过关键词句、标题和首尾段来梳理脉络，分析人物形象。

二、教学建议

《再塑生命的人》是本单元的自读课文。此文选自19世纪美国盲聋女作家、教育家、慈善家海伦·凯勒的自传体散文《假如给我三天光明》。作者在19个月大时因为患猩红热疾病而成为一个聋盲儿童，从此"与世隔绝"，后来在安妮·沙莉文老师的关爱和教育下，以顽强的意志不断奋斗，最终不仅从哈佛大学毕业，还为社会做出了杰出的贡献。

本文以再塑生命的过程为言说对象，通过时间推移，记叙了安妮·莎莉文通过教"我"识字、认识事物来重塑"我"的生命。老师重塑了小海伦，而海伦·凯勒用笔歌颂了这位富有爱心、耐心，有着高超教育艺术的伟大老师。小海伦在"再塑生命"这段艰难而愉快的经历中，她所表现出来的坚强好学、极高的悟性、细腻敏感丰富的情感、对生活的热爱也令人感动敬佩。

"再塑生命的人"这一标题，提示了文章情节和人物，用词也是很"重"的。文中这样写到："老师安妮·莎莉文来到我家的这一天，是我一生中最重要的一天""爱的光明照到了我的身上""她就是那个来对我启示世间的真理、给我深切的爱的人""水唤醒了我的灵魂,并给予我光明、希望、快乐和自由",这些都是对标题最好的解释,热烈歌颂老师的伟大形象,表达对老师的崇敬和感激之情。

　　作者以聋盲儿童为叙述视角,用精准的极富个人化的语言表现其独特的心理状态和"再塑"前后的变化。文中有很多相关的心理描写,细腻再现了聋盲儿童在黑暗里焦虑、恐惧和不安的心理,以及重塑后内心的幸福和对未来的期待。通过两段心理的对比,体现出老师对"我"意义之大,教育之成功。

　　本文虽是以赞美讴歌老师为中心,但写"我"的笔墨极多,这种以"我"写"老师"的侧面表现人物的手法,让文章更富抒情意味,真实感人,也让人物形象鲜活生动。

三、教学过程

(一)导入

　　我们在《从百草园到三味书屋》一文中认识了一位严而不厉、博学、质朴、方正的先生,一位富有童真、童趣、童心的学生。先生用自己的渊博学识开启了小鲁迅的学习之路,让大鲁迅在艰难冷酷的年岁里,感到温暖。今天我们一起学习《再塑生命的人》,走进海伦·凯勒和她的老师安妮·莎莉文的感人故事。

(二)活动设计

▲ **活动设计一:名片设计**

　　设计要求:参考安妮·莎莉文老师名片,设计作者名片,名片应包括作者的基本信息、生平事迹、主要作品、名言等。

安妮·莎莉文

国籍:美国　毕业学校:柏金斯盲人学校

身份:教师

生平事迹:5岁时因一场眼疾失去大部分视力。后来进入柏金斯盲人学校学习。在此间经过两次治疗视力得以基本恢复。毕业后,给海伦·凯勒做家庭教师。她成功地再塑了海伦的生命,助力她成为传奇女性。

　　示例:

海伦·凯勒

国籍：美国
身份：作家、教育家、慈善家
作品：《假如给我三天光明》
生平事迹：出生后不久就因病被夺去视力和听力，但她却没有放弃追求自己梦想的机会，在柏金斯盲人学校莎莉文老师的协助下，学会了阅读、写作，还学会了说话，最终成功完成了大学学业，并且致力于为残疾人造福，建立了许多慈善机构。

设计意图：大致了解"再塑生命"的故事，了解作者生平事迹和基本信息，助力后续课文的学习。

▲ 活动设计二：黑暗里的"心电图"——画出海伦·凯勒的心路历程

1887年3月，莎莉文慈善医院来了一位特别的小病人，她来向莎莉文医生寻求帮助。请你默读文中心理描写的句子，用波浪线的起伏来表现小海伦一波三折的心理变化和所处情境，概括出她当时的心理和形象。

示例：

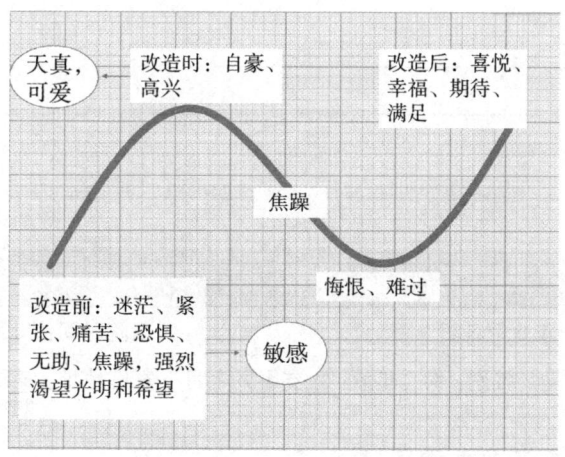

文章采用了盲聋儿童的叙述视角，运用细腻生动的心理描写表现了小海伦坚强敏感、情感丰富且好学的人物形象。

小结：通过感受聋盲儿童这一特殊叙述视角下的心理和感受，梳理小海伦的情感变化，对比重塑前后，我们感受到"重塑生命"的重大意义，莎莉文的爱心和高超的艺术，同时也深深体会到小海伦面对困境时表现出来的坚强和细腻丰富的情感。

设计意图：品味人物描写的语言，感受儿童叙述视角下独特的心理变化和人物形象。

▲ 活动设计三：一份特别的出院小结

在莎莉文医生的精心治疗下，小病人终于康复出院了。请你一边默读课文，一边圈画关键信息，帮助莎莉文医生在临终那天填写出院小结。

出院小结			
入院时间：_____		出院时间：_____	
姓名：_____	性别：_____	年龄：_____	家庭地址：_____
入院诊断：			
既往史：			
入院症状：			
治疗过程： 处方：			
出院情况：			
出院医嘱：			
			医生：

示例：

出院小结			
入院时间：1887 年 3 月 3 日		出院时间：1936 年 10 月 19 日	
姓名：海伦·凯勒	性别：女	年龄：六岁零九个月	家庭地址：美国亚拉巴马州塔斯喀姆比亚市
入院诊断：缺乏自信、焦躁、聋盲。			
既往史：1882 年，突发猩红热丧失视觉和听觉。			
入院症状：身心疲惫，内心苦恼、愤怒、焦躁，对生活充满迷茫和恐惧。			

续 表

出院小结
治疗过程： 　　初次见面时紧紧拥抱小海伦；第二天，赠送布娃娃并在小海伦手上拼写"doll"； 　　一天上午，在小海伦因无法分清"水"和"杯"发脾气时，包容并带她散步，感受喷泉的"水"。 处方：知识胶囊、爱心胶囊、自信胶囊。
出院情况：知识丰富、快乐、自信、对生活充满期待和希望。
出院医嘱：持续学习，增加自己的能力；保持乐观和自信，对生活和生命永远热爱，永远期待；天生我材必有用，努力为社会做出贡献。
医生：安妮·莎莉文

设计意图：关注体现写作顺序的词句、标题，关注首尾段，梳理文章脉络，感受老师形象。

▲ **活动设计四：锦旗飘飘，诉真情**

经过莎莉文医生的精心治疗，小海伦终于康复出院了，莎莉文医生也永远离开了她。为了表达对医生的感激之情，她决定制作一面锦旗赠送给医生，她会怎么设计呢？

设计意图：概括人物形象，体会作者对老师的感激和崇敬之情。

（三）课堂小结

无论曾经经历多么黑暗的困境，命运吻我以痛，我必报之以歌。海伦·凯勒即使经历了那样的不幸,依然能够通过自己的坚强和好学,最后取得了成功,为人类发展做出了极大的贡献。我们每个人都比她幸运,她说"假如给我三天光明",而我们拥有的光明又何止三天?希望我们都能坚强乐观地面对生命里出现的困难,珍惜命运的馈赠,热爱着这个世界、热爱生活,感恩身边所有帮助过自己的人们,努力实现自己的梦想,创造自己的价值。

(四) 布置作业

推荐阅读《假如给我三天光明》。

11 《论语》十二章

一、教学目标与学习要素

（一）教学目标

1. 借助注释直译语录，积累重要实词和文言句式，梳理关于进业修身的观点。
2. 积累有关《论语》和孔子的文化常识，感受中华传统文化中蕴含的智慧。
3. 分析说理方法和修辞手法，学习《论语》说理特色。

（二）学习要素

1. 以重要实词和特殊文言句式来翻译文言文。
2. 积累文化常识感受中华传统文化中蕴含的智慧。
3. 运用说理方法和修辞手法来阐述观点。

二、文本解读

（一）课文整体解析

《〈论语〉十二章》选自语录体散文集《论语》。《论语》是儒家经典著作之一，由孔子的弟子及再传弟子编写而成，主要记录孔子及其弟子的言行。宋代的朱熹将其与《大学》《中庸》《孟子》合称为"四书"。《论语》对少年学习成长有着重要意义。在本课中所选的章节主要从个人修养、学习方法、学习态度方面阐述观点。

第一篇孔子围绕学习方法和个人修养进行论述，强调学习需要温习、与友交往重在志同道合、互学共进。第二篇曾子围绕个人修养，强调为人要多多自我反省，反省为人、为友和为学。第三篇论述个人修养，循序渐进，进德修业，也反映了人生经验不断积累的规律。第四篇围绕学习方法阐述复习旧知以获得新知的道理。第五篇论述学习方法，强调学思紧密结合的重要性。第六篇围绕个人修养，修身要经受困苦，安贫乐道。第七篇围绕学习方法论述学习兴趣的重要性。第八篇围绕个人修养，强调为人要重仁义轻富贵，鄙视不义之财。第九篇围绕学习态度，为学要虚心好学，时常改过。第十篇围绕个人修身，感叹时间流逝之快，意在提醒人们珍惜时间。第十一篇围绕个人修养，强调为人要坚守志向。第十二篇围绕学习方法,要立志广学,切问近思。

在阐述道理的过程中,语言质朴,说理明确,还用到了修辞手法和论证方法,使说理生动且富有气势,有着极强的说服力。

学习这篇课文,疏通文意是第一步,也是较困难的一步,在此基础上梳理观点,分析说理方法和特色。

(二) 重点语段细读

1. 子曰:"吾十有五而志于学,三十而立,四十而不惑,五十而知天命,六十而耳顺,七十而从心所欲,不逾矩。"(《为政》)

孔子现身说法,以自己为例,论述自己人生不同阶段的人生经验、认识能力。强调了学习的重要性,终身学习终身受益。同时也阐明了人生经验是不断积累的客观规律。此句还运用排比的修辞手法,句式整齐,加强语势,让论证更富有气势。

2. 子曰:"贤哉,回也!一箪食,一瓢饮,在陋巷,人不堪其忧,回也不改其乐。贤哉,回也!"(《雍也》)

孔子以颜回为例,列举了颜回身处陋巷安贫乐道的事例,论述了修身要经受困苦,安贫乐道的道理。同时以颜回和他人做对比,以他人"不堪其忧"和颜回"不改其乐"做对比,强调颜回之"乐"。

三、教学过程

第一课时

(一) 课时目标

1. 借助注释直译语录,积累重要实词和文言句式,梳理关于"为学"的观点。
2. 积累《论语》和孔子的有关文化常识,感受中华传统文化中蕴含的智慧。
3. 分析说理方法和修辞手法,学习《论语》说理特色。

(二) 导入

以国学故事《三人行必有我师》动画视频作为引入,带领学生走进孔子,了解他"谦虚好学"的精神。

(三) 活动设计

▲ **活动设计一：儒声润心田——校园朗读者大赛**

活动背景：学校第三届"国学进校园"主题读书活动将在三月拉开帷幕。今年的主题是"儒声润心田，儒学促成长"。

1. 请为电影《孔子》电子海报撰写文字稿。

要求：包括《论语》和孔子的相关信息，语言简洁，富有吸引力。

设计意图：积累《论语》和孔子的有关文化常识，感受中华传统文化中蕴含的智慧。

2. "儒声润心田"——校园朗读者大赛

请选择你最喜欢的3则语录在班级进行朗读展示，参加此次校园朗读者大赛的班级初选。

要求：①给语录断句，正确停顿；②字音准确，朗读流畅优美。

设计意图：正确朗读语录，初步感知语录内容，激发学习中华传统文化的兴趣。

▲ **活动设计二：《论语》学生讲坛**

选出12章语录中和"学习"有关的语录，并在其中选择2则语录进行小组学习，完成下列表格。

分工：2人负责翻译重要实词和句子；2人负责分析论述角度和观点；2人负责梳理说理方法。

序号	重点实词	翻译句子	论述角度	观点	手法

示例：

序号	重点实词	翻译句子	论述角度	观点	手法
1	时、说、愠、君子	孔子说:"学习了,然后按时复习它,不很愉快吗?有志同道合的人从远方来,不也快乐吗?人们不了解我,我却不生气,不也是君子吗?"	学习方法 个人修养	强调学习需要温习、与友交往重在志同道合、互学共进	排比 反问
4	可以	孔子说:"温习学过的知识就会得到新的理解和体会,可以凭借(这)当老师了。"	学习方法	温习旧知以获得新知	
5	罔、殆、而	孔子说:"只读书却不思考就会感到迷茫而无所适从,只思考却不读书就会感到疑惑。"	学习方法	阐述学习与思考的辩证关系,学思要紧密结合	反面论证 和对偶
7	者、乐	孔子说:"懂得学问和事业的人比不上喜爱学问和事业的人,喜爱学问和事业的人比不上以学问和事业为乐的人。"	学习方法	学习兴趣的重要性	顶真和对偶
12	博学、笃志、切	子夏说:"广泛地学习,并且坚守(自己的)志向,(遇不明事)恳切地向别人发问求教,多思考当前的问题,仁德就在这里面了。"	学习方法	要立志广学,切问近思	对偶

论坛小结:请1到2位同学归纳学习语录体散文《论语》的方法和疏通文意的要点。

示例:

学习语录体散文《论语》的方法:首先疏通文意,进而分析说话者说了什么,即谈论的话题和观点;然后分析说话者是怎么说的,也就是在提出观点时所用到一些修辞或者其他论证的手法。翻译文言文主要以直译为主,字字落实,单音节变成双音节,省略的成分要补充完整。

(四)课堂小结

本节课我们学习了《论语》和孔子的相关知识,积累了诸多实词和学习语录散文的方法,也了解了孔子对于学习方法和学习态度的见解。希望同学们学以致用,在未来的学习中不断实践、进步。

(五) 布置作业

根据课堂所学,制作趣味实词表。

一词多义	古今异义	通假字	词类活用

第二课时

(一) 课时目标

1. 借助注释直译语录,积累重要实词和文言句式,梳理关于"个人修养"的观点。

2. 梳理说理方法,学以致用,获得人生启迪。

(二) 导入

《论语》作为儒家经典著作,流传至今,滋养着一代代中华儿女。上节课我们主要学习了其中关于学习的语录,希望同学们学以致用。今天我们学习关于个人修养的语录。

(三) 活动设计

活动背景:学校第三届"国学进校园"主题读书活动将在三月拉开帷幕。今年的主题是"儒声润心田,儒学促成长"。

▲ 活动设计一:编写《论语》阅读指南

1. 重点语句注释、翻译。

示例:

（1）曾子曰："吾日三省吾身：为人谋而不忠乎？与朋友交而不信乎？传不习乎？"

注释：

吾：人称代词，我。

日：每天。（名词作状语）

三省：多次进行自我检查。三，泛指多次。一说，实指下文所列的三个方面。省，自我检查、反省。在这里建议翻译成"多次反省"，后面的三个方面是反省的角度，所以建议翻译成"多次"。

为人谋：替人谋划事情。为：替、为。

传：传授，这里指老师传授的知识（动词作名词）。

为人谋而不忠乎：含蓄的反问句。

乎：……吗，表反问语气词。

翻译：

曾子说："我每天多次地反省自己，替别人办事是否尽心竭力呢？同朋友往来是不是诚实守信呢？老师传授的学业是不是复习过了呢？"

（2）子曰："吾十有五而志于学，三十而立，四十而不惑，五十而知天命，六十而耳顺，七十而从心所欲，不逾矩。"

注释：

十有五：十五岁。有，同"又"，用于整数和零数之间。

而：表示承接。

翻译：

孔子说："我十五岁开始有志于做学问，三十岁便小有所成，四十岁能（通达事理）不被外物所迷惑，五十岁能知道上天的意旨，六十岁能听得进不同的意见，到七十岁才做事能随心所欲，不会越过法度。"

（3）子曰："贤哉，回也！一箪食，一瓢饮，在陋巷，人不堪其忧，回也不改其乐。贤哉，回也！"

注释：

贤哉，回也：倒装句，判断句。即"回也，贤哉"，颜回是多么高尚啊！

一箪食，一瓢饮，在陋巷：省略主语"颜回"。（颜回）一竹篮饭，一瓢水，住在简陋的小巷子里。

翻译：

孔子说："多么贤德啊，颜回！（他）一碗饭，一瓢水，住在简陋的小巷子里，别人都不能忍受这种穷困清苦，颜回却不改变他（爱好学习）的乐趣。多么贤德啊，颜回！"

（4）子曰："饭疏食，饮水，曲肱而枕之，乐亦在其中矣。不义而富且贵，于我如浮云。"

注释：

饭：吃饭（名词作动词）。

水：文言文中称冷水为"水"，称热水为"汤"。

不义：做状语，用不正当的手段。

如：像……一样。

翻译：

孔子说："吃粗粮，喝冷水，弯着胳膊枕着它睡，乐趣也在这当中。用不正当的手段得来的财富和地位，对我来说就像天上的浮云一样。"

（5）子曰："三人行，必有我师焉。择其善者而从之，其不善者而改之。"

注释：

三人行：三，虚指多。几个人一起走路。

翻译：

孔子说："几个人一起行走，其中一定有人可以做我的老师。我选择他的优点向他学习，发现他的缺点（如果自己也有）就改正自己的缺点。"

（6）子在川上曰："逝者如斯夫，不舍昼夜。"

翻译：

孔子在河边上说："逝去的一切像河水一样流去，日夜不停。"

（7）子曰："三军可夺帅也，匹夫不可夺志也。"

翻译：

军队可以改变（他的）主帅，（但是）人的志向是不可以改变的。

2.《论语》例说——分析语录是如何选择合适的事例来阐释观点的。

示例：

（1）子曰："吾十有五而志于学，三十而立，四十而不惑，五十而知天命，六十而耳顺，七十而从心所欲，不逾矩。"

分析：孔子现身说法，以自己的学习经历，阐述了人生经验不断积累的客观经验,告诉人们为人要终生学习的道理。

（2）曾子曰:"吾日三省吾身:为人谋而不忠乎？与朋友交而不信乎？传不习乎？"

分析:曾子以自己"日三省"为例,围绕个人修养,强调为人要多多自我反省,反省为人、为友和为学。

（3）子曰:"贤哉,回也！一箪食,一瓢饮,在陋巷,人不堪其忧,回也不改其乐。贤哉,回也！"

分析:孔子以颜回身处陋巷而不改其乐的经历为例,围绕个人修养,论述了修身要经受困苦,安贫乐道的道理。

3.《论语》设喻——分析语录是如何通过各种比喻阐释观点的。

示例:

（1）子曰:"饭疏食,饮水,曲肱而枕之,乐亦在其中矣。不义而富且贵,于我如浮云。"

分析:孔子将"不义而富且贵"比作"浮云",生动表现了孔子对于不义情况下的富贵嗤之以鼻、不以为然的态度。主要围绕个人修养,强调为人要重仁义轻富贵,鄙视不义之财。

（2）子在川上曰:"逝者如斯夫,不舍昼夜。"

分析:孔子将流逝的时光比作一去不返的流水,生动强调了时间一去不返、宝贵的特点,提醒人们珍惜时间。

▲ **活动设计二：孔子穿越,帮帮帮**

1. 梳理学习和生活中的困惑,制作成红色的问题卡,张贴到人生之"树"上。

2. 请同学们将本课中的孔子语录制作成绿色的"秘籍卡",贴到对应的问题卡旁边。

3. 梳理本节课所学语录中的修辞和说理方法。

示例:

第二则语录运用排比和反问的修辞手法,加强语势,突出论述了为人要自省,要忠诚、交友要诚信、学习要多加复习。

第三则语录运用排比的修辞手法,加强语势,突出论述了人生经验不断积累的客观经验,强调终生学习的重要性。

第六则语录列举了颜回安贫乐道的事例,论述为人要安贫乐道。

第十则语录运用比喻的修辞手法,论述时间流逝要珍惜光阴的道理。

4. 请以孔子的身份,对以下情境里的人进行劝谏说理。

要求:运用修辞手法或本文的说理方法。

情境一:请对身处黑暗里焦躁不安的小海伦进行劝说,鼓励她勇敢面对困境。

情境二:请对三味书屋里逃课玩耍的小鲁迅们进行劝说,学习要认真刻苦。

(四)课堂小结

《论语》带给我们以无尽的启迪,希望同学们在课后继续学习积累你所喜爱的语录,让经典伴我们成长、成才。

(五)布置作业

1. 积累出自本文的成语,用其中的三个成语写一段有中心的话,字数200字左右。

2. 将你最喜欢的《论语》语录制作成精美手卡。

写作　写人要抓住特点

一、教学目标与学习要素

(一) 教学目标

1. 养成细心观察的习惯，读出人物特点和个性。
2. 通过肖像、语言、动作、心理描写塑造人物形象，使之具体生动。
3. 选取典型事例写人，形象事件相统一。

(二) 学习要素

1. 通过细心观察生活来发现写作素材。
2. 以人物描写来塑造人物形象。

二、教学建议

如何抓住人物特点？第一，通过语言、动作、肖像、心理描写来反映人物的"风神"（即风采、神情），进而突出人物精神品质，表达自己对人物的情感态度。第二，要在具体、典型的事件中展现人物的特点。因此，我们要留心观察生活，抓住人物特点，向优秀的文章学习写作方法，勤于思考。

三、教学过程

(一) 导入

在我们成长路上，总会有那样一个人，在某些时刻走进我们的生命，带来温暖的陪伴。

李大钊在革命的年代里用自己的一言一行鼓舞着、潜移默化地影响着女儿李星华；阿长以那本《山海经》带给迅哥儿无穷的惊喜；安妮·莎莉文老师将知识、光明和温暖送到海伦·凯勒黑暗的世界里；史铁生的母亲在儿子最绝望的时候给了他包容和无限的爱……成长路上，总有那么一个人，给我们最温暖、最难忘的陪伴，为我们提供最强大的精神力量。曾经，我们仰望他们的容颜，关注他们的说话方式，仿效他们的一言一行；渐渐地，我们关注他们待人接物的方式，关注他们对待生活的态度,不知不觉间,他们成了我们生活中的楷模、动力和目标。今天,就让我们一起来观察、分析,写出那个人的特点吧!

(二) 活动设计

▲ 活动设计一:小小漫画家

要求:①参照鲁迅照片,创作鲁迅漫画;②用30字描写所创作的漫画中鲁迅的特点。

示例:

他的面孔是黄里带白,瘦得教人担心,好像大病新愈的人,但是精神很好,没有一点颓唐的样子。头发约莫一寸长,原是瓦片头,显然好久没剪了,却一根一根精神抖擞地直竖着。胡须很打眼,好像浓墨写的隶体"一"字。

——节选自阿累《一面》

小结:漫画创作对写作有一定的启示意义。漫画抓住并放大了人物特征,所以格外传神。我们写作首先要仔细观察写作对象,寻找人物特点,并将特征放大突出。

设计意图:结合漫画抓住人物特点进行创作的特点,引导学生仔细观察人物,进而抓住人物特点和个性。

▲ 活动设计二:寻人启事我来写

1. 任选《秋天的怀念》《从百草园到三味书屋》《再塑生命的人》其中一文阅读,圈画出能体现人物特点的词句。

2. 从以上文本中人选其中一个人物,为他/她设计一张寻人启事,包括人物的姓名、特点等。

寻人启事

设计意图：结合所学课文中的人物描写，准确概括出人物特点，感受人物描写塑造人物形象的作用。

▲ **活动设计三：“速写”达人挑战赛**

欣赏了名家名作，相信你一定也跃跃欲试了吧！现在，请你选择一位我们班的老师或者同学，动手进行写作实践吧！

1. 完成写作支架。

我的观察对象	
身份	
人物的个性特点	
体现人物个性特点的语言	
体现人物个性特点的外貌	
体现人物个性特点的衣着打扮	
体现人物个性特点的神情姿态	
体现人物个性特点的动作	
体现人物个性特点的其他方面	

2. 片段练习。

根据上面的写作支架，写一个不少于200字的片段，要求突出人物个性特点。

3. 班级交流："你'说'我猜"——双簧。

要求：①双人合作，A读片段，B演所描写的人物；②同学们根据文字片段和表演猜出人物。

4. 同学们或本人来点评。选出3位最佳"速写"达人。

评价标准：

等第	写作内容评价
A	(1) 人物特点鲜明、突出。 (2) 能运用语言、动作、肖像、心理描写等方法，突出人物特点。
B	(1) 人物有一定的特点。 (2) 能运用描写方法，突出人物特点。
C	(1) 人物无特点。 (2) 文章多叙述，少描写。

设计意图：通过肖像、语言、动作、心理描写塑造人物形象，使之具体生动。

▲ 活动设计四：围炉夜话，以事论人

老舍说："（人物）有了个性，我们应随时给他机会与事实接触。人与事相遇，他才有用武之地。我们说一个人怎样好或怎样坏，不如给他一件事做做看。"要写出人物特征，除了要有生动精彩的描写，还需要将人放在具体的事件中来写，即具体的叙事，通过人物在事件中的具体行为表现突出人物的特点。

1. 连一连——鲁迅写寿镜吾老先生，是通过具体的事件来突出人物具体的个性特点，请将下列事件和人物特点用线连起来。

事件	人物特点
"我"向先生问"怪哉虫"	专注认真
课上先生念书	慈祥宽容
有惩戒措施却不常用	严肃古板

2. 说一说——茶话会：根据选择的人物及其主要特征，回忆 2—3 个对应的典型事件。

3. 写一写——从以上典型事件中任选一例，写一个 200 字左右的片段，班级交流。

设计意图：选取典型事例写人，使人物形象与事件相统一。

(三) 课堂小结

本次课，我们学习了写人要抓住人物特点的方法：首先，要从多个角度进行观察；第二，要生动准确地描写人物特点；第三，要将人物放在具体的事件中，通过叙述具体的事件，凸显人物特点。

(四) 布置作业

请以《成长路上，有你陪伴》为题，写一篇不少于 600 字的作文。

名著导读 《朝花夕拾》消除与经典的隔膜

一、教学目标与学习要素

(一) 教学目标

1. 引导学生就文本细节提出问题,进行问题式探究学习。
2. 帮助学生养成圈画、批注的阅读习惯,提高阅读质量。
3. 通过对《朝花夕拾》的学习,激发学生阅读、探究鲁迅文学的兴趣。

(二) 学习要素

1. "学贵有疑",学习问题式探究学习法。
2. 以圈画关键词句、对人物形象和作者思想情感进行批注的方式来提取信息,了解大意。
3. 学会以一带类的学习方式,培养学习兴趣。

二、教学建议

鲁迅可以说是中学生"最熟悉的陌生人",让无数学子又爱又恨。在过往的学习中,学生已经阅读过鲁迅的散文诗《好的故事》,了解了晚辈及进步青年眼中的鲁迅,他"为别人想得多,为自己想得少"(《我的伯父鲁迅先生》),他虽死犹生(《有的人》)。这样的描述对于学生而言,鲁迅的形象是高大、正直、严肃的,值得尊敬,但有些距离感。《朝花夕拾》作为鲁迅自述的心理历程,正是一本可以帮助学生了解鲁迅、亲近历史的"大家小书"。

《朝花夕拾》是七年级"名著导读"的第一本,导读的标题是"消除与经典的隔阂"。在原人教版八年级上册中,这本书的导读标题是"温馨的回忆与理性的批判",标题的改变足见编者的良苦用心——拉进青少年和经典名著之间的距离。可见,在编者的课程框架中,本篇导读的学习目标应该是激发学生的阅读兴趣,消除学生与经典的隔阂,养成良好的阅读习惯、思考习惯。因此,教学活动中的设计应该更加贴合学生的兴趣和认知水平。

对于学生来说,阅读《朝花夕拾》的隔膜主要有四:第一,《朝花夕拾》写于白话文尚未纯熟之时,许多文字表述对当前的学生而言显得比较生疏;第二,书中描述时代背景和当下学生的日常生活经验有较大的差异;第三,这是一本散文集,情节性较弱,吸引力不强。第四,也是最主要的和最深层次的隔阂:鲁迅深邃思想以及表达思想的方法较难理解。所以本课的教学活动,应立足于消除这些方面的隔阂,让学生亲近经典,亲近大师,亲近历史。

三、教学设计

(一) 导入

上学期,我们学习了鲁迅的散文诗《好的故事》,在《野草》这部散文集的一片阴暗诡谲中,唯独这一篇的色调温暖明亮。文章中提到的《初学记》是鲁迅儿时的开蒙书,"山阴道"距离鲁迅小时候生活的地方并不远,是绍兴县城西南的风景,从古以来便为文人墨客所吟咏。这"好的故事"其实是鲁迅早年生活的记忆与梦,《朝花夕拾》中的大多数篇目,其实亦与此地息息相关,记载了许多鲁迅童年、少年、青年时代"好的故事"。从这节课起,我们就来共读《朝花夕拾》,一起走进鲁迅的心灵世界。

(二) 活动设计

▲ 活动设计一: 寻"案"——寻找疑点,提出质疑

书中有许多处"案件",其中有些是刑事案件,例如谁杀死了范爱农;有些是民事纠纷,例如鲁迅父亲的死是病逝还是庸医导致的。你可以细读文本,找出书中的疑点吗?让我们火眼金睛,一起探索《朝花夕拾》中的案件!

示例:

《狗·猫·鼠》中是谁杀死了小隐鼠?

《狗·猫·鼠》中鲁迅和猫之间为何有如此深重的仇恨?

《二十四孝图》鲁迅为何与反对白话文者有深重仇恨,认为他们"应该灭亡"?

《二十四孝图》中哪些故事是有悖当下的伦理与法律的? 其中是否有"杀人案""诽谤案"?

《父亲的病》中谁毁灭了小鲁迅想做孝子的心?

《五猖会》中谁扫了"我"看五猖会的兴致?

《无常》中无常究竟是好鬼还是坏鬼? 你可以从文中找到依据吗?

《父亲的病》《琐记》中鲁迅是否真的偷窃了家里的贵重物品? 你可以从文中

帮他找出无罪证据吗？

《藤野先生》中鲁迅在仙台学习期间真的作弊了吗？如果没有,是谁在诽谤他？

《范爱农》中范爱农是怎么死的？

设计意图：引导学生就文本细节提出问题,进行问题式探究学习。

▲ **活动设计二：破"案"——圈点批注,证明观点**

1. 细读文本,一边阅读,一遍圈画,一起破案,回答上面的问题。

2. 将上述"案件"做成小纸条,每个组抽签,以文本细读的方式圈点批注,尝试"破案"。

示例1：小鲁迅是否真的偷窃了家里的贵重物品？你可以从文中帮他找出无罪证据吗？请细读《父亲的病》《琐记》。

（1）圈画衍太太的言行,分析衍太太的形象。

衍太太在鲁迅的父亲临终时,一直怂恿小鲁迅喊父亲的名字,让父亲原本平静的脸上多了一丝痛苦；她对自己的小孩严格要求,却经常怂恿别人的孩子做不好的事情,例如鼓励小孩子吃冰,塞给小孩黄色书籍,甚至唆使鲁迅去偷母亲的首饰并散布谣言,四处扬言"我已经偷了家里的东西去变卖了",总盼着邻家小孩干坏事。由此可见衍太太是一个心术不正的人。

（2）圈画鲁迅听了衍太太话后的言行,分析鲁迅是否有"犯罪事实"。

小鲁迅一再说"没有钱","没有首饰",早就想要终止衍太太的"暗示"。后来,他再也不登门拜访衍太太,有时又"真想去打开大厨（橱）,仔细地寻一寻。"但他仅仅停留在"想"的层面,及时遏制住不良的念头,并没有实际行动。

示例2：鲁迅在仙台学习期间真的作弊了吗？如果没有,是谁在诽谤他？请细读《藤野先生》,圈画对鲁迅有利的证据。

鲁迅没有作弊。藤野先生出于对鲁迅的关爱,帮鲁迅修订讲义,却被污蔑为向鲁迅透露考试题。后来几个和鲁迅熟识的同学去"诘责干事托词检查的无理,并且要求他们将检查的结果发表出来。终于这流言消灭了"。后来,干事又要收回匿名信,可见其"做贼心虚"。"中国是弱国,所以中国人当然是低能儿,分数在六十分以上,便不是自己的能力了。"可见日本部分学生是在诽谤鲁迅,且态度傲慢。

小结：要求学生在"破案"过程中圈画出相关"证据",即人物言行,并适当批注,写写自己对于人物形象和作者观点的理解。

设计意图：以圈画关键词句、对人物形象和作者思想情感进行批注的方式来提取信息,了解大意。

▲ **活动设计三：鲁迅的课内与课外**

1. 请以小组为单位,选择任意一个主题进行"探案",深入认识少年鲁迅。

（1）小鲁迅的课堂学习——课堂开小差的鲁迅。

（2）小鲁迅的课外阅读。

（3）小鲁迅的课外活动。

（4）小鲁迅的铁哥们……

2. 从书中寻找依据和线索。

3. 以思维导图的形式呈现"探案"结果。

设计意图：以圈画关键词句、对人物形象和作者思想情感进行批注的方式来提取信息,了解大意。

（三）课堂小结

学习《朝花夕拾》,我们先梳理了整本书的内容,然后提炼了书中的"悬案",并通过圈点批注的方式细读文本,依次"破案",将这些疑点一一解答。最后,我们对整本书进行了主题阅读,深入探究本书的几个重要的主题。

（四）布置作业

以下活动任选其一,以小组为单位完成

活动 1：采访左翼文坛盟主

假如你是民国时期某家儿童杂志社的记者,主编要求你在阅读《朝花夕拾》后采访鲁迅先生,请他谈一谈对儿童教育的理解,你应该重点阅读哪些文章？并设计一个采访提纲,小组内部模拟采访。

活动 2：给小鲁迅写封信

（1）回顾阅读心得,联系生活体验,把"迅哥儿"看成你童年时代的一位伙伴。

（2）给他写封信,主要谈谈你对他所描述的童年生活的理解和体会,与他交流你对童年经历的看法。

活动3：细读伟人的爱国心

从希望医治肉身到决心医治国人的灵魂，鲁迅先生不断探寻真理，追寻救国之路。在《狗·猫·鼠》《琐记》《藤野先生》《范爱农》中都留下了他对时事的评说，对中国过去、未来的思考，从家乡绍兴到南京再到日本，一路走来，鲁迅是怎样思考中国的？请梳理书中相关论述，并撰写读书报告。

单元练习

一、基础积累

1. 填写表格。

课文	出处	作者及相关信息
《从百草园到三味书屋》	《_____》	作者是_____，原名_____，字豫才。代表作有小说集《_____》《_____》《_____》、散文诗集《_____》、杂文集《_____》《_____》《_____》。
《〈论语〉十二章》	《论语》	《论语》，_____家学派著作。孔子，名_____，字仲尼，是_____时期的思想家、政治家、教育家。

2. 出自《〈论语〉十二章》的成语有_____、_____、_____、_____（任意写出4个）。

3. 默写古诗文。

① _____，不亦君子乎？（《〈论语〉十二章》）

② 三军可夺帅也，_____。（《〈论语〉十二章》）

③ 正是江南好风景，_____。（《江南逢李龟年》）

④ _____，受降城外月如霜。（《夜上受降城闻笛》）

二、古诗文阅读

子曰："吾尝终日不食，终夜不寝，以思，无益，不如学也。"

子曰："知之者不如好之者，好之者不如乐之者。"

子曰："温故而知新，可以为师矣。"

子曰："学而不思则罔，思而不学则殆。"

子曰："吾十有五而志于学，三十而立，四十而不惑，五十而知天命，六十而耳顺，七十而从心所欲，不逾矩。"

1. 解释下列句子中的加点词。

好之者不如乐之者(　　　　)　　不逾矩(　　　　)

2. 用现代汉语翻译下面的句子。

温故而知新,可以为师矣。

_____

3. 第一则语录从_____方面论述了_____的道理,"_____"一句也论述了这个道理。第五则语录孔子现身说法,运用了_____的修辞手法,揭示了_____的客观规律,突出论述了_____的道理。

4. 用上述语录,解决下列情景中的问题。

① 张明学习缺乏主观能动性,虽然学习成绩尚可,但是总是闷闷不乐。

_____

② 王波学完新课之后,只完成老师布置的作业,妈妈建议他多温习巩固,可是他不以为然。

_____

三、现代文阅读

(一)从百草园到三味书屋(节选)

① 不必说碧绿的菜畦,光滑的石井栏,高大的皂荚树,紫红的桑葚;也不必说鸣蝉在树叶里长吟,肥胖的黄蜂伏在菜花上,轻捷的叫天子(云雀)忽然从草间直窜向云霄里去了。单是周围的短短的泥墙根一带,就有无限趣味。油蛉在这里低唱,蟋蟀们在这里弹琴。翻开断砖来,有时会遇见蜈蚣;还有斑蝥,倘若用手指按住它的脊梁,便会"拍"的一声,从后窍喷出一阵烟雾。何首乌藤和木莲藤缠络着,木莲有莲房一般的果实,何首乌有拥肿的根。有人说,何首乌根是有像人形的,吃了便可以成仙,我于是常常拔它起来,牵连不断地拔起来,也曾因此弄坏了泥墙,却从来没有见过有一块根像人样。如果不怕刺,还可以摘到覆盆子,像小珊瑚珠攒成的小球,又酸又甜,色味都比桑葚要好得远。

② 长的草里是不去的,因为相传这园里有一条很大的赤练蛇。

③ 长妈妈曾经讲给我一个故事听:先前,有一个读书人住在古庙里用功,晚间,在院子里纳凉的时候,突然听到有人在叫他。答应着,四面看时,却见一个美女的脸露在墙头上,向他一笑,隐去了。他很高兴;但竟给那走来夜谈的老和尚识

破了机关。说他脸上有些妖气，一定遇见"美女蛇"了；这是人首蛇身的怪物，能唤人名，倘一答应，夜间便要来吃这人的肉的。他自然吓得要死，而那老和尚却道无妨，给他一个小盒子，说只要放在枕边，便可高枕而卧。他虽然照样办，却总是睡不着，——当然睡不着的。到半夜，果然来了，沙沙沙！门外像是风雨声。他正抖作一团时，却听得豁的一声，一道金光从枕边飞出，外面便什么声音也没有了，那金光也就飞回来，敛在盒子里。后来呢？后来，老和尚说，这是飞蜈蚣，它能吸蛇的脑髓，美女蛇就被它治死了。

④ 结末的教训是：所以倘有陌生的声音叫你的名字，你万不可答应他。

⑤ 这故事很使我觉得做人之险，夏夜乘凉，往往有些担心，不敢去看墙上，而且极想得到一盒老和尚那样的飞蜈蚣。走到百草园的草丛旁边时，也常常这样想。但直到现在，总还没有得到，但也没有遇见过赤练蛇和美女蛇。叫我名字的陌生声音自然是常有的，然而都不是美女蛇。

⑥ 冬天的百草园比较的无味；雪一下，可就两样了。拍雪人（将自己的全形印在雪上）和塑雪罗汉需要人们鉴赏，这是荒园，人迹罕至，所以不相宜，只好来捕鸟。薄薄的雪，是不行的；总须积雪盖了地面一两天，鸟雀们久已无处觅食的时候才好。扫开一块雪，露出地面，用一支短棒支起一面大的竹筛来，下面撒些秕谷，棒上系一条长绳，人远远地牵着，看鸟雀下来啄食，走到竹筛底下的时候，将绳子一拉，便罩住了。但所得的是麻雀居多，也有白颊的"张飞鸟"，性子很躁，养不过夜的。

1. 请根据范例概括内容。

乐景——乐____——乐____

2. 根据第①段画线句完成表格。

景物	角度	特点	写景顺序	百草园特点
菜畦				
石井栏	触感	光滑		
	外形			
桑葚	颜色	紫红		
鸣蝉	声音	长吟		
黄蜂				
叫天子				

3. 第⑥段画线句运用_____描写,作用是_____
_____。

4."美女蛇"的故事能否删去,说说理由。
_____
_____

(二)那片绿绿的爬山虎

① 1963年,我上初三,写了一篇作文叫《一张画像》,是写教我平面几何的一位老师。他教课很有趣,为人也很有趣,致使这篇作文写得也自以为很有趣。经我的语文老师推荐,这篇作文竟在北京市少年儿童征文比赛中获了奖。当然,我挺高兴。一天,语文老师拿着一个厚厚的大本子对我说:"你的作文要印成书了,你知道是谁替你修改的吗?"我睁大眼睛,有些莫名其妙。"是叶圣陶先生!"老师将那大本子递给我,又说:"你看看叶老先生修改得多么仔细,你可以从中学到不少东西!"

② 我打开本子一看,里面有这次征文比赛获奖的20篇作文。我翻到我的那篇作文,一下子愣住了:首先映入眼帘的是红色的修改符号和改动后增添的小字,密密麻麻,几页纸上到处是红色的圈、钩或直线、曲线。那篇作文简直像是动过大手术鲜血淋漓又绑上绷带的人一样。回到家,我仔细看了几遍叶老先生对我作文的修改。题目《一张画像》改成《一幅画像》,我立刻感到用字的准确性。类似这样的地方修改得很多,长句子断成短句的地方也不少。有一处,我记得十分清楚:"怎么你把包几何课本的书皮去掉了呢?"叶老先生改成:"怎么你把几何课本的包书纸去掉了呢?"删掉原句中"包"这个动词,使句子干净了也规范了。而"书皮"改成了"包书纸"更确切,因为书皮可以认为是书的封面。我真的从中受益匪浅,隔岸观火和身临其境毕竟不一样。这不仅使我看到自己作文的种种毛病,也使我认识到文学事业的艰巨:不下大力气,不一丝不苟,是难成大气候的。我虽然未见叶老先生的面,却从他的批改中感受到他的认真、平和以及温暖,如春风拂面。

③ 叶老先生在我的作文后面写了一则简短的评语:"这一篇作文写的全是具体事实,从具体事实中透露出对王老师的敬爱。肖复兴同学如果没有在这几件有关画画的事儿上深受感动,就不能写得这样亲切自然。"这则短短的评语,树立起我写作的信心。那时我才15岁,一个毛头小孩,居然能得到一位蜚声国内外文坛的大文学家的指点和鼓励,内心的激动可想而知,涨涌起的信心和幻想,像飞出的一只鸟儿抖着翅膀。那是只有那种年龄的孩子才会拥有的心思。

④ 这一年暑假,语文老师找到我,说:"叶圣陶先生要请你到他家做客!"

⑤ 我感到_____。_____。

⑥ 那天,天气很好。下午,我来到东四北大街一条并不宽敞却很安静的胡同。叶老先生的孙女叶小沫在门口迎接了我。院子是典型的四合院,敞亮而典雅,刚进里院,一墙绿葱葱的爬山虎扑入眼帘,使得夏日的燥热一下子减少了许多,阳光都变成绿色的,像温柔的小精灵一样在上面跳跃着闪烁着迷离的光点。

⑦ 叶小沫引我到客厅,叶老先生已在门口等候。见了我,他像会见大人一样同我握了握手,一下子让我觉得距离缩短不少。落座之后,他用浓重的苏州口音问了问我的年龄,笑着讲了句:"你和小沫同龄呀!"那样随便、和蔼,作家头顶上神秘的光环消失了,我的拘束感也消失了。越是大作家越平易近人,原来他就如一位平常的老爷爷一样让人感到亲切。

⑧ 想来有趣,那一下午,叶老先生没谈我那篇获奖的作文,也没谈写作。他没有向我传授什么文学创作的秘诀、要素或指南之类。相反,他几次问我各科学习成绩怎么样。我说我连续几年获得优良奖章,文科理科学习成绩都还不错。他说道:"这样好!爱好文学的人不要只读文科的书,一定要多读各科的书。"他又让我背背中国历史朝代,我没有背全,有的朝代顺序还背颠倒了。他又说:"我们中国人一定要搞清楚自己的历史,搞文学的人不搞清楚我们的历史更不行。"我知道这是对我的批评,也是对我的期望。

⑨ 我们的交谈很融洽,仿佛我不是小孩,而是大人,一个他的老朋友。他亲切之中蕴含的认真,质朴之中包容的期待,把我小小的心融化了,以致不知黄昏什么时候到来,悄悄将落日的余光染红窗棂。我一眼又望见院里那一墙的爬山虎,黄昏中绿得沉郁,如同一片浓浓湖水,映在客厅的玻璃窗上,不停地摇曳着,显得虎虎有生气。那时候,我刚刚读过叶老先生写的一篇散文《爬山虎》,便问:"那篇《爬山虎》是不是就写的它们呀?"他笑着点点头:"是的,那是前几年写的呢!"说着,他眯起眼睛又望望窗外那爬山虎。我不知那一刻老先生想起的是什么。

⑩ 我应该庆幸,有生以来第一次见到作家,竟是这样一位大作家,一位人品与作品都堪称楷模的大作家。他对于一个孩子平等真诚又宽厚期待的谈话,让我15岁那个夏天富有生命和活力,仿佛那个夏天变长了。我好像知道了或者模模糊糊懂得了:作家就是这样做的,作家的作品就是这么写的。同时,在我的眼前,那片爬山虎总是那么绿着。

1. 概括本文中关于"我"和叶老先生的两件往事。

(1)_____;

(2) _____。

2. 结合上下文,以少年的口吻补写第⑤段"我"的心理,80字左右。

我感到_____。_____

_____

_____。

3. 你同桌心中有一个作家梦,读完本文,请给他一些建议。

如何做一位作家:_____

作家如何写作品:_____

4. 分析文中三处画线句的作用。

_____

_____

_____

_____

5. 简述叶老先生和莎莉文老师在教育上的异同。

_____

_____

_____

_____

四、综合运用

1. 请结合第三单元所学和自己的生活,完成下列表格。

	老师	老师形象	学生	学生形象	相关事件	教育成果	师生情谊
《从百草园到三味书屋》							
《再塑生命的人》							
《〈论语〉十二章》			/	/	/	/	/
我的老师							

2. 今天,我们还是学生,也许有一天,我们也成为了他们——老师,肩负起教书育人,培育祖国未来的重任。你希望你是一个怎样的老师,你希望你所遇到的学生又是怎样的呢?

3. 今年教师节以"诗意教师节"为主题,请你自拟题目,为你最崇敬的老师写一首小诗。

解 析

一、基础积累

1.

课文	出处	作者及相关信息
《从百草园到三味书屋》	《朝花夕拾》	作者是<u>鲁迅</u>,原名<u>周树人</u>,字豫才。代表作有小说集《<u>呐喊</u>》《<u>彷徨</u>》《故事新编》、散文诗集《<u>野草</u>》、杂文集《坟》《<u>热风</u>》《<u>且介亭杂文集</u>》。
《〈论语〉十二章》	《论语》	《论语》,儒家学派著作。孔子,名<u>丘</u>,字仲尼,是<u>春秋</u>时期的思想家、政治家、教育家。

【思路点拨】了解课文涉及的著名作家、作品及与之相关的文学文化常识。

2. 温故知新 择善而从 三人行,必有我师 逝者如斯 箪食瓢饮 匹夫不可夺志 富贵浮云 不亦乐乎

【思路点拨】理解古文内容,积累与之相关的成语。

3. ① 人不知而不愠;② 匹夫不可夺志也;③ 落花时节又逢君;④ 回乐烽前沙似雪

【思路点拨】检测课内古诗文的记诵情况,同时关注学生能否规范书写。

二、古诗文阅读

1. 以……为快乐,把……当作快乐;越过

【思路点拨】检测学生对常用实词的积累,以及结合语境理解实词词义的能力。

2. 温习学过的知识,可以得到新的理解和体会。

【思路点拨】字字落实,根据语境准确翻译出每个实词的词义和虚词的用法、词义,关注句子的完整和通顺。

3. 学习方法　学习是进一步思考的基础(只思考不学习不会有收获)　思而不学则殆　排比　人生经验不断积累　循序渐进,进德修业

【思路点拨】明确论证角度,梳理出观点;对比阅读,找出语录之间相同或相似之处;根据排比的特征,准确判断;结合修辞分析作者的观点。

4. ① 子曰:"知之者不如好之者,好之者不如乐之者。"

② 子曰:"温故而知新,可以为师矣。"

【思路点拨】理解古诗文内容,结合情境,准确选择词句解决情景问题。

三、现代文阅读

(一) 从百草园到三味书屋(节选)

1. 乐闻　乐事

【思路点拨】根据文章节选部分进行分层,进而根据题干中所给的答案格式要求组织语言。

2.

景物	角度	特点	写景顺序	百草园特点
菜畦	颜色	碧绿	由低到高	生机勃勃 有声有色 富有情趣
石井栏	触感	光滑		
皂荚树	外形	高大		
桑葚	颜色	紫红		
鸣蝉	声音	长吟	由高到低	
黄蜂	外形	肥胖		
叫天子	动作	轻捷		

【思路点拨】关注写景顺序如从高到低、由点及面、从外到里等;准确提取文中

有效信息回答问题;根据不同感官描写分析写景角度,运用文本信息提取或概括景物特点。

3. 动作　生动传神地写出了雪地捕鸟的过程,表现出捕鸟的无限趣味,进一步体现百草园之乐。

【思路点拨】抓住关键词(人物和动词)来识别描写,根据句子的内容和情感等分析描写作用。

4. 不能。"美女蛇"的故事是"我"童年时长妈妈讲给"我"听的,也是"我"在百草园里生活的美好回忆之一。"美女蛇"的故事作为民间文化,教会了"我""做人之险"的人生经验,同样让"我"成长。将这个故事通过插叙的记叙方法写入"百草园"这一部分,成为"百草园""三乐"之一,让本就美丽有趣的百草园更添一份神秘色彩。通过儿童视角,表现了儿童对美女蛇既害怕又好奇的心理,一个可爱单纯的儿童形象跃然纸上,极富趣味。

【思路点拨】结合记叙顺序、叙述视角,通过概括内容分析材料之间、材料和中心的关系,明确作者通过具体的材料表现中心的写作方法。

(二) 那片绿绿的爬山虎

1. (1)叶老认真严谨地给"我"修改作文;(2)叶老邀请"我"到他家作客,和蔼亲切地招待"我"并指导"我"。

【思路点拨】根据文章的写作顺序(时间顺序)把文章分层,分出两件事。根据记叙文概括事件的方法进行概括。

2. 略。

【思路点拨】结合上下文,分析"我"的心理,并用少年的口吻,将心理具化加以描写。关注字数、格式和语言的通顺。

3. 为人和蔼、平易近人、谦和、质朴、认真;不仅读文科的书,还要多读各科的书;清楚自己国家的历史。

写作一丝不苟,严谨细致,小到一个标点、一个字都要准确;写作要用心,充满着真情;多多向前辈大师学习,听取意见;写作要不断地修改、提高。

【思路点拨】明确题干要求,根据情境用文本信息解决问题。在文中准确提取或概括出叶老先生对"我"做作家、写文学作品的言传身教,梳理出方法。

4. 三句句子都照应标题,且在文中互相照应。第一句属于环境描写,运用比喻和拟人,写出了叶先生家的环境清幽典雅,爬山虎茂盛葱绿。含蓄地表明叶老先生典雅质朴的性格;第二句,运用了比喻,生动形象地写出了爬山虎浓浓的绿意,具有生机勃勃的特点,隐含着作者对叶老关怀"我"成长的感激(或赞美)之情;第三句用象征的手法,永远绿色充满生机的爬山虎象征着叶老先生,赞美了他质朴、认真、美好的品质。表现了叶老先生和他的指导将永远铭记在"我"的心中。

【思路点拨】从环境作用、修辞、象征等方面分析句子独特的写作手法,从内容和结构两方面分析句子的作用。

5. 相同之处:两位老师都有着高超的教育艺术、专业能力和素养;认真、善良,富有爱心和耐心;

不同:叶老先生关爱后辈,即使"我"不是他的学生,但是依然热心地帮"我"修改文章,教给"我"为人处事的道理和写作的方法。

【思路点拨】需要结合文本,具体分析课内外的两位人物形象,通过对比分析,从人物的行为、人物之间的关系、身份等入手,进一步理解人物形象。

四、综合运用

1.

	老师	老师形象	学生	学生形象	相关事件	教育成果	师生情谊
《从百草园到三味书屋》	寿镜吾先生	严而不厉、博学、质朴、方正	鲁迅	充满童喜童趣、调皮可爱	拜师行礼、问"怪哉"虫、后园觅乐、师生读书、课堂偷乐	打下了坚实的基础、体验到童年的快乐和温馨	老师宽容、关爱学生;学生感恩、怀念老师
《再塑生命的人》	莎莉文老师	耐心、智慧、充满爱心	小海伦	坚强好学、细腻敏感、热爱生活	教"我"识字、认识事物	再塑生命、获得希望和成功	老师关爱、宽容学生;学生感恩、赞颂老师
《〈论语〉十二章》	孔子	智慧	/	/	/	/	/
我的老师							

【思路点拨】通过主要事件、人物描写去概括人物形象,提炼中心——师生情谊。结合生活实际,引导学生关注身边的好老师,培养敬良师、感师恩的情怀。

2. 从老师和学生角度进行分析,言之有理、表达流畅即可。

【思路点拨】引导学生自律自强成为一名优秀的学生;播种"为师"情结,树立为祖国教育事业而奋斗的理想。

3. 要求：结合本单元所学或生活实际，突出老师形象，表达对老师的真挚情感，且基本符合诗歌要求即可。

【思路点拨】将散文和诗歌打通，引导学生感受散文和诗歌的区别；引导学生用诗歌委婉表达情感，感受诗歌之美。

第四单元

单元教学目标

1. 学习默读,在喜欢或有疑惑的地方做标注。
2. 准确段落文章层次,理清作者的思路。
3. 品味关键语句,理解作者对人生的思考。

单元内容框架

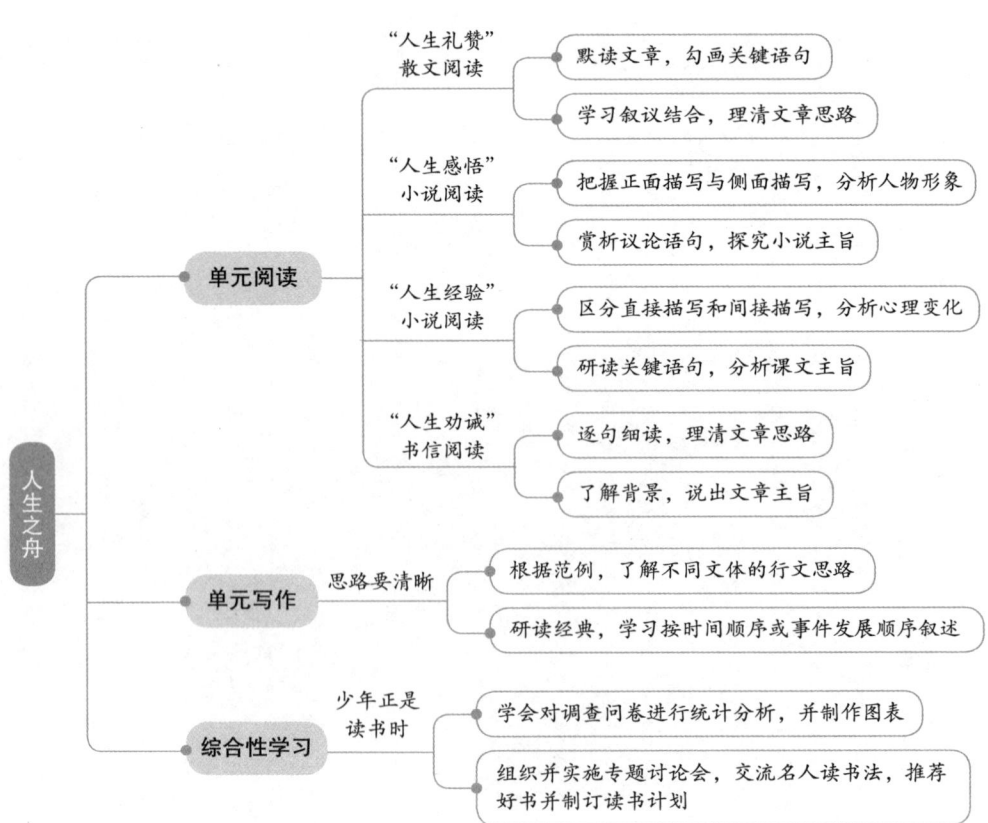

单元设计说明

本单元课文体裁丰富，形式多样，人文主题都是关于人生的。有对人生的礼赞，有对人生的感悟，有对人生经验的总结和回顾。理解作者对人生的思考是单元教学目标中的主目标。

《纪念白求恩》是散文，该文用对比手法突出党内"不少的人"对工作、对同志、对人民态度上的问题，高度赞扬了白求恩的国际主义精神，号召全党学习白求恩的精神。《植树的牧羊人》是小说，讲述了一个牧羊人在荒漠中默默无闻种树的故事。通过正面、侧面相结合的写法，表现牧羊人认真细致、坚持不懈、不求回报的形象。他让人相信，人类除了毁灭，还可以创造。《走一步，再走一步》也是小说，写作者童年时克服恐惧、收获自信的一段回忆，从而引申出深刻的人生哲理，深沉而令人信服。《诫子书》是一封书信正文的节录，需结合写作背景来理解作者对儿子的深切期盼之情。

本单元教学在朗读技巧上重点训练默读，并对阅读速度作出要求，以培养学生速读文章的能力。在默读过程中要指导学生学会做标注，有以下三种语句需要圈点勾画：富有文采或哲理的句子、不理解的语句和结构上的关键词句。正确标注有助于把握课文内容，理清文章层次，理解人物精神以及作者对人生的思考。

把握作者思路也是本单元学习的一个重点，教学时要注意以了解写作手法、划分层次、概括段意方式进行。《纪念白求恩》采用"叙述——议论——赞颂"的思路。《植树的牧羊人》以叙事为主，开头议论总起，最后以议论点题，是先议后叙再议的思路。《走一步，再走一步》先写小时候的经历，结尾升华到人生体验，遵循由实到虚、由一般到普遍、由感性到理性的思路。《诫子书》重在说理，先提出观点，后做阐发，再从正反两面论证，是逻辑顺序。

本单元写作教学主题是思路要清晰，重在了解不同文体的行文思路，研读经典，学习按时间顺序或事件发展顺序来叙述，学会围绕中心拟写作文提纲。

本单元综合性学习主题是"少年正是读书时"，旨在帮助学生了解目前的阅读状况，找出问题，促使学生养成良好的读书习惯。课前进行问卷调查并制作图表，以寻找阅读出现的问题，并以此制定讨论会的话题，课中交流名家读书法，推荐介绍好书，并制订读书计划。

12　纪念白求恩

毛泽东

一、教学目标与学习要素

（一）教学目标

1. 默读课文，勾画关键语句。
2. 学习叙议结合，理清文章思路。
3. 学习对比手法，说出白求恩的品德。
4. 回读文章，理解作者的写作意图。

（二）学习要素

1. 默读，圈点勾画。
2. 叙述的定义：把人物的经历和事物发展变化的过程交代介绍出来的表达方式。

   议论的定义：通过事实材料和逻辑推理来阐明观点，表明立场、态度、主张的表达方式。
3. 对比的效果：强调突出对象的特点。
4. 写作意图：指作者进行写作活动，创作精神产品的根本意图。

二、文本解读

（一）课文整体解析

《纪念白求恩》是一篇人生礼赞类散文，从题目上看就可知写作的目的是"纪念"，"纪念"的对象是白求恩。白求恩率领加拿大美国医疗队，于1938年初来中国，支援中国的抗日战争。3月底到延安，不久赴晋察冀边区，在那里工作了一年多。在一次为伤员实行急救手术时被细菌感染，1939年11月12日在河北唐县逝世。

《纪念白求恩》是毛泽东为纪念白求恩写的悼念文章。文章介绍白求恩来华帮助中国军民抗战的经历，表达对白求恩逝世的深切追悼，高度赞扬他的国际主义精神、毫不利己专门利人的精神和对技术精益求精的态度，最后号召全党向白求恩学习。

结构层次上，课文是按总—分—总的结构。第1段是总起，概括白求恩的事迹，号召每个共产党员学习他的国际主义精神。第2段赞扬白求恩的毫不利己专门利人的精神。第3段赞扬白求恩对技术精益求精的态度。第4段是总结，号召全党学习白求恩同志毫无自私自利之心的精神。

写作手法上，叙议结合是本文的重要写作手法。本文写作思路可概括为"叙—论—颂"，以论为主，条理分明。文章一开始先叙述白求恩不远万里来中国支援抗战，由此引出对其国际主义精神的论述；接下来从正反两面论述他毫不利己专门利人的精神；然后先叙述往事，暗含未能多多交流的遗憾，接下来抒情，表达作者对白求恩逝世的痛惜之情；最后号召大家学习他的精神，用排比句高扬其品格而收尾。叙议结合使"议"的问题用"叙"的事实加以证明，理论性的问题可充分展开，增强说服力；还使文章情理并茂，分外感人。

此外，对比也是本文重要的写法。白求恩"对工作的极端的负责任"与不少的人"对工作不负责任"形成对比，白求恩"对同志对人民的极端的热忱"与不少的人"对同志对人民不是满腔热忱"也形成对比，白求恩"对技术精益求精"与"一班"的人"见异思迁""鄙薄技术工作以为不足道、以为无出路"更是反差强烈。通过对比发现两者的差距，不仅突出了白求恩的精神难能可贵，更强调了学习白求恩精神的必要性。

（二）重点语段细读

1. 从前线回来的人说到白求恩，没有一个不佩服，没有一个不为他的精神所感动。晋察冀边区的军民，凡亲身受过白求恩医生的治疗和亲眼看过白求恩医生的工作的，无不为之感动。

品味"没有一个不""凡""无不"这些词的表达效果。

连用两个双重否定句，突出强调了每一个人都佩服白求恩的精神，每个人都为之感动的事实，这比一般的陈述句显得更斩钉截铁、不可动摇。"凡""无不"，强调了白求恩精神的感染力之强，范围之广。这些词句呼应了前文"白求恩同志毫不利己专门利人的精神，表现在他对工作的极端的负责任，对同志对人民的极端的热忱"一句。

2. 我和白求恩同志只见过一面。后来他给我来过许多信。可是因为忙，仅回过他一封信，还不知他收到没有。对于他的死，我是很悲痛的。现在大家纪念他，可见他的精神感人之深。我们大家要学习他毫无自私自利之心的精神。

前三句用"我"，第四句改用"我们"，这样的写法有什么作用？

前三句中"只见过一面""仅回过他一封信"表达了作者个人的遗憾、惋惜。作者从"我"的悲痛心情扩大到"我们",由个体到群体,强调大家要学习白求恩毫无自私自利之心的精神,这种精神属于国际主义精神,属于共产主义精神,是白求恩精神的本质。

三、教学过程

第一课时

(一)课时目标

1. 默读课文,勾画关键语句。
2. 学习叙议结合,理清文章思路。
3. 学习对比手法,感受白求恩的高尚品德。

(二)导入

导入语:1938年,日寇不断入侵中国,许多外国人不断逃离这片战火纷飞的中国。但有一人却率领一支医疗队来到中国——他就是加拿大共产党员白求恩。

理思路:《纪念白求恩》是一篇散文,作者思路清晰,叙述议论有条有理。下列选项中你认为是本文作者写作思路是哪项?并说说这样设计的好处。

A. "叙—论—颂"　　　　　B. "论—叙—颂"
C. "叙—颂—论"　　　　　D. "颂—叙—论"

明确:选A。本文的写作思路是先叙述,再议论,最后赞颂。先叙述白求恩的事迹,再论述他毫不利己专门利人的精神,最后表达痛惜之情,号召大家学习白求恩精神。"叙—论—颂"的写作思路能让文章条理清晰,逻辑严谨。

(三)活动设计

主题活动:开展"白求恩事迹报告会"

报告会是由一人或若干人就某些问题向群众作专题演讲的集会,"白求恩事迹报告会"属英雄事迹报告。报告会应力求做到事实可靠、观点正确和富有说服力和感染力。

▲ 活动设计一:"作区分"

作报告需区分事实和议论。

1. 默读全文,用横线和波浪线分别勾画出文中表述事实性和作者发表议论的句子。
2. 作者记叙了关于白求恩的哪些事实?作者又发表了哪些议论?
3. 根据以上的事实和议论,白求恩是个怎样的人?

默读要求:听清老师指令,用心读,不出声,勾画语句。

表述事实的句子	
第1段	
第2段	
第4段	我和白求恩同志只见过一面。后来他给我来过许多信。可是因为忙,仅回过他一封信,还不知他收到没有。对于他的死,我是很悲痛的。

作者议论的句子	
第1段	一个外国人,毫无利己的动机,把中国人民的解放事业当作他自己的事业,这是什么精神?这是国际主义的精神,这是共产主义的精神。
第2段	
第4段	

明确:

表述事实的句子:第1段　白求恩同志是加拿大共产党员,五十多岁了,为了帮助中国的抗日战争,受加拿大共产党和美国共产党的派遣,不远万里,来到中国。去年春上到延安,后来到五台山工作,不幸以身殉职。

第2段　从前线回来的人说到白求恩,没有一个不佩服,没有一个不为他的精神所感动。晋察冀边区的军民,凡亲身受过白求恩医生的治疗和亲眼看过白求恩医生的工作的,无不为之感动。

作者议论的句子:第1段　白求恩同志毫不利己专门利人的精神,表现在他对工作的极端的负责任,对同志对人民的极端的热忱。

第2段　白求恩同志是个医生,他以医疗为职业,对技术精益求精。

根据以上的事实和议论,可见毛泽东笔下的白求恩是个有国际主义精神、毫不利己专门利人及对技术精益求精的人。

▲ 活动设计二:"比一比"

对比能使人物形象更为突出,也能使报告更有说服力。

第1段中针对狭隘民族主义和狭隘爱国主义,作者提出要学习白求恩精神。思考:在第2、3段,作者还针对怎样的现实,提出要学习白求恩精神？完成擂台赛。

	白求恩	不少的人
对工作的态度:	极端的负责任	(1) _____
对同志、人民的态度:	(2) _____	冷冷清清,漠不关心,麻木不仁
对工作的要求:	(3) _____	(4) _____

明确:

(1) 不负责任,拈轻怕重,把重担子推给人家,自己挑轻的。一事当前,先替自己打算,然后再替别人打算。出了一点力就觉得了不起,喜欢自吹,生怕人家不知道

(2) 极端的热忱

(3) 对技术精益求精

(4) 见异思迁,鄙薄技术工作以为不足道、以为无出路

分析:白求恩精神表现在其对工作的极端的负责任,对同志对人民的极端的热忱,对技术的精益求精。但"不少的人"对工作"不负责任,拈轻怕重,把重担子推给人家,自己挑轻的。一事当前,先替自己打算,然后再替别人打算。出了一点力就觉得了不起,喜欢自吹,生怕人家不知道",对同志对人民"不是满腔热忱,而是冷冷清清,漠不关心,麻木不仁",对工作的要求"见异思迁,鄙薄技术工作以为不足道、以为无出路"。作者用"拈轻怕重""漠不关心""麻木不仁""见异思迁""一班"等贬义词来修饰这些人,体现作者对"不少的人"自私自利的否定和批评。

通过比较我们发现"不少的人"与白求恩一正一反形成鲜明对比,更突出白求恩精神的难能可贵。"一班"说明这种人的数量不少。针对党内有"不少的人"存在问题的现实,说明学习白求恩精神的急迫感。作者作为领导人,对此深表忧虑。对比使人物形象更为突出,也能使报告更有说服力。

▲ 活动设计三:"写一写"

1. 根据课前搜集的资料,撰写白求恩事迹报告。

2. 教师巡视教室，作个别指导。

3. 学生当堂作报告。

示例：

  白求恩（1890年3月4日—1939年11月12日），加拿大共产党员，著名胸外科医师。1890年出生于加拿大安大略省，1935年加入加拿大共产党，1938年来到中国，支援中国的抗日战争。1939年因手术中被细菌感染而以身殉职。他在中国工作的一年半时间里为中国人民的解放事业呕心沥血，毛泽东称其为"一个高尚的人，一个纯粹的人，一个有道德的人，一个脱离了低级趣味的人，一个有益于人民的人"。 `第一段 简述人物生平`

  白求恩是个毫不利己专门利人的人。1938年白求恩到达前线后不久，毛泽东亲自给聂荣臻发电报，指示每月付给白求恩100元（晋察冀边区票）。白求恩当即给毛主席写了一封信："敬爱的毛泽东主席，来电敬复如下：我谢绝每月百元津贴。我自己不需要钱，因为衣食等一切均已供给……"白求恩战友张业胜解释说，1938年是抗战初期，这100元津贴是不少的。当时八路军官兵一律实行供给制，每人每月津贴费是5元。 `第二段 作者评论+人物事迹`

  白求恩更是个心怀人道主义精神的人。白求恩临终前写过一封《遗书——致聂荣臻同志》，遗书中叮嘱革命同志："每年要买250磅奎宁和300磅铁剂，专为治疗患疟疾者和贫血病患者。"还叮嘱："千万不要再往保定、天津一带去购买药品，因为那边的价钱要比沪、港贵两倍。"白求恩过世前还心系紧缺的医疗物资，可见他一直把病患放在心上。 `第三段 写作手法同上，但角度要不同`

……

▲ 活动设计四："演一演"

1. 举行"纪念白求恩文艺汇演"排演戏剧活动，学生上台表演戏剧。
2. 学生比较剧本中白求恩和课文中白求恩有哪些人物形象上的相同之处？

剧本示例：

人民天使——白求恩大夫

旁白1：白求恩是一位著名的胸外科专家，他作为加拿大的一名共产党员，参加过西班牙反法西斯民族解放战争。当卢沟桥事变的消息震动世界、日本开始全面侵华战争后，他立刻产生了一个强烈的想法，"战斗中、革命中的中国是最迫切需要我的地方，那儿是我最能够发挥作用的地方"。于是在 1938 年初，加拿大著名胸外科专家白求恩大夫千里迢迢来到中国。到达延安的第二天，毛泽东就在窑洞中接见了白求恩。白求恩对毛泽东说，根据他的经验，如果能在战场上立即给伤员们治疗，75%的伤员可以恢复健康。这就是说，医疗队必须到前线去。毛泽东一面听，一面满意地点头。

地点：孙家庄　寺庙

人物：白求恩、护士、哨兵、朱德士

旁白：1939 年 10 月中旬，日军调动 5 万兵力，对北岳区发动了冬季大"扫荡"。白求恩得知这一消息后，决定推迟回国。他带领一个医疗队，从唐县出发，赶往涞源摩天岭前线，在离前线只有 3.5 公里的孙家庄停下来，将手术室设在村外一个小庙里，抢救伤员。

哨兵：白大夫，鬼子从北面包抄过来了！

白求恩（似乎没听到，继续手术）：再添一个手术台，加快速度！

旁白 4：二十分钟后，只剩下最后一名叫朱德士的受伤战士。这时枪声四起，子弹呼啸着从头顶掠过。

哨兵：白大夫，你一分钟也不能停留了！

朱德士（恳求）：白大夫，不用管我，你快走吧！

白求恩（坚决）：不，我的孩子，谁也没有权力将你留下，你是我们的同志！

白求恩（一分钟后，擦擦汗）：终于找出了这块碎骨。哎呀！

护士：白大夫，你的手指流血了。

白求恩：不用担心，放在消毒液里浸一次就没事了。还要缝完最后一针……啊，手术终于结束了。哨兵同志，我现在能跟随担架转移到村后的山沟里。

旁白：10 分钟后，敌人冲进了孙家庄。

明确：相同之处：白求恩不远万里从加拿大赶赴战火纷飞的中国，只为了抢救伤员，与课文中有国际主义精神的形象一致；白求恩冒着被俘的危险抢救完最后一位伤员，与课文中毫不利己专门利人、有着人道主义精神的形象一致。

（四）课堂小结

回顾本节课的学习内容，首先我们完成选择题，理清文章思路，"叙—论—颂"的写作思路能让文章条理清晰,逻辑严谨。其次我们通过开展"白求恩事迹报告会"主题活动,区分了事实和议论,感受到毛泽东笔下的白求恩是一个有国际主义精神、毫不利己专门利人和对技术精益求精的人。再次我们分析了作者针对两点现实情况,提出要学习白求恩精神:第一点是针对狭隘民族主义和狭隘爱国主义;第二点是针对党内"不少的人"负面的态度和要求。基于这两点现实情况,学习白求恩精神是非常有必要的。最后我们排演戏剧,进一步感受白求恩身上的精神品质。

(五)布置作业

第4段由八句话组成,将此段划分为两个层次,并说说两个层次之间是如何过渡的。

___

___

___

参考答案:

这一段包含两个句群。前四句是一个句群,后四句是一个句群。先记叙自己同白求恩的交往,后论述学习白求恩精神的意义。从上一句群到下一句群,从"我"的心情扩大到大家的心情,思路十分顺当。

第二课时

(一)课时目标

1. 品味语言,感受作者对白求恩的感情。
2. 回读文章,理解作者的写作意图。

(二)导入

导入语:上节课我们了解到,针对当时存在的狭隘民族主义和狭隘爱国主义,以及党内"不少的人"对工作、对同志、对人民消极的态度,学习白求恩精神是非常必要的。这节课我们的核心问题是:作者的写作意图是什么?接下来我们一起来探究。

(三)活动设计

主题活动:寻觅"语言调味剂"

生活中有酸甜苦辣,文章里语言也有各样滋味,词语、手法、句式、标点能起到重要"调味"效果。本课以小组探究的形式品味语言,说出作者对白求恩的感情并写出写作意图。

活动一到四进行分组探究。分组要求:

(1) 默读课文,圈点勾画关键语句。

(2) 组员交流,组长收集意见回答。

(3) 每组只完成一个学习任务。

▲ **活动设计一:"贴标签"(第一小组)**

1. 默读第1、4段,勾画出表现情感的词语,为调味瓶贴上标签。

2. 说出毛泽东对白求恩有着怎样的感情?

第1段:_____、_____、_____等
第4段:_____、_____等

明确:

第1段中"外国人"是指白求恩是加拿大共产党员的身份。"毫无利己"指他是为了帮助中国的抗日战争受加拿大共产党和美国共产党的派遣,不远万里来到中国,最终不幸以身殉职。"殉职"是指为公务而牺牲生命,白求恩是为了中国人民的解放事业奉献出了自己的生命。连用三个"这是",表现毛泽东对白求恩的悼念和赞美之情。

第4段中"只""仅"表达作者的遗憾、惋惜之情。

▲ **活动设计二:"写说明"(第二小组)**

1. 默读第2、3段,勾画出白求恩和"不少的人"不同行为、态度的语句。

2. 完成填空。

毛泽东对"不少的人"的_____的态度和要求提出批评。

对白求恩的_____的态度和要求给予称赞。

3. 对比效果是什么？为调味瓶写上说明。

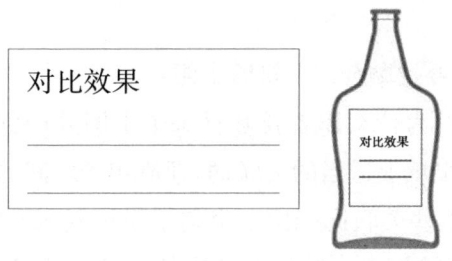

明确：

毛泽东对"不少的人"不负责任的工作态度，对同志对人民"冷冷清清，漠不关心"的态度，对工作"见异思迁，鄙薄技术工作以为不足道、以为无出路"的要求提出批评。

对白求恩工作"极端的负责任"的态度，对同志对人民"极端的热忱"，对工作"精益求精"的要求给予称赞。

对比的效果是不仅突出了白求恩同志毫不利己专门利人的精神，更是一针见血地批评了党内"不少的人"态度和要求都有很大的问题，引出下文号召大家向白求恩同志学习。

▲ **活动设计三：**"尝味道"（第三小组）

1. 默读第 4 段，勾画出具有特殊句式的语句。
2. 这种句式有什么"味道"（效果）？

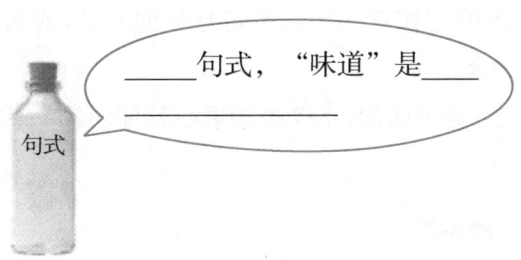

明确：

具有特殊句式的语句："一个人能力有大小，但只要有这点精神，就是一个高尚的人,一个纯粹的人,一个有道德的人,一个脱离了低级趣味的人,一个有益于人民的人。"

连用五个"一个……的人",使用排比句式,气势雄浑,富有感染力,不仅突出白求恩的精神对每个人影响之大,更号召大家向白求恩同志学习,成为一个有益于人民的人。

▲ **活动设计四:"寻找黏合剂"(第四小组)**

什么是国际主义?为什么作者要号召每个中国共产党员学习白求恩的国际主义精神呢?在括号里填上适当的关联词,理清句子之间的逻辑关系。

提示:①可以用哪些关联词把这三个句子组织起来?②本文运用"因为……又因为……所以"合理性何在?③如果换成其他关联词,这个句子表述的重心会发生什么变化?

(　　)列宁主义认为:资本主义国家的无产阶级要拥护殖民地半殖民地人民的解放斗争,殖民地半殖民地的无产阶级要拥护资本主义国家的无产阶级的解放斗争,世界革命才能胜利。(　　)白求恩同志是实践了这一条列宁主义路线的。(　　)我们中国共产党员也要实践这一条路线。

明确:

括号里应填"因为……又因为……所以……"。

针对党内存在狭隘民族主义和狭隘爱国主义的现实,作者提出学习白求恩精神具有非常重要的政治意义。作者引用列宁的话,阐释国际主义的内涵:资本主义国家的无产阶级要拥护殖民地半殖民地人民的解放斗争,殖民地半殖民地的无产阶级要拥护资本主义国家的无产阶级的解放斗争,世界革命才能胜利。列宁的观点是理论依据,白求恩的实践是具体实践,因此我们中国共产党员也要实践这一条路线,后者是作者的写作意图。前两句是并列关系,前两句与第三句之间是因果关系,语意重心在第三句。

如果换成其他关系的关联词,不仅语意重心就偏向第一、二句,且逻辑关系也会存在问题。

▲ **活动设计五:动手写**

回读全文,写出作者的意图:

其一,_____;

其二,_____。

明确：作者写本文意图有二：其一，悼念和赞美白求恩，悼念他的不幸逝世，赞美他毫不利己专门利人的精神，赞扬他的国际主义精神；其二，通过对比指出"不少的人"各种自私自利的行为，号召大家向白求恩同志学习。

（四）课堂小结

回顾这节课：一开始就提出了本文核心问题：作者的写作意图是什么？接着开展主题活动"寻觅'语言调味剂'"，以小组合作的形式探讨，并从词语、手法、句式几个方面感受作者对白求恩的深情。最后回读文章，写出了作者的写作意图。

（五）布置作业

2020年爆发的新冠疫情是所有国人抹不去的回忆。各地医护人员冒着被感染的危险抢救重症患者。请你结合以上内容，用叙议结合的写法写一则不少于100字的短作文，谈谈我们该如何践行白求恩精神。

13　植树的牧羊人

让·乔诺

一、教学目标与学习要素

（一）教学目标

1. 训练默读，提高阅读速度。
2. 勾画时间词，理清文章思路。
3. 把握正面、侧面描写，说出牧羊人的形象。
4. 赏析议论句，探究小说主旨。

（二）学习要素

1. 默读，速读。
2. 勾画，概括。
3. 正面描写与侧面描写的区别。

正面描写：作者直接对描写对象进行描写、刻画。

侧面描写：作者不直接对描写对象进行正面的描写、刻画，而是描写与之有关的其他事物，或是通过其他人物的评价，从侧面烘托、映衬、表现出描写对象的特征来。

4. 比喻和象征的区别。

（1）比喻本体和喻体是具体的，而象征本体是抽象的，象征体是具体的。

（2）比喻讲究"形似"，象征讲究"神似"。

（3）比喻只针对句子，象征着眼于全文的构思。

二、文本解读

（一）课文整体解析

课文原题是《种植希望与幸福的人》。这篇小说是1953年作者让·乔诺应美国《读者文摘》"你曾经见过的最非凡、最难忘的人是谁"的专题约稿而写的。编辑收到这部让人震撼的故事后，调查得知在普罗旺斯山区的小镇巴农的养老院没有死过名叫布菲的人，稿子就被退了回来。第二年在美国《Vogue》杂志上发表，之后在十多个国家翻译发表。虽然是虚构的故事，但主人公的精神鼓舞了很多人。

课文讲述一个离群索居的牧羊人,通过近半个世纪坚持不懈地植树,将一片生命绝迹的荒原改造成生机勃勃的绿洲。这位牧羊人不知道 1914 年的一战,也不知道 1939 年的二战,天天和树打交道,和树相依为命,用心灵的语言和树谈心,过着淡泊的生活。让人相信,人类除了毁灭,还可以像上天一样创造。只要满怀无私的大爱,只要具有坚持不懈的精神,同样可以创造奇迹。

结构层次上,课文由三部分组成,先议后叙再议。第一部分:总起议论:"慷慨无私,不图回报,还给这世界留下了许多"的人是难得的好人。第二部分从第 2 段到第 20 段,是小说的主体,讲述了牧羊人艾力泽·布菲独自一人在某处荒芜高原上种树的故事。按时间顺序,第二部分可分为三个小层。第一层(第 2 到 12 段):1910—1913 年,牧羊人每天细心挑选树种,种在荒原上。第二层(第 13 到 17 段):1913—1919 年,牧羊人坚持种树,已种出了成片的树林。第三层(第 18 到 20 段):1920—1945 年,牧羊人继续坚持种树,将荒原改造成了绿洲。第三部分是第 21 段,是作者对牧羊人的评价,赞颂了牧羊人要做成这件事需要"怎样的毅力","怎样的无私",表达了对牧羊人由衷的敬佩。

写作手法上,要关注小说写人时既用了正面描写又用了侧面描写。文中通过动作描写、肖像描写来正面写布菲,通过周围环境来侧面写布菲。阅读时要引导学生将正面和侧面结合起来体会作者寄托在这个人物形象上深刻而丰富的含义。作者采用第一人称"我"的视角,通过局外人"我"的所见所闻和所思所想来讲述这位植树的牧羊人的故事。第一人称是一种受限制的视角,要避免"我"的过度参与,影响叙述的客观性。"我"只是长期客观地观察,牧羊人几十年如一日地孤独工作着,一点点积累,最终形成惊人的质变。客观写来,比任何激情洋溢的抒情效果都好。

(二) 重点语段细读

1. 他不住帐篷,而是住在一座结实的石房子里。看得出,他是一点一点地把一座破旧的房子修整成现在的样子的。房顶很严实,一滴雨水也不漏。风吹在瓦上,发出海浪拍打沙滩的声音。房间里收拾得很整齐,餐具洗得干干净净,地板上没有一点儿灰尘,猎枪也上过了油。炉子上,还煮着一锅热腾腾的汤。看得出,他刚刚刮过胡子。他的衣服扣子缝得结结实实,补丁的针脚也很细,几乎看不出来。

这段既有对牧羊人居住环境的描写,又有对他外貌的描写,有什么效果?

作者采用第一人称"我"的视角,运用正面和侧面相结合的写法体现人物特征。首先,"我"注意到他的外貌。"他刚刚刮过胡子。他的衣服扣子缝得结结实实,补丁的针脚也很细",这些细节从正面表现牧羊人是一个热爱生活、认真细心和把生活打理得井井有条的人。其次,"我"关注了他的居住环境。牧羊人的"房间里收拾得很整齐,餐具洗得干干净净,地板上没有一点儿灰尘",居住环境的描写从侧面衬托出牧羊人是个很有条理的人。

2. 分析下列比喻句的表达效果。

(1) 狂风呼啸着穿过破房子的缝隙,像一只饥饿的野兽发出吼叫。

(2) 一片灰灰的薄雾,像地毯一样,铺在高原上。

(3) 这些白桦树棵棵鲜嫩、挺拔,像笔直站立的少年一样。

第一句写声音,符合写景的整体气氛,生动形象地表现出阿尔卑斯山地风的猛烈,突出了气候恶劣的环境特点。第二、三两句写景,前者是远景,生动写出高原的气候已从干旱变得有些湿润;后者是近景,用新奇的比喻,不仅写出了新生的白桦树的外形,而且写出了其勃勃生机和青葱之感。后两句形象地表现出高原环境改善的状况。

三、教学过程

第一课时

(一) 课时目标

1. 训练默读,提高阅读速度。
2. 勾画时间词,理清文章思路。
3. 分析正面描写的句子,说出牧羊人的形象。

(二) 导入

1. 根据课文内容,完成"植树的牧羊人"人物简介。

"植树的牧羊人"人物简介
牧羊人姓名:
牧羊人年龄:
牧羊人身份:
牧羊人经历:

2. 结合上面的简介,用简练的语言概括文意。

明确:牧羊人艾力泽·布菲从1910年起,在荒原上数十年如一日地植树,最终将荒原改造成了绿洲。

(三) 活动设计

▲ 活动设计一:填图游戏

默读第2—20段,勾画时间词语,概括牧羊人在每段时间内所做的事情,完成填空。

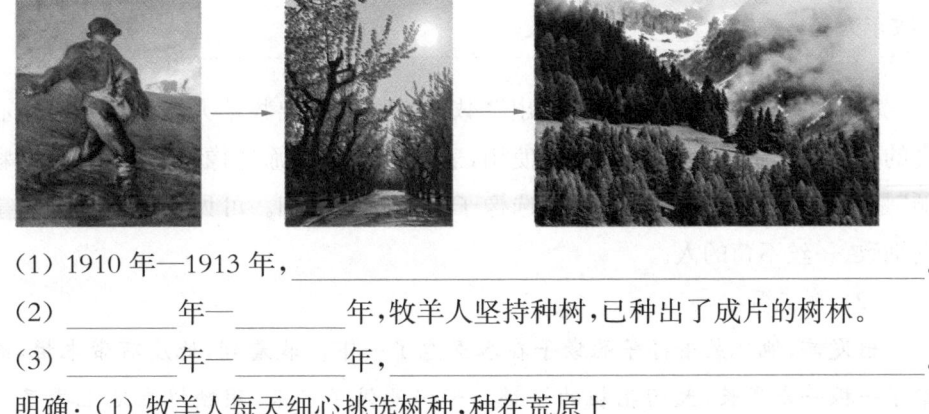

(1) 1910年—1913年,＿＿＿＿＿＿＿＿＿＿＿＿＿＿＿＿＿＿＿＿＿＿＿＿＿＿＿＿。

(2) ＿＿＿＿＿年—＿＿＿＿＿年,牧羊人坚持种树,已种出了成片的树林。

(3) ＿＿＿＿＿年—＿＿＿＿＿年,＿＿＿＿＿＿＿＿＿＿＿＿＿＿＿＿＿＿＿。

明确:(1) 牧羊人每天细心挑选树种,种在荒原上

(2) 1913年—1919年

(3) 1920年—1945年,牧羊人继续坚持种树,将荒原改造成了绿洲

分析:牧羊人从1910年开始,每天都在细心挑选树种,一直在阿尔卑斯山地的荒原上种着树。1913年与牧羊人告别,直到1919年我再度探访牧羊人,其间第一次世界大战并没有扰乱他的生活,他一直在种树。他还带我去看了他种的树木。我看到的景象表明他这些年种的树已经变成了成片的树林。1920年开始,我几乎每年拜访牧羊人,直到1945年最后一次与他见面。从"昔日的荒地如今生机勃勃,成为一片沃土"这句可看出,这些年他一直在种树,把荒原变成了绿洲。

▲ 活动设计二:"词语采集站"

1. 投影上出示四组句子,说说哪些是关键词?

2. 结合关键词说出:牧羊人是个怎样的人?

(1) 第一组:

牧羊人拿出一个袋子,从里面倒出一堆橡子,散在桌上。接着,一颗一颗仔细

地挑选起来。他要把好的橡子和坏的橡子分开。我抽着烟,想帮他挑。但他说不用我帮忙。看他挑得那么认真,那么仔细,我也就不再坚持了。这就是我们所有的交流。过了一会儿,他挑出了一小堆好的橡子,每一颗都很饱满。接着,他按十个一堆把它们分开。他一边数,一边又把个儿小的,或者有裂缝的拣了出去。最后,挑出了一百颗又大又好的橡子,他停下手来,我们就去睡了。

| 我采集的词语有:_____ |
| 这些词语表达效果是:_____ |
| _____ |
| 牧羊人是_____的人。 |

明确:动词"挑选""分开""挑出""数""拣",表现出牧羊人挑选橡子时用心认真的样子。其中"挑"这个词反复使用,表现出牧羊人筛选橡子的精细。"一颗一颗"是叠词用法,表现出牧羊人挑选橡子时的耐心仔细。可见牧羊人是个做事认真细致、一丝不苟的人。

(2) 第二组:

出发前,他把装着橡子的袋子在水里泡了一下。我看到,他没有带木棍,而是拿了一根一米半长、大拇指粗的铁棍。……他停了下来,用铁棍在地上戳了一个坑。然后,他轻轻地往坑里放一颗橡子,再仔细盖上泥土。他是在种橡树!

| 我采集的词语有:_____ |
| 这些词语表达效果是:_____ |
| _____ |
| _____ |
| 牧羊人是_____的人。 |

明确:修饰语"一米半长""大拇指粗",牧羊人选择的是又长又粗的铁棍,联系当地土地干旱的环境特点可知牧羊人选择铁棍是经过充分考虑的。可见牧羊人是个认真细致、毫不马虎的人。

(3) 第三组:

三年来,他一直这样,一个人种着树。他已经种下了十万颗橡子。在这十万颗橡子中,有两万颗发了芽。而这两万棵树苗中,有将近一半,可能会被动物咬坏,或是因为其他原因死掉。剩下的一万棵树苗,会在这光秃秃的土地上扎根,长成大树。

| 我采集的词语有: _____ |
| 这些词语表达效果是: _____ |
| _____ |
| _____ |
| 牧羊人是 _____ 的人。 |

明确:数量词"十万颗""两万颗""两万棵""一万棵",表明橡树的成活率只有10%,说明牧羊人的艰辛付出大多付之东流,但他在种树这件事上依然毫不动摇。可见牧羊人是个坚持不懈的人。

(4) 第四组:

我问他,这块地是你的吗?他摇摇头说,不是。那是谁的地?是公家的,还是私人的?他说不知道。看起来他并不在意。他只是一心一意地把一百颗橡子都种了下去。

| 我采集的词语有: _____ |
| 这些词语表达效果是: _____ |
| _____ |
| _____ |
| 牧羊人是 _____ 的人。 |

明确:两个否定副词"不",从简短的回答可知牧羊人对于自己种树能否获得收益并不在意,他只是一心一意地把一百颗橡子都种了下去。表现牧羊人是个不求回报(慷慨无私)的人。

【小结】以上四组句子表现出一个认真细致(一丝不苟)、坚持不懈、不求回报(慷慨无私)的牧羊人形象。

▲ **活动设计三:品语句,探究原因**

结合下面语句,思考:牧羊人种树的原因是什么?

语句:这地方缺少树;没有树,就不会有生命。他决定,既然没有重要的事情做,就动手种树吧。

明确:牧羊人几十年如一日地坚持种树,并不是因为有利可图,而只是因为这地方缺少树,没有树就没有生命。牧羊人种树的原因是来自于对生命的呵护。妻儿相继离世,老人对生命更加珍视。这种坚持和无私就是"我"口中的好人品质。

▲ **活动设计四:明确象征义**

1. 牧羊人的形象具有怎样的意义?

明确:经过一战二战,整个世界和文明遭到巨大的破坏,人类陷入迷途,数亿人互相杀戮。而牧羊人却在创造生命,说明一个普通人只要心存美好的愿望,经过长期不懈的努力,就能改造恶劣的环境,为人类造福。

2. 如果运用比喻,你认为拿什么比喻牧羊人最合适?说出理由。

明确:拿路灯、航灯、北极星、指南针等比喻牧羊人最合适。"我"曾因战争而陷入迷途,牧羊人用所创造的奇迹影响了"我","我"的悲观与消沉也在他的影响下发生了转变,"我"明白了一个普通人的伟大之处:人类"除了毁灭,还可以像上天一样创造",是牧羊人改变了"我"的观念。

▲ **活动设计五:撰写墓志铭**

墓志铭是对一个人一生高度概括性的评价,是后人对墓主人的综合评价。

1. 请从你的视角出发,为植树的牧羊人艾力泽·布菲写一则墓志铭。

写作提示:(1)墓志铭内容上可与课文对应,包含人物事迹、成果贡献等。

(2)墓志铭语言上要求叙事概要,文字简约,语言温和。

(3)阅读示例,了解墓志铭的结构和写法。

墓志铭示例:

> 伊萨克·牛顿爵士,
> 安葬在这里。
> 他以超乎常人的智力,
> 第一个证明了行星的运动与形状,
> 彗星轨道与海洋的潮汐。
> 他孜孜不倦地研究光线的各种不同的折射角,

> 颜色所产生的种种性质。
>
> 让人类欢呼,
> 曾经存在过这样一位
> 伟大的人类之光。
>
> 伊萨克爵士生于 1642 年 12 月 25 日,
辛于 1727 年 3 月 20 日。

2. 学生当堂写作。
3. 课上交流展示。

(四) 课堂小结

本堂课我们进行了"词语采集站"主题活动。首先我们借助填图游戏,划分了牧羊人植树的三个阶段,并概括每阶段牧羊人的经历。其次,通过"词语采集站"活动,说出牧羊人认真细致(一丝不苟)、坚持不懈、不求回报(慷慨无私)的形象。然后我们分析了牧羊人形象的象征意义。最后我们通过撰写墓志铭,强化了对牧羊人形象的理解。

(五) 布置作业

写出你对第 4 段中句子的理解。
在我眼里,他就像这块不毛之地上涌出的神秘泉水。

_____

_____

参考答案:

这句话是"我"处于脱水状态下见到牧羊人时的情形。运用比喻的手法,把"牧羊人"比作"不毛之地上涌出的神秘泉水",生动形象地表现了"我"在处境非常困难时遇到牧羊人的欣喜之情,寓意他将给这个荒凉的地方带来灌溉滋润和富饶丰美。

第二课时

(一) 课时目标

1. 找出侧面描写的句子,进一步分析并说出牧羊人的形象。

2. 赏析议论语句,探究小说主旨。

(二) 导入

回顾所学,完成填空。

上节课我们首先借助表_____的词语,划分了牧羊人植树的三个阶段,并概括每阶段中牧羊人的经历,理清小说主要内容;接着品读正面描写牧羊人的语句,得知牧羊人是一个_____、_____、_____的人。

明确:时间　认真细致(一丝不苟)、坚持不懈、不求回报(慷慨无私)

(三) 活动设计

▲ **活动设计一:"我"的荒原求生记**

1913年"我"在阿尔卑斯山荒野上迷失了道路,且断了水。如果没有遇到牧羊人,"我"能生存下来吗?如果1919年、1945年再次迷路,"我"能生存下来吗?

1. 如果"我"孤单一人,能否在1913年的荒原生存?说出依据。

| 我(能/不能)在1913年的荒原生存, |
| 因为_____。|
| 依据: |
| "_____"一词说明_____。|
| "_____"一词说明_____。|

明确:不能。1913年的荒原环境恶劣。"干涸"说明缺水,而水是人基本生存条件之一。"一眼望去""无边无际"说明荒原范围之广,"光秃秃""稀稀拉拉"说明植被覆盖率低。"倒塌""坍塌"说明因不适合生存,原住户已逃离此地。"太阳快要把人烤焦了""风吹得人东倒西歪"说明风的猛烈,气候的炎热。

2. 如果"我"孤单一人,能否在1919年、1945年的荒原生存?说出依据。

| 我(能/不能)在1919年的荒原生存, |
| 因为_____。|
| 依据: |
| "_____"一词说明_____。|
| "_____"一词说明_____。|

明确：能。1919年的荒原环境已改善。薄雾"像地毯一样，铺在高原上"说明高原上有了大面积的水汽，可见气候逐渐湿润起来，有了水人类就能生存。"长得比我都高""11公里宽"说明橡树长得高大，且树林初具规模。

> 我（能/不能）在1945年的荒原生存，
> 因为＿＿＿＿＿＿＿＿＿＿＿＿＿＿＿＿＿＿＿＿＿＿＿＿＿＿＿＿。
> 依据：
> "＿＿＿＿＿"一词说明＿＿＿＿＿＿＿＿＿＿＿＿＿＿＿＿＿＿＿＿。
> "＿＿＿＿＿"一词说明＿＿＿＿＿＿＿＿＿＿＿＿＿＿＿＿＿＿＿＿。

明确：能。1945年的荒原环境已大幅度改善。"生机勃勃"说明荒原有着生命力。"沃土"说明土壤肥沃，适合耕种。"源源不断"说明水源充足。村子"一点点重建"说明人们重新回到了这片土地。

3. 说出多次描写当地高原环境的原因。

明确：侧面衬托牧羊人坚持不懈、慷慨无私的形象。他靠一个人的体力与毅力，把这片荒漠变成了绿洲，可见"人类除了毁灭，还可以像上天一样创造"。

▲ **活动设计二："五彩调色盘"**

1. 请用颜色来形容荒原前后的变化，完成填空。

牧羊人使＿＿＿＿＿＿变成＿＿＿＿＿＿。

明确：使"灰色"变成"绿色"（色调改变）

2. 想一想，还能用哪些词语来形容荒原前后的变化？

明确：使"荒原"变成"绿洲"（环境改变）
　　　使"地狱"变成"天堂"（本质改变）
　　　使"逃离"变成"归来"（方向改变）
　　　使"痛苦"变成"欢乐"（心情改变）
　　　……

分析：牧羊人的坚持，产生了奇迹——昔日寸草不生的荒芜高原变成了绿树葱茏、溪水潺潺的幸福之地；曾经荒废的山村也重新焕发了活力，很多人搬来安家，整齐的农庄、干净的农舍，人们欢快地跳舞，孩子们在树林间打闹。昔日的死亡之地，变成了现在的生命之地。这一切都是靠一个人的辛勤和毅力，完成了一件上天才能做到的伟业。

▲ **活动设计三：劫后余生，一问一答**

"我"处于脱水的危险状态下，是牧羊人救了"我"的生命，可谓是劫后余生。为什么从1920年开始"我"几乎每年都去看望这位种树的老人？（联系两次大战的时代背景）

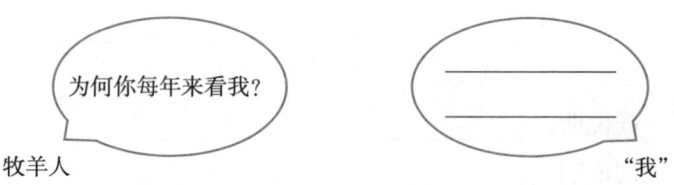

牧羊人　　　　　　　　　　　　　　　　　　　　"我"

时代背景：一战约1 000万人死亡，约2 000万人受伤。
二战约7 000万人死亡，约1.3亿人受伤。

关键句：战争并没有扰乱他的生活。他一直在种树。种橡树，种山毛榉，还种白桦树。

当我想到，眼前的一切，不是靠什么先进的技术，而是靠一个人的双手和毅力造就的，我才明白，人类除了毁灭，还可以像上天一样创造。

明确：因为牧羊人以一己之力，把一片荒原变成了绿洲，创造了生命，这令"我"钦佩。第二次相遇时，"我"刚经历一战（1914—1918）；最后一次相遇，二战（1939—1945）刚结束。在这两场人类浩劫中，人类大规模残杀生命，并犯下了无数令人发指的反人类罪行。而牧羊人却创造了生命。

更因为"我"的悲观与消沉也在他的影响下发生了转变，他所创造的奇迹鼓舞着"我"，影响着"我"，改变了"我"的观念。

▲ **活动设计四：赏析议论句，探究主旨**

开头与结尾是"我"对这位牧羊人的评价，这些语句表达了作者怎样的思想情感？

第1段　想真正了解一个人，要长期观察他所做的事。如果他慷慨无私，不图回报，还给这世界留下了许多，那就可以肯定地说，这是一个难得的好人。

第21段　每当我想到这位老人，他靠一个人的体力与毅力，把这片荒漠变成了绿洲，我就觉得，人的力量是多么伟大啊！可是，想到要做成这样一件事，需要怎样的毅力，怎样的无私，我就从心底里，对这位没有受过什么教育的普通的农民，感到无限的敬佩。他做到了只有上天才能做到的事。

明确：这两段评价性的语句，表达作者对牧羊人无限的敬佩和感激，因为他让"我"懂得了：只要满怀无私的大爱，只要具有坚持不懈的毅力，人类同样可以创造生命，创造奇迹。

分析：第1段"我"通过近三十年与牧羊人接触才判断出他是个难得的好人。其次，牧羊人"慷慨无私，不图回报，还给这世界留下了许多"，他几十年如一日地坚持种树，并不是因为有利可图，只是因这地方缺树。

第21段"只有上天才能做到的事"，在"我"心中牧羊人如同上天一般伟大，他用自己的一己之力，努力把荒漠逐渐变成绿洲，在绿洲之上创造出无限生命。

（四）课堂小结

上节课我们分析正面描写牧羊人的语句，感受牧羊人认真细致、坚持不懈和不求回报的形象。这节课以"'我'的荒原求生记"为主题活动，先分析了描写高原环境的语句，这些语句从侧面衬托出牧羊人执着坚毅的形象。然后了解了"我"在牧羊人的影响下对生活重燃希望，感受到牧羊人的伟大不仅在于改变环境，更在于影响到周围人的生活态度。最后，我们结合理解文章开头与结尾评价性的语句，最终领悟"人类除了毁灭，还可以像上天一样创造"。

（五）布置作业

本文选入教材时被删去了一段文字，你是否认同？说说你的理由。

这一带村子的人们只有一个念头：赶快想办法，逃离这个鬼地方。男人们把烧好的木炭送到城里，然后再回来。重复这种没有尽头的枯燥生活，再坚强的人，也会被折磨得发疯。女人们互相怨恨，无论什么事都要争个高低。争来争去，没完没了。再加上这刮不完的风，吹得人发狂，自杀和精神疾病夺去了很多人的生命。

参考答案：

认同或不认同皆可，关键是要说出理由。认同，主要因为这段文字与牧羊人的生活没有直接关联。/不认同，因为村民的逃离能从侧面衬托牧羊人坚持不懈的形象。

14 走一步,再走一步

莫顿·亨特

一、教学目标与学习要素

(一) 教学目标

1. 巩固训练默读,提高阅读速度并勾画关键语句。
2. 区分直接心理描写和间接心理描写,写出心理变化的过程。
3. 研读关键语句,说出课文所探讨的人生经验。

(二) 学习要素

1. 默读,勾画。
2. 直接心理描写和间接心理描写。

直接心理描写:作者直接深入到人物的心灵深处,把人物在特定环境、特定情势下所产生的心理活动直接披露出来。

间接心理描写:通过环境、氛围以及人物的语言、行动、举止甚至脸部表情,让读者感觉到或是猜测到隐蔽在人物内心深处的思想感情和心理活动。

3. 虚与实的类型:客观为实,主观为虚;具体为实,隐者为虚;有行为实,徒言为虚;当前为实,未来为虚;已知为实,未知为虚。

二、教学建议

《走一步,再走一步》是美国作家莫顿·亨特的一篇小说,写"我"童年时克服恐惧、收获自信的一段回忆,以及从中学到的影响"我"一生的经验。本文写作思路是先写一件具体的事,结尾部分则将一般经验升华为普遍的人生经验。这是由实到虚、由感性到理性的写作思路,符合人们认识事物的一般模式。小说中的人生经验对成长阶段的初中生很有启示意义,适合学生在生活中借鉴运用。

写作手法上,本文最成功之处就在于心理刻画。小说对人物的心理描写真实、细腻,值得仔细品味。作者在细节描写中不断插入描写"我"心理状态的句子,有的直接进行心理刻画,有的用动作行为来折射心理,生动细致地表现了"我"的心理变化。要注意区分直接和间接描写心理的句子。阅读中应将这些心理描写串联起来,便能发现一条清晰的人物心理成长之路。

作为自读课文,教学时建议理清故事情节,可按小说四要素"时间、地点、人物,情节(开端、发展、高潮、结局)"来梳理文章内容。本文教学核心价值是:小说给予读者的启示是多方面的。对"我"来说,"我"得到人生经验是把大困难分解为小困难,然后一个个克服,最终就能战胜大困难。此外,①父亲为什么不用梯子把"我"抱下来,而是引导"我"一步步爬下来?——引申出父母教育儿女方法上的思考。②"我"遇险时,五个小男孩对待"我"态度各不相同。——引申出对待朋友方式上的思考。③八年来"我"一直有病,心里牢记母亲叫"我"不冒险的训诫,结果在伙伴们的怂恿下,"我"还是爬上悬崖,陷入险境。——引申出如何对待父母教诲的问题。

三、教学过程

(一) 导入

绘制故事的山形图,把故事的开端、发展、高潮和结局填写在山形图上。

时间:_____   地点:_____   人物:_____

高潮:_____

发展:_____

开端:伙伴鼓动,去爬悬崖。   结局:_____

明确:时间:七月里一个酷热的日子   地点:费城(一个悬崖上)

　　　人物:"我"、和"我"一起去的五个男孩、爸爸

　　　发展:伙伴离开,陷入险境。

　　　高潮:爸爸指引,顺利脱险。

　　　结尾:爬下悬崖,充满骄傲。

(二) 活动设计

▲ 活动设计一:"恐惧体验馆"

1. 描述你的恐惧经历。

一个人生活中总会有令自己恐惧的事情,请说出你有哪些恐惧经历?

2. 说说文中"我"的恐惧。

摘录描写"我"恐惧心理的词语,填入空白处。

(1) 用直线勾画直接描写"我"恐惧心理的句子。

(2) 用曲线勾画间接描写"我"恐惧心理的句子(通过表情、动作、环境等)。

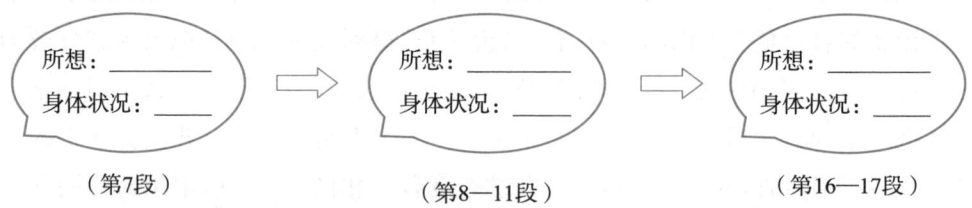

（第7段）　　　　　（第8—11段）　　　　　（第16—17段）

明确：

所想(直接心理描写)：第 7 段"犹豫不决"；第 8 段"吓坏""只要滑一下，我就会掉下去，撞上悬崖，然后摔到岩石上，摔个粉碎"，第 16 段"绝对""肯定"两个词语的使用加深了自我否定的程度，"在悬崖的中途，我会逐渐感到虚弱、无力，然后松手，掉下去摔死"，"我"已想到会摔死。由上"我"的心理从最初的犹豫，到害怕，到最后的恐惧。

身体状况(间接心理描写)：第 7 段"满头大汗""浑身发抖""心在瘦弱的胸腔中怦怦地跳动"；第 9 段"反胃"；第 11 段"哑着嗓子"；第 16 段往下看时"我感到阵阵晕眩"；第 17 段的"神情恍惚"；"麻木"，说明"我"的心理恐惧开始演变成为身体上的反应。还有 17 段的环境描写，"影子在慢慢拉长"代表时间的慢慢流逝，说明"我"在悬崖上等待时间的漫长，暗淡、沉寂的自然环境烘托了"我"的恐惧心理。

3. 表演恐惧——用动作表现恐惧。

(1) 学生 A 跳读第 7、9、11、16、17 段。

(2) 学生 B 根据情节用动作表现恐惧。

突出文中"我""满头大汗"、"浑身发抖"等重要的身体状态。

4. 探知恐惧原因

(1) "我"原本是一个怎样的孩子？

(2) 为什么"我"会惧怕"只有 60 英尺左右"高的悬崖？

明确：

(1) 第一，"我"是一个生理上病弱的孩子，"在过去的八年岁月中，我绝大部分时间都是一个病弱的孩子"。"我"对自己身体的认知是"病弱的"，"我"一直将自己定义为病弱的孩子。第二，"我"是一个心理上自我否定的孩子。"我""将妈妈的警告牢记在心——我不像其他孩子那样强壮，而且不能冒险"。妈妈的警告加重了"我"的这一点认识。

（2）"我"在冒险过程中最大的困难不是来自于悬崖的高度，而是一直以来对自我的认知——"我"病弱，"我"不能冒险。这决定了"我"在遇到困难时习惯于否定自己，最终导致自己陷入困境。

▲ **活动设计二："信心诊疗师"**

1. 面对信心尽失的"我"，父亲为"我"开出了哪些药方？

处方单	
	(1)
	(2)
	(3)

明确：

（1）缓解紧张情绪。"用手电筒照着我"，给予黑暗中的"我"以光明。他用家常话和"我"交流，是想舒缓"我"的紧张情绪。

（2）鼓励迈出第一步。"你能爬上去""你就能下来"是信心增强剂，暗示"我"绝对有能力自己走下悬崖。

（3）每步都给予信心。"你能""这个你能做到""你能做到"。爸爸反复给"我"积极的心理暗示，给"我"以强大的心理支持，让"我"相信在他的引导、帮助下能顺利走下悬崖。

2. "我"心理康复过程是怎样的？完成心灵流程图。

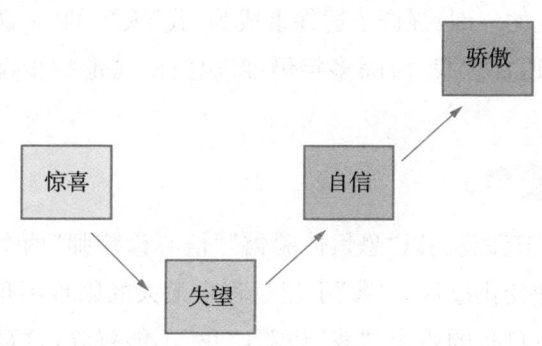

明确：先是惊喜。"爸爸！"一个感叹号表现了"我"因为父亲到来而惊喜。再是失望："但是他能做什么？……即使他爬上来了，又能怎样？"连用两个反问句表现了"我"认为爸爸不能帮助"我"爬下悬崖的失望。然后是自信。失望到自信的转折点是"我"走出去的那一步。在爸爸的鼓励下,"我"走一步,再走一步,经历了从毫无信心到信心萌发,最后信心大增的心理变化过程。最后是骄傲。当"我"成功从悬崖上下来的那一刻,有"一种巨大的成就感和类似骄傲的感觉"。

▲ **活动设计三:区分虚实**

1. 下面两段中的"一步"有什么区别?

27 段:"就这样,一次一步,一次换一个地方落脚……"

29 段:"我提醒自己不要看下面遥远的岩石,而是注意相对轻松、容易的第一小步,迈出一小步,再一小步,就这样体会每一步带来的成就感,直到达成了自己的目标。"

明确:文学中具体为实,隐者为虚。前者"一步"是实指,指"我"一次走一步,一次换一个落脚的地方。后者"一步"是虚指,指克服大困难中的小困难。

2. 说出课文所探讨的人生经验。

明确:有些困难很大,但是可以分解的,将大困难分解为小困难,化难为易,一步一步克服,就能走向成功。

3. 本文原题为《悬崖上的一课》,选入教材时改为《走一步,再走一步》,你认为这样的改动好吗?简要说明理由。

明确:

好。《走一步,再走一步》好在与"我"在父亲的指令下一步步走下悬崖的内容紧密关联,也揭示了面对困境要学会把困难分解成多个"一小步"逐个击破的道理。而《悬崖上的一课》只交代了地点和事件。

不好。《悬崖上的一课》强调了这件事成为"我"人生的"一课",让"我"懂得了面对困境的解决之道,使"我"时隔多年仍难以忘怀。《走一步,再走一步》并没强调这点。

(三)课堂小结

1. 小结语:这节课我们以"恐惧体验馆""信心诊疗师"两个主题活动梳理了上崖、下崖中的心理变化过程。"我"上崖过程中最大的困难不是来自于悬崖的高度,而是一直以来对自我的否定:"我"病弱,"我"不能冒险,这最终导致自己被困难打败。在下崖时爸爸给了"我"正确的引导,使"我"从毫无信心到信心大增。在这个行动中"我"收获了影响一生的人生经验。

2. 活动设计：完成梯形图

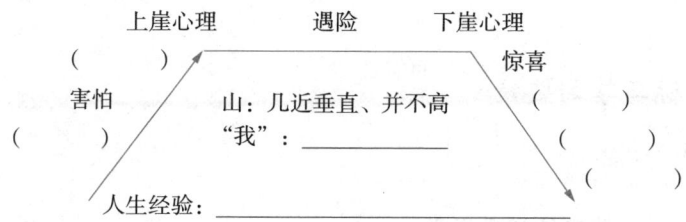

明确：上崖心理：犹豫、恐惧；下崖心理：失望、自信、骄傲；"我"：病弱、自我否定

人生经验：困难是可以分解的，将大困难分解为小困难，一步一步战胜。

（四）布置作业

1. 拓展阅读，思考：为什么说这次经历是"悬崖上的一课"？我们来读读莫顿18岁时作为盟军飞行员，孤身一人勇闯纳粹德国本土的事迹。

1945年1月，在英格兰的沃顿空军基地。年仅18岁的上尉飞行员莫顿·亨特接受了一项任务，驾驶没有任何武器装备和防护设施的蚊式双引擎飞机深入到德军本土执行侦察任务。他觉得难以完成任务，想象着座舱被高射炮击中，自己鲜血飞溅，连跳伞的力气都没有。

第二天，亨特驾机滑行在跑道上。他告诫自己，现在，只是起飞，飞起来就行。升到两万五千米高空时，他又告诫自己，现在所要做的，是在地面无线电的指导下，保持这个航向20分钟，就可以到达荷兰的素文岛，这个不难做到。

就这样，他不断告诫自己："下面，只是飞越荷兰，这并不难。""然后，是飞临德国，根本不须想更多的事。"一程又一程，这位上尉终于完成了侦查任务。当他接受盟军的紫心勋章时，他说："我之所以成为孤胆英雄，完全是因为我小时候一段经历的启示。一步又一步，终会达到自己的目的地。"

2. 小练笔：描述一个你正在面对的问题，写出你打算怎样一步一步解决眼前的问题。

_____
_____
_____

15　诫子书

诸葛亮

一、教学目标与学习要素

(一) 教学目标

1. 朗读文章,学习停顿和语调。
2. 逐句细读,理清文章思路。
3. 了解背景,说出文章主旨。

(二) 学习要素

1. 文言文停顿方法：
(1) 连词、句首发语词、起到总领性的词语后应停顿。
(2) 主谓、动宾、状语和中心语之间应停顿。
(3) 介宾短语后置,在介词前应停顿。
(4) 古汉语是两个单音节词、现代汉语是双音节词的,中间应停顿。
2. 对比论证概念和作用：
(1) 概念：对比论证是指把两种矛盾或对立的事物加以对照比较,从正反两方面进行说理,从而揭示事物的本质,使论点或分论点映衬而出的论证方法。
(2) 作用：使论证更有力,使观点更鲜明(突出了观点)。
3. 结合背景学习本文。

二、文本解读

(一) 课文整体解析

《诫子书》是一封书信正文的节录,创作于公元234年。诸葛亮一生为国,鞠躬尽瘁,死而后已。他为了蜀汉事业日夜操劳,顾不上亲自教育儿子,于是写下这篇书信告诫诸葛瞻。诸葛亮的《诫子书》是一篇充满智慧之语的家训,是古代家训中的名作。这封书信浓缩了作者毕生的生活经历、人生体验和学术思想等方面内容,阐述修身养性、治学做人的深刻道理。不仅他的子孙从中获益颇多,就是今人读来也大有可借鉴之处。

《诫子书》的主旨是劝勉儿子"静以修身,俭以养德",要从淡泊宁静中下功夫,最忌怠惰险躁。文章概括了修身、治学的经验,着重围绕一个"静"字加以论述,同时把失败归结为一个"躁"字,对比鲜明。全文第一句作者首先明确提出了"静以修身,俭以养德"的观点。接下去第二到四句,进一步阐释这一观点。第二三句他从正面对儿子提出劝勉,第四句是从反面加以告诫,指出不这样做的后果,警示儿子不要犯下淫慢险躁的错误。最后第五句是他言辞恳切地规劝儿子不要错过修身养德的时间,否则将追悔莫及。

本文不仅要理解字面意思,更要把握深层内涵。"静""俭"是《诫子书》中的关键词语。"静"是淡泊、宁静。宁静才能修养身心,静思反省,是学习的首要条件。不能够静下来,则无法有效计划未来。曾子说"静而后能安,安而后能虑,虑而后能得",意思是镇静不躁才能够心安理得;心安理得才能够思虑周详;思虑周详才能够有所收获,说的是同样的道理。"俭"是节俭。诸葛亮告诫孩子,要节俭以培养自己的德行。量入为出,可以摆脱负债的困扰,强调物质欲望低对个人品德修养的关键作用。

本文形式上短小精悍,对仗工整;文字清新雅致,不事雕琢,平易近人;说理逻辑严密。成为后世历代学子修身立志的名篇。

(二) 重点语段细读

1. 作者抓住一个"静"字,围绕学习告诫儿子要成才必须具备哪三个条件?结合文章分析。

首先要立志。"非淡泊无以明志,非宁静无以致远。""非学无以广才,非志无以成学。"

其次要学习。"夫学须静也,才须学也。"

再者要惜时。"年与时驰,意与日去,遂成枯落,多不接世,悲守穷庐,将复何及。"

2. 如何理解"志"与"学"的关系,结合文中语句理解。

"志"与"学"的关系,一方面要靠淡泊、宁静以"明志";另一方面强调没有志向就不足以成学,学无目标,必然不能专一。

三、教学过程

(一) 课时目标

1. 朗读文章,学习停顿和语调。

2. 逐句细读,理清文章思路。
3. 了解背景,说出文章主旨。

(二) 导入

▲ **活动设计：制作诸葛亮名片**

诸葛亮

朝代：_____

字_____，号_____

身份：_____

生平事迹：27 岁前师从荆州名士_____。27 岁时向刘备进献"_____"之计。28 岁作为使节出使东吴,缔结联盟。29 岁献计,使刘备袭取荆南四郡,任军师中郎将。33 岁立下战功,刘备占领益州,升军师将军。38 岁时自成都发援兵,助刘备攻取汉中。40 岁蜀汉建立后任丞相。42 岁刘备死前,任其为托孤大臣。44 岁评定南中之乱。47 岁起,为复兴汉室,上《_____》,五伐中原。

联系地址：_____

明确：三国　孔明　卧龙　丞相/益州牧/司隶校尉

司马徽　三分天下　出师表　成都丞相府

(三) 活动设计

▲ **活动设计一：诸葛亮教你读古文**

1. 学习文言文朗读停顿四法

文言文停顿四法：
(1) 连词、句首发语词、起到总领性的词语后应停顿。
(2) 主谓、动宾、状语和中心语之间应停顿。
(3) 介宾短语后置,在介词前应停顿。
(4) 古汉语是两个单音节词,现代汉语是双音节词的,中间应停顿。

2. 用以上方法来标记课文停顿

夫/君子之行,静/以修身,俭/以养德。非淡泊/无以明志,非宁静/无以致远。夫/学须静也,才/须学也,非学/无以广才,非志/无以成学。淫慢/则不能/励精,险躁/则不能/治性。年/与时驰,意/与日去,遂成/枯落,多/不接世,悲守/穷庐,将复/何及!

明确:文言文的朗读要注意停顿,正确的停顿不仅能让我们准确把握句义,更能感受古文朗读的韵律美。

3. 学习文言文朗读语调三则:

文言文语调三则:
(1) 发语词、否定词要重读。
(2) 反问句读出强烈的语气。
(3) 根据全文内容读出语调。

明确:
(1) 发语词读重音:夫君子之行　夫学须静也
　　否定词读重音:非淡泊无以明志,非宁静无以致远
　　　　　　　　非学无以广才,非志无以成学
　　　　　　　　淫慢则不能励精,险躁则不能治性
(2) 反问句读出强烈语气:悲守穷庐,将复何及!(这句话语速明显加快,与前文语气上有显著的差异。表现作者饱含忧虑,苦口婆心地告诫儿子:时光似流水,如不能及时修身养德便会蹉跎一生,悲苦终老。)
(3) 全文应读出劝诫语调。("诫子书"的"诫"是劝解、告诫的意思,是父亲对八岁孩子的劝诫。)

▲ 活动设计二:文章"探路者"

八岁的诸葛瞻虽然知道了信的内容,但对于信中"静""学""才""志""淫慢""险躁"的关系理不清楚。如果你是诸葛瞻的语文老师,指导他逐句细读,为上述词语制作一张关系图。

1. 根据课文内容,指导诸葛瞻用"→""↔"画出路线图。
2. 向诸葛瞻说清楚"静""学""才"与"志"四者之间的关系。

明确:学习需要宁静专一的状态,因此"静"是"学"的必要条件。才干需要在

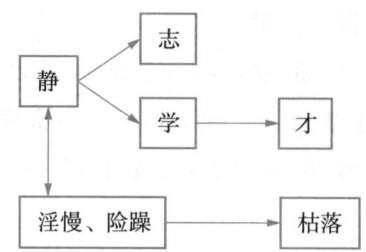

学习中培养,不学习就没有办法增长才干,因此"学"是"才"的必要条件。如果不树立明确的志向,就不能在学习上有所成就,"志"是"学"的另一个必要条件。

3. 教导诸葛瞻"淫慢""险躁"所造成的后果,及作者使用对比论证的作用。

明确:"淫慢"会让人丧失对自己的掌控力,就算想要励精图治也有心无力。"险躁"是内心轻薄浮躁的状态,轻薄浮躁的人无法冷静客观地判断思考,因此容易在治学时急于求成,不求甚解,浅尝辄止。

使用对比论证,将"静以修身,俭以养德"与"淫慢则不能励精,险躁则不能治性"对比,突出并有力论证了修身养德,明志成学的观点。

4. 最后向诸葛瞻说出"静"与"俭"的内涵。

明确:"静"是对内心涵养的要求,它要求保持内在的宁静、专一,不受外界诱惑的干扰;"俭"是对外在行为的节制,它要求生活中克制对物欲的需求。君子只有做到静与俭,方能修治身心,涵养德性。

▲ **活动设计三:给诸葛瞻的遗书**

1. 结合写作背景,写一封诸葛亮给诸葛瞻的遗书。

背景:这篇《诫子书》创作于公元 234 年,诸葛亮也是这一年过世的。他的儿子诸葛瞻出生于公元 227 年,文章创作时只有 8 岁。

诸葛亮在与兄长诸葛瑾的书信往来中曾写到"瞻今已八岁,聪慧可爱,嫌其早成,恐不为重气耳"(《与兄瑾言子瞻书》)。

公元 234 年,诸葛亮与魏国名将司马懿相持于五丈原。每日早起晚睡,事无巨细必自躬亲,凡 20 杖以上的刑罚,都要亲自批阅。每日吃饭不到几升(《三国志》)。

遗书
爱子诸葛瞻:
(简介身体状况)

（托付后事，包括财产分割、家务事处理、对别人的期待等）＿＿＿＿＿
＿＿＿＿＿＿＿＿＿＿＿＿＿＿＿＿＿＿＿＿＿＿＿＿＿＿＿＿＿＿＿＿
＿＿＿＿＿＿＿＿＿＿＿＿＿＿＿＿＿＿＿＿＿＿＿＿＿＿＿＿＿＿＿＿
＿＿＿＿＿＿＿＿＿＿＿＿＿＿＿＿＿＿＿＿＿＿＿＿＿＿＿＿＿＿＿＿

诸葛亮

2. 说出本文的主旨。

明确：劝勉儿子勤学立志，修身养性要从淡泊宁静中下功夫，切忌放纵懈怠，轻薄浮躁。

（四）课堂小结

回顾本文的学习过程：首先通过"诸葛亮教你读古文"活动，不仅学会了文言文停顿四法和语调三则，更是在朗读中感知作者对儿子深切期望之情。其次以"文章探路者"活动逐句细读，理清"静""学""才""志""淫慢""险躁"之间的关系。最后通过给"诸葛瞻的遗书"活动，学会结合写作背景理解作者提出这样劝勉告诫的原因。

（五）布置作业

收集五句古代"诫子书"中名言警句，并借助工具书或网上资料翻译，制作一份古人"诫子"的读书小报。可作为教室的板报。

写作 思路要清晰

一、教学目标与学习要素

(一) 教学目标

1. 学习按时间顺序或事件发展顺序来叙述。
2. 围绕中心,拟写作文提纲。

(二) 学习要素

1. 掌握常见写作顺序。
2. 围绕中心取舍材料,拟写提纲。

二、教学建议

所谓思路清晰,就是要在布局谋篇中做到结构完整、层次分明,让读者明白文章先说了什么,后说了什么,主要在说什么。如果没有布局谋篇的意识,习惯于想到哪里就写到哪里,行文便会杂乱无章、颠三倒四,令人不知所云。

如何做到思路清晰?首先,要仔细读题,准确审题。命题或半命题作文题中一般都有关键词,这些词就是所谓的"题眼"。抓住了题眼,就是抓住了文章的重点。要注意"题眼"中起着约束、限制作用的修饰词语、限制词语和补充词语。其次,要围绕中心取舍材料。只有确定了中心,才能安排详略。有些材料与中心密切相关,就需要详写;有些材料不那么典型,就要略写甚至舍弃。再者,要依据文体和题材,确定写作顺序。例如以写人为主的记叙文可按时间顺序安排,以记事为主的记叙文可按事情发展的顺序安排。

三、教学过程

(一) 课时目标

1. 学习按时间顺序或事件发展顺序来叙述。
2. 围绕中心,拟写作文提纲。

(二) 导入

1. 同学们有没有玩过"扫雷"游戏？玩这个游戏如何才能快速通关呢？

明确：首先，要看清局面上已经探知的区域，看清代表地雷数量的数字。其次，根据数字推测哪些空格不会有地雷，哪些空格一定有地雷。前者直接点击，后者标上小红旗。最后对于无法判断的空格，根据数字推测哪些空格触雷几率较低，哪些空格触雷几率较高，优先点击触雷几率较低的空格。

2. 导入语：写文章的思路也要像玩扫雷的思路一样，一步步找出符合文章中心的道路，这就是文章的思路。今天我们一起学习使写作"思路清晰"的方法。

(三) 活动设计

▲ **活动设计一：根据文体，明确思路**

填写表格，谈谈你的发现。

课文	文体	写作顺序
《纪念白求恩》	散文	
《植树的牧羊人》	小说	
《走一步，再走一步》	小说	时间顺序
《诫子书》	书信	

明确：逻辑顺序　时间顺序　逻辑顺序

分析：一篇文章是按照哪种顺序来写，这要根据文体特点来确定。一般来说，记叙文多采用时间顺序，或事件发展顺序来安排故事情节。写作文前明确所写文章的写作顺序，是理清"思路"的前提条件之一。

▲ **活动设计二：研读经典，理清思路**

《植树的牧羊人》是一篇思路清楚的文章。默读此文，试着梳理行文思路，填写下面的示意图，体会作者是如何做到叙述思路清晰的？

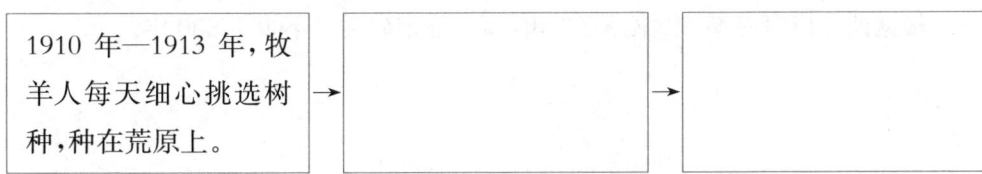

明确：1913年—1919年，牧羊人坚持种树，已种出了成片的树林。

1920年—1945年，牧羊人继续坚持种树，将荒原改变成了绿洲。

分析：通过以上梳理，我们可以归纳出理清思路的三个步骤：

首先，要理清事情发展的大体经过，把事情分成几个部分。

其次，找出每个部分最重要的关键词，按照时间顺序或事件发展顺序来叙述。

再次，围绕文章中心制定详略。

▲ **活动设计三：围绕中心，取舍材料，制定详略，拟写提纲**

以《闯关》为题，写一个作文提纲。

提示：(1)先确定文章中心，想想围绕中心可以写哪几件事，如何安排先后顺序。

(2)用简洁的语言概括每件事的主要内容。

(3)围绕文章中心安排详略。

```
                    题目：闯关
题眼：_____
文体：_____
中心：_____
事件1：_____(详写/略写)┐
事件2：_____(详写/略写)├ 按照____顺序排列
事件3：_____(详写/略写)┘
```

(四) 课堂小结

本课我们学习了使写作思路清晰的方法。首先，研读经典，学习按时间顺序或事件发展顺序来叙述，然后围绕文章中心，取舍材料，制定详略，当堂设计了提纲。

(五) 布置作业

根据课上所写提纲，以《闯关》为题，写一篇记叙文。不少于600字。

综合性学习　少年正是读书时

一、教学目标与学习要素

（一）教学目标

1. 学会对调查问卷进行统计分析，从中发现问题，以此制定讨论会话题。
2. 组织并实施专题讨论会，交流名人读书法，推荐好书并制定读书计划。

（二）学习要素

1. 统计的定义：指对某一现象有关的数据的搜集、整理、计算和分析等。

    制图的定义：把实物或想象的物体的形象、大小等在平面上按一定比例描绘出来。

2. 交流读书法，推荐好书，制定读书计划。

二、教学建议

综合性学习《少年正是读书时》的主要目的，是通过这次活动，帮助学生了解自己目前的阅读状况，找出问题，制定读书计划。本单元综合性学习应由学生自主、合作完成，教师仅从旁协助、指点。

综合性学习内容重点在于数据统计，从数据中发现问题，找出问题的原因，并制定针对性的读书计划。其中重要学习活动有：

"调查问卷"是整个活动展开的基础。要提醒学生认真阅读每一道问题，诚实作答，让学生明白，问卷调查的科学性、可信性与命题答题有极大关系。

"制作图表"是本课关键学习活动之一。制作柱状图和饼状图前，先要对问卷进行科学的统计、分析，这是初中阶段第一次在语文学科上接触非连续性文本。要注意引导学生通过图形、数字、文字及相互之间的关系，捕捉信息，发现问题。

"制定讨论会话题"是在前两个活动的基础上，学生根据对班级阅读状况的了解，制定讨论会话题。这是为引导学生交流名人读书方法，推荐介绍好书及制定读书计划等课堂环节做准备。

三、教学过程

（一）课时目标

1. 学会对调查问卷进行统计分析，从中发现问题，以此制定讨论会话题。
2. 组织并实施专题讨论会，交流名人读书法，推荐好书并制定读书计划。

（二）导入

1. 学生在课前通过开展问卷调查并对调查结果进行分析，设计讨论会的话题。

（1）调查问卷。

填写课前阅读情况小调查。

七年级_____班阅读情况小调查

1. 在休息天和假期，你花在课外阅读上的时间是多少？（　　）

    A. 偶尔　　　　　　B. 不超过30分钟　　　　C. 30到60分钟

    D. 1到2个小时　　　E. 2个小时以上

2. 你每年的阅读量是多少？（　　）

    A. 0本　　B. 1—2本　　C. 3—5本　　D. 6—8本

3. 下列图书，哪些你会因为自己想要看而去看？（　　）（多选）

    A. 文学类（包括传记、小说、散文、诗词、童话、神话等）

    B. 历史类

    C. 科普类

    D. 军事类

    E. 漫画类

（2）制作图表。

对问卷进行科学的统计、分析，并制作柱形图和饼形图呈现班级的阅读状况。

调查结果示例：七1班学生总共35人。

1. 选A有5人，B有16人，C有6人，D有5人，E有3人。
2. 选A有5人，B有21人，C有5人，D有4人。
3. 选A有7人，B有8人，C有5人，D有11人，E有23人。

制作图表一：在休息天和假期，_____班学生花在课外阅读上的时间

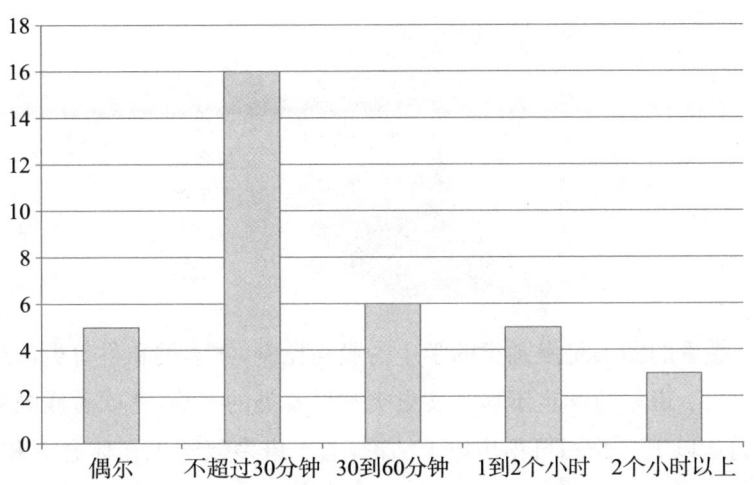

分析：在休息天和假期，偶尔读书和每天读书不超过30分钟的学生占多数，每天读书30到60分钟、1到2个小时和2个小时以上占少数。

结论：七1班多数学生在休息天和假期花在课外阅读上的时间少。

制作图表二：_____班学生每年的阅读量

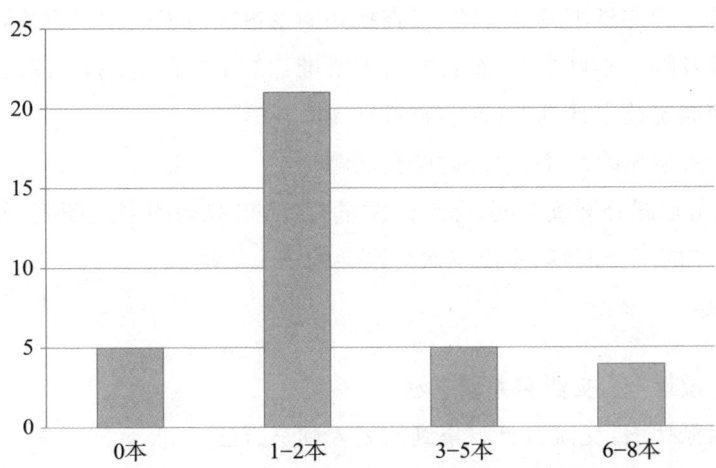

分析：每年阅读量在1—2本占多数，甚至有部分学生阅读量是0本的。阅读量在3本或以上的占少数。

结论：七1班多数学生每年的阅读量少。

制作图表三：下列图书,哪些你会因为自己想要看而去看?

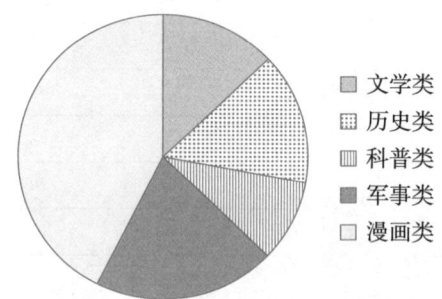

分析：想看的图书是漫画类的学生占最高比例,文学类和科普类占最少比例。

结论：七1班多数学生不喜欢文史类和科普类的书籍,喜欢看漫画书。

【小结】从以上三张图可得出以下结论,七1班多数学生在休息天和假期花在课外阅读上的时间少,每年阅读量也少。班里多数学生不喜欢文史类和科普类的书籍,喜欢看漫画书。

(3) 设计讨论会话题。

根据课外阅读时间、课外阅读量、自己想看的图书的三张柱状图和饼状图,制定本次讨论会的三个话题：

① 有哪些读课外书的好方法?(查找并摘录古今名人的读书方法,课上交流)

② 你推荐哪一本好书?(查找并写下所推荐的书"好"的地方,课上交流)

③ 如何制定读书计划?(课前思考)

2. 课堂展示调查结果,引入讨论会话题。

主持人出示课外阅读时间、课外阅读量、自己想看的图书的图表,分析班级学生阅读情况中的三个问题,引出本次讨论会的三个活动。

(三) 活动设计

▲ 活动设计一：交流名人读书法

1. 小组派代表,交流自己收集到的名人读书方法。

古今名人读书法示例：

(1) "学思结合"法,提倡者：孔子,方法："学而不思则罔,思而不学则殆"。

(2) "三余"法,提倡者：董遇,方法："冬者岁之余,夜者日之余,阴雨者时之余"。

(3) "观其大略"法,提倡者：诸葛亮,方法：读书要从全局观出发,抓住书本最主要的本质,不纠结于小细节。

(4)"循序渐进"法,提倡者:朱熹,方法:以两本书而言,则"通一书而后及一书";以一本书而言,则"篇章文句、首尾次第,亦各有序而不可乱也";还要求"未及乎前,则不敢求其后;未通乎此,则不敢志乎彼"。

(5)"三读"法,提倡者:顾炎武,方法:"复读法""抄读法""游戏法"。

(6)"厚薄"法,提倡者:华罗庚,方法:读书就是由厚到薄,又由薄到厚的双向过程。

2. 分享我的读书法。

各小组推选一个比较喜欢读书的代表,介绍自己常用的读书方法。

▲ **活动设计二:推荐好书**

学生进行三分钟好书推荐活动,要具体说出这本书"好"在哪里。

要求:从选材、内容、语言和结构中任选一个或两个角度进行推荐。

▲ **活动设计三:制定读书计划**

1. 根据活动所获并结合自己实际,制定一份自己的阅读计划。

计划示例:

阅读计划 {
- 学期计划:_____
- 每月计划:_____
- 每周计划:_____
}

完成情况 {
- 本学期计划完成情况:全部完成□ 基本完成□ 未完成□
- 每月计划完成情况: 全部完成□ 基本完成□ 未完成□
- 每周计划完成情况: 全部完成□ 基本完成□ 未完成□
}

如未完成,补救措施是:_____
_____
_____

2. 学生当堂分享读书计划。

（四）课堂小结

课前我们通过填写调查问卷和统计数据分析，明确了讨论会的三个话题。课上交流了名人读书方法，推荐介绍了好书，并当堂制定了阅读计划。这些方法如灵活使用，一定能对大家阅读课外书籍起到良好的效果。同学们，"少年正是读书时"，抓住读书的黄金时间哦。

（五）布置作业

以"书林拾趣，书香共品"为主题，选活动中的名人读书法、好书推荐和读书计划三者之一，进行整理编辑，制作成一张电子小报。教师汇总后发在微信朋友圈（或上传至班级微博）。

单元练习

一、简答题

1. 《纪念白求恩》一文多处使用对比，有什么作用？

_____

2. "那是六月晴朗的一天，太阳快要把人烤焦了。在毫无遮拦的高地上，风吹得人东倒西歪。狂风呼啸着穿过破房子的缝隙，像一只饥饿的野兽发出吼叫。"

句中"太阳快要把人烤焦了"表现出天气的_____。句中"风吹得人东倒西歪"体现当地风的_____。这么多年来牧羊人不管遇到什么情况，始终在这环境恶劣之地坚持植树，表现出牧羊人超出常人的_____。

3. "时间在慢慢地过去，影子在慢慢拉长，太阳已经没在西边低矮的树梢下，夜幕开始降临。周围一片寂静，我趴在岩石上，神情恍惚，害怕和疲劳已经让我麻木。我一动也不动，甚至无法思考怎样下去，安全地回家。"

分析画线句的表达效果。

_____
_____

4. 《诫子书》一文，写出文中提到"志"的语句。联系上下文，说说你对文中"志"与"学"的关系的理解。

_____
_____
_____

二、阅读

（一）古文阅读

夫君子之行，静以修身，俭以养德。非淡泊无以明志，非宁静无以致远。夫学须静也，才须学也，非学无以广才，非志无以成学。淫慢则不能励精，险躁则不能治性。年与时驰，意与日去，遂成枯落，多不接世，悲守穷庐，将复何及！

1. 本文作者是_____时期_____（人名）。《诫子书》中"书"的意思是_____。

2. 用现代汉语翻译下面句子。

夫君子之行，静以修身，俭以养德。

_____

3. 用文中句子填空

当我们放纵懈怠、内心浮躁，可以提醒自己"_____"，当我们追名逐利，失去人生目标时，可以告诫自己"_____
_____"。

（二）现代文阅读

① 我们沿着山路，又向上爬了大约两百米。他停了下来，用铁棍在地上戳了一个坑。然后，他轻轻地往坑里放一颗橡子，再仔细盖上泥土。他是在种橡树！我问他，这块地是你的吗？他摇摇头说，不是。那是谁的地？是公家的，还是私人的？他说不知道。看起来他并不在意。他只是一心一意地把一百颗橡子都种了下去。

② 吃过午饭，他又开始选橡子。趁这个机会，我 páo（　　）根问底，才从他嘴里知道了一些事。三年来，他一直这样，一个人种着树。他已经种下了十万颗橡子。在这十万颗橡子中，有两万颗发了芽。而这两万棵树苗中，有将近一半，可能会被动物咬坏，或是因为其他原因死掉。剩下的一万棵树苗，会在这光秃秃的土地上扎根，长成大树。听到这儿，我开始琢磨牧羊人的年龄。他看上去五十多岁了。他说，他五十五岁，叫艾力泽·布菲，原来生活在山下，有自己的农场。可是，他先是失去了独子，接着，妻子也去世了。他选择了一个人生活，与羊群和狗做伴，平静地看着日子一天天地流走。他说，这地方缺少树；没有树，就不会有生命。他决定，既然没有重要的事情做，就动手种树吧。

③ 第三天，我和牧羊人道了别。

④ 这样过了一年，第一次世界大战爆发了。我应征入伍，在军队里待了五年。战争结束了，我只得到一笔微薄的酬劳。好想去呼吸一下纯净的空气啊！不由得我又踏上了去往那片高原的路。这一带乍看好像没有什么变化。不过，当我来到那个废弃的村庄旁，向远处望去，看到了一片灰灰的薄雾，像地毯一样，铺在高原上。从昨天晚上开始，我又想起了那个植树的牧羊人。我想，那一万棵橡树应该已经长成一大片树林了吧！

⑤ 牧羊人还活着,而且,身体还很硬朗。现在,他不再放羊。他说,羊吃树苗,就不养羊了,只留下了四只母羊。他添置了一百来个蜂箱,改养蜜蜂了。战争并没有扰乱他的生活。他一直在种树。种橡树,种山毛榉,还种白桦树。

……

⑥ 这个男人坚持做着自己想做的事。这片一眼望不到边的山毛榉树林就是证明,它们长得足足有我肩膀这么高了。那一大片橡树也长得很茂盛,不用再担心被动物吃掉了;就算老天爷想把这杰作毁掉,也只能求助龙卷风了。他还指着一片白桦林说,这是五年前种的。他认为谷底比较湿润,就把白桦树种在那里。他是对的。这些白桦树棵棵鲜嫩、挺拔,像笔直站立的少年一样。

⑦ 路过山下村子的时候,我在这个曾经干旱无比的地方,看到了溪水。这是老人种树带来的连锁反应,是我见过的最了不起的奇迹!

1. 看拼音写汉字

páo 根问底（　　　）

2. 分析第⑥段画线句的表达效果。

这些白桦树棵棵鲜嫩、挺拔,像笔直站立的少年一样。

_____

_____

3. 第⑦段"我见过的最了不起的奇迹"指的是_____

_____

4. 牧羊人是个_____、_____、_____的人。

> 解　析

一、简答题

1. 将"不少的人"的行为和白求恩的行为对比,突出白求恩毫不利己专门利人的品质,说明学习白求恩精神的必要性。

【思路点拨】对比这种手法,起到突出强调的作用。本文将"不少的人"的行为和白求恩的行为对比,正是突出白求恩精神的难能可贵。本文不仅是为了颂扬白求恩,更是为了号召全党向白求恩学习。

2. 炎热（或干燥）　猛烈　执着（或坚毅）

【思路点拨】前两空是环境的特点,第三空是人物的精神品质。

3. 画线句使用了环境描写。"影子在慢慢拉长"代表着"我"等待的漫长。暗淡、沉寂的自然环境,烘托了"我"的恐惧心理。

【思路点拨】环境描写效果在于交代故事背景,渲染某种气氛,表现人物的心情,推动故事情节发展。在不同的文章中,环境描写可能有其中几种不同的效果,要根据具体语境具体分析。

4. "非淡泊无以明志,非宁静无以致远"和"非志无以成学"。"志"的作用,一方面要靠淡泊、宁静以"明志",也就是时时将"志"放在眼前,不断磨砺;另一方面强调无"志"则不足以"成学",意为没有志向,则学无目标,必然不能专一。

【思路点拨】"志"是"学"的必要条件。

二、阅读

(一)古文阅读

1. 三国　诸葛亮　书信

【思路点拨】文学常识是平时识记的重要知识点。作家、朝代、文体等都是语文的基本常识。

2. 君子的行为操守,以宁静来修养身心,以节俭来培养品德。

【思路点拨】翻译时要注意字字落实,"之""以"属中考常考的六个虚词,分别是"的"和"用来"的意思,"行""修"属中考常考的150个实词,分别解释为"行为""修养"。

3. 淫慢则不能励精,险躁则不能治性。　非淡泊无以明志,非宁静无以致远。

【思路点拨】类似于中考的理解性默写题,但这里不是默写因为有原文可看。抓住题干中的"放纵懈怠、内心浮躁""追名逐利,失去人生目标",找准语句并不难。

(二)现代文阅读

1. 刨

【思路点拨】"刨"这个字除了念 páo 以外,还有一种读音,念 bào,意思是刨子或刨床。

2. 运用比喻手法,生动形象地表现出白桦树鲜嫩、挺拔的外形,展现了五年前种在谷底的白桦林的勃勃生机,表达了作者对植树牧羊人的赞美。

【思路点拨】画线句的作用,在内容上既有表现对象特点的作用,又有表现作者情感的作用。两方面都要考虑到。

3. 牧羊人用大半辈子的时间种树,把荒漠变成了绿洲,使荒废的山村重新焕发了活力。

【思路点拨】结合"我在这个曾经干旱无比的地方,看到了溪水",可见牧羊人靠一己之力,花了大半辈子把荒漠变成绿洲,这难道不是"最了不起的奇迹"吗?

4. 认真细致(或一丝不苟)、坚持不懈、不求回报(或慷慨无私)

【思路点拨】第一,文中特别强调牧羊人选择的是铁棍,联系当地"土地十分干旱"的环境特点可知牧羊人选择铁棒是经过充分考虑的。"轻轻地""仔细盖上泥土"表现出牧羊人的埋下种子时的认真细致、毫不马虎,可见牧羊人是个做事认真细致(一丝不苟)的人。第二,橡树的成活率只有1/10,说明牧羊人年复一年的艰辛付出大多付之东流。然而,牧羊人依然在种树这件事上丝毫没有动摇,可见牧羊人是个坚持不懈的人。第三,当"我"问他种树的土地归属问题时,他的表现是摇摇头,说了两句"不是""不知道"。简短的回答使"我"我推断出他对于自己种树能否获得收益并不在意,他只是一心一意地把一百颗橡子都种了下去,可见出牧羊人是个不求回报(慷慨无私)的人。

第五单元

| 单元教学目标 |

1. 边读边圈画重要语句,在有疑惑的地方做标注,养成良好的默读习惯。

2. 在整体把握文意的基础上,通过划分文章层次、抓住关键语句等方法,理清作者的写作思路。

3. 结合自己的生活体验,理解人与动物、人与自然的关系,形成尊重动物、善待动物的生命意识。

| 单元内容框架 |

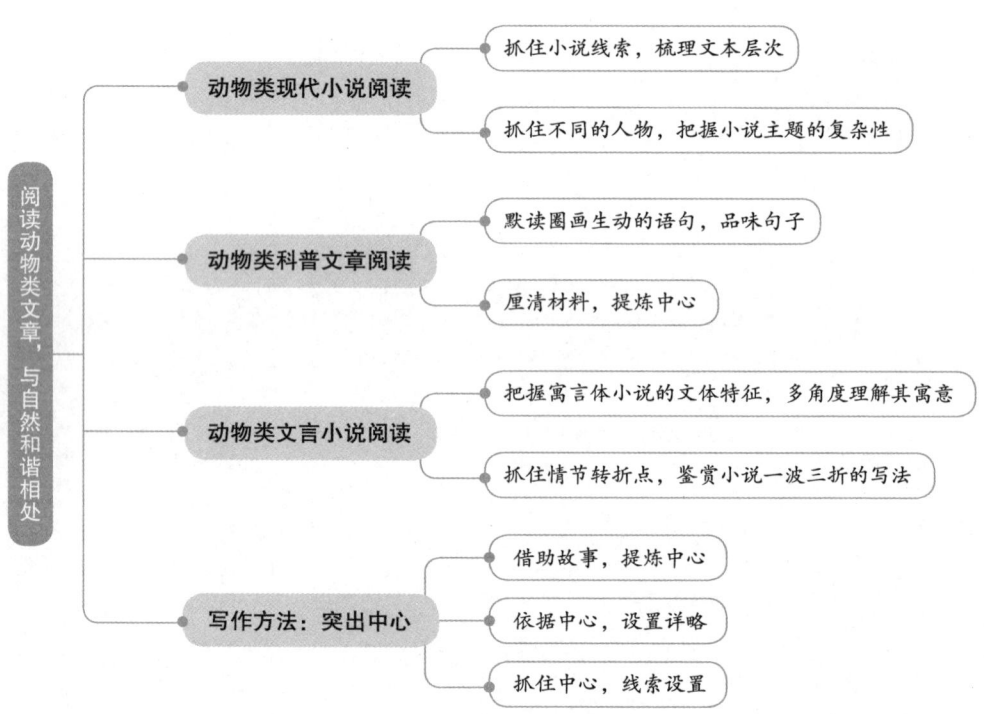

单元设计说明

本单元文体多样,既有现代小说,又有文言寓言小说,还有科普类文章,这些文章都描绘了人与动物相处的故事,或和谐,或冲突,引发了读者对于人与动物、人与自然的思考。

《猫》情节一波三折,表达了郑振铎对动物不幸命运的关注,可谓发人深省;《动物笑谈》选自生动的科普书籍《所罗门王的指环》,写出了人与动物和谐相处的趣味;《狼》是一篇文言小说,讲述了人与狼的较量,但文章的深意绝不局限于人与动物之间。

学习本单元文章,要注重圈画关键语句,在有疑问的地方适当做些批注。通过划分段落层次、抓住关键语句等方法理清楚写作思路,把握文章内涵。在此过程中,学生不但要学会把握文章中心,更要学会分析文章是通过怎样的写作方法凸显中心的。

本单元写作主题为"突出中心",要从本单元阅读的文章中借鉴名家名作突出中心的方法,如设置线索(《猫》)、巧妙安排详略(《猫》《动物笑谈》)、卒章显志(《狼》)等。

16 猫

郑振铎

一、教学目标与学习要素

（一）教学目标

1. 依据线索，梳理主要情节，比较三只猫不同的形象和命运。
2. 继续学习默读，能通过圈画出文中生动的细节描写，体会生动细腻的语言表达。
3. 通过梳理文中表现"我"心理活动的句子，体会"我"及家人养猫经历中的情感波澜，多角度的把握小说主题思想。

（二）学习要素

1. 文章的明线和暗线。
2. 理解小说主题的复杂性。

二、文本解读

（一）课文整体解析

1. 整体解读

《猫》是一篇有浓郁抒情色彩的短篇小说，是郑振铎第一部小说集《家庭的故事》中的首篇。小说看似随手拈来极为平实的写家人养猫的故事，但却是寓意深刻，构思精巧，情感真挚的上乘之作。

小说以"我"为叙述者，以"我家"先后三次养猫的经历为线索：第一只活泼可爱，但不久病死了。第二只更活泼、更可爱，却被人抓走了。第三只猫是女佣人在门口捡来的，"并不好看"，而且"好像是具有着天生的忧郁似的"，让"大家都不喜欢它"。后来被误认为咬死芙蓉鸟的凶手，被我暴怒地责打，在真相大白之后，这只不能说话为自己辩解的猫，没有给我弥补的机会，流落死在外面了，使我永远失去了改正自己过失的机会。

三次养猫，结局都是亡失。但每次的情趣不尽相同，夹杂在伤心难过中的情感也有差异：第一次的快乐而"酸辛"，第二次的快乐而"愤恨"，第三次的难过而自责。作者将这一串故事娓娓道来,意境渐次深远,进而引发读者对小说主题思想的探寻。

2. 关于《猫》主题思想的三种不同见解

第一种:把文中的"我"作为全篇的主人公,则能得出"作品所要表现的是'我'的严于律己的精神,或蕴含着做人的道理:人们应该平和善良,客观公正地对待身边的人和事,而不能带有私人偏见,更不能因迁怒而伤及无辜"这一主题思想。

第二种:把"我们一家人"和所养的三只猫之间的关系作为作品描写侧重点,则能得出"人类始终面对着如何动物相处共存的问题"(见课本中本单元"单元提示")这一主题。1929年,评论家孙席珍曾在《文学周报》上发表《郑振铎的〈家庭的故事〉》一文,认为《猫》的主题是表现作者"对于人类以外的小小的生物,也贯注着无限的慈爱和同情"。他同时认为,在这篇作品中"渗化着"郑振铎的"全人格","令人严肃地领略到作者的伟大与广博",这是很有见地的。这种观点一直深受读者的认同,但我们的理解不能仅限于此。

第三种:把文中三只猫的命运当作描写的关注点,本文的主题思想就成为了"揭示生活中种种不幸的原因"。也就是"在不合理的社会制度下,弱小者总是不幸的,侮辱、损害随时随地都有可能降临到他们身上,而且无法逃脱——他们的悲剧简直具有必然性!"(《义务教育教科书教师教学用书·语文七年级 上册》,人民教育出版社,第 220 页)

因为选材的平常真实,描写的细腻真挚,使不少读者会下意识把这篇文章当作回忆性散文来读,这是不可取的。作者在《家庭的故事》这个集子的《自序》中说:"他们(指书中的故事)并不是我自己的回忆录,其中或未免有几分是旧事。却绝不是旧事的纪实",这句话对我们理解《猫》的主题是很有益的。

当然,要全面深刻理解本文的主题思想,一定要把小说置于时代背景下来解读。

3. 郑振铎和《猫》创作背景

郑振铎先生是我国现代杰出的爱国主义者和社会活动家、作家、诗人、学者、文学评论家、文学史家、翻译家、艺术史家,也是著名的收藏家、训诂家。

《猫》是郑振铎作品《家庭的故事》中的首篇,最初发表在 1925 年 11 月间出版的《文学周报》第 199 期上,是他从事文学创作的早期作品。受"五四"前后西方传入的科学、民主、自由、平等的思想影响,郑振铎逐渐形成了比较真实和清晰的理论想法和认识模型,发展和形成博爱、平等的观念,这一时期的作品表现出他已经在努力践行"公正地待人接物,不伤害无辜,不欺凌弱小"的生活态度。《猫》正是这一生活态度的真实反映。它不止于唤起人们对动物的怜悯之心,而且引起人们对社会生活,特别是对旧式家庭中人的悲剧故事的联想。有人说"如果把这个集子里所有描绘的中国旧式家庭在其行将灭亡之际的形形色色的生活比做一出戏剧的话,那么从某种意义上说,《猫》就是这出戏剧的序曲。"

(二)重点语段细读

本文的语言生活、细腻富有表现力,且不乏一些富有深意、感情真挚的句子。在阅读的过程中应该关注句子的品读,进一步体会人物的情感,作者写作的意图。

1. 我家养了好几次的猫,结局总是失踪或死亡。

此句为全文第一句。总括"我"家养猫的经历和不幸的结局。

"总是"强调了好几次的养猫结局令人唏嘘,"我"内心的伤感和痛苦。其中"失踪"和第二只猫儿的结局照应,"死亡"和第一只猫儿、第三只猫儿的结局照应。让整篇散文弥漫着一股淡淡的忧郁。

2. 我心里也感着一缕的酸辛,可怜这两月来相伴的小侣!当时只得安慰着三妹道:"不要紧,我再向别处要一只来给你。"

"酸辛"意思为悲伤痛苦,写出"我"在活泼有趣的第一只猫儿病死后的心情。

"侣","旅伴也"。第一只猫被看成"我"两个月生活之旅的伙伴,为了再现这种情愫,也为了抚慰妹妹,"我"才有了再养一只猫儿的打算。

3. 隔了几天,二妹从虹口舅舅家里回来,她道,舅舅那里有三四只小猫,很有趣,正要送给人家。三妹便怂恿着她去拿一只来。礼拜天,母亲回来了,却带了一只浑身黄色的小猫同来。

交代第二只猫的来历,看似平常的叙述中充满曲折。

这只小猫"很有趣""浑身黄色",是舅舅家的,二妹送来消息,三妹怂恿着她去拿,却是母亲带回来,"我"是个见证者……它的到来,我们几乎是倾家而动,含蓄地写出了全家人都有喜欢小动物的共性。

同时暗合小说集子的书名,可以说是《家庭养猫的故事》。

4. 于是这个亡失证实了。三妹很不高兴的,咕噜着道:"他们看见了,为什么不出来阻止?他们明晓得它是我家的!"

我也怅然地,愤恨地,在诅骂着那个不知名的夺去我们所爱的东西的人。

猫儿失踪后，我们全家集体寻找——反反复复，不放弃地寻找，直到猫儿确定是被抱走了，强调全家人不愿接受失去自己喜爱之猫的事实，我们的惋惜、不舍之情跃然纸上。

三妹是"很不高兴的，咕噜着道"，而"我"是"怅然地，愤恨地，在诅骂着"，这是一组肖像和语言描写。既是对那个眼见小猫被过路人捉去却无动于衷、冷漠以待的"隔壁周家的丫头"的指责，更是对"过路的人"偷猫损人利己、夺人所爱这一行为的批判。作者借"失猫"批判了那种冷漠而不仗义，事不关己冷眼旁观的社会现实，也对自私自利、为己利而伤人的行径进行了抨击，从而延伸和拓展了小说的主题。

5. 那只花白猫对于这一对黄鸟，似乎也特别注意，常常跳在桌上，对鸟笼凝望着。

花白猫为什么"凝望着""这一对黄鸟"？是因为"具着天生的忧郁性"？是因为由肥胖而懒惰成性的发呆？是因为想不明白鸟为什么那么受待见而它却得不到？或是因为小鸟在它的眼里也真的很可爱……不过，没想到的是所有的"凝望"日后都成了花白猫是"凶手"的呈堂证供。

6. 于是猫的罪状证实了。大家都去找这可厌的猫，想给它以一顿惩戒。找了半天，却没找到。真是"畏罪潜逃"了，我认为。

"罪状证实""畏罪潜逃"用词幽默讽刺。猫儿的罪状仅仅是因为它曾经常常凝望着鸟笼，可见"我"的主观臆断、偏听偏信。"想给它以一顿惩戒"表示"我"武断野蛮地以自己较强势的地位和暴力欺凌弱小的猫儿，体现"我"的野蛮，对于生命的轻视，不能尊重、平等待之。

三、教学过程

第一课时

（一）课时目标

1. 默读文章，理清文章线索，梳理主要情节。
2. 梳理"我"三次养猫经历的情感变化，把握文章一波三折的写法。

（二）导入

郑振铎是我国现代文化史上一位百科全书式的学者，他主张"为人生的文学"。作为那个时代先进的知识分子,他很敏锐地发现一个时代的问题——弱小者的命运永远是不幸的。但他又找不到解决问题的方法,于是用笔写下"平平淡淡的家庭琐事与脉脉温情中轻笼的哀愁",来表达自己追求的"科学、民主、博爱"等思想,而我们今天要学习的《猫》就是他这种思想的代表作。

不同的三只小猫,有着不同的命运轨迹,让我们走进它们的世界。

(三) 活动设计

▲ 活动设计一:给小猫起名字

默读课文并圈画描写小猫、叙述小猫命运的相关语句(如小猫的来历、外观、性情、昵称、结局等),为每只小猫起个名字,并说明理由。

示例:

第一只小猫:雪球,因为它"花白的毛,很活泼,常如带着泥土的白雪球似的,在廊前太阳光里滚来滚去。"这个名字很可爱,适合这只小猫咪。

第二只猫:黄虎。因为它"浑身黄色",会乱跑,爬树,扑蝴蝶,尤其是"居然捉到一只很肥大的老鼠",像老虎一样威武能干。这只猫有老虎般的毛色和老虎般的机敏和动作,所以称其为"黄虎"。

第三只猫:花花。这是一只花白色的猫,花花是很多猫常用的名字,以花花为名字,可以表现出它在家中地位很低,也可以叫"丑花""胖花"。

设计意图:默读文章,理清文章线索,初步把握情节。

▲ 活动设计二:谱写《猫之命运交响曲》

三只小猫有不同的经历,不同的命运,读过此文,不禁为它们的命运唏嘘不已。让我们一起为它们谱写一首《猫之命运交响曲》。

1. 在谱曲前,我们需要对文本进行充分的分析。请同学们同桌讨论,我们要先把握好文章的哪些内容,才能在尊重原文的基础上谱写出《猫之命运交响曲》呢?

预设:要先充分了解猫的经历、性情,也要了解"我"对猫情感态度的变化。

2. 请为三只猫的命运交响曲匹配不同风格的音乐,并简要说明你这样选择的原因。

请同学们搜集不同风格的音乐,音乐风格如下:

明快、舒缓、活泼、高亢、愉快、悲凉、悲怆、低沉、沉郁、滑稽

(1)第一乐章:我们从隔壁要来的雪球,雪球带给我们很多快乐,但后来不幸

病逝了,我们都很难过。

这一乐章的音乐风格应该从_____到_____再到_____。

示例:明快　舒缓　悲凉(言之有理即可)

说明:刚得到这只小猫,我们很开心,可以配明快的音乐;"我坐在藤椅上看着他们,可以微笑着消耗过一二个小时的光阴,"表达了"我"对雪球的喜爱,可以配舒缓的音乐;"我心里也感着一缕的酸辛,可怜这两月来相伴的小侣!""酸辛"直接点明"我"的心情,"可怜""小侣"表达出"我"对这只小猫咪的心疼。

(2) 第二乐章:母亲从舅舅那里拿回的小黄猫,非常活泼、有趣,还能抓大老鼠。但它后来失踪了,当得知它被路人捉去后,我们都很生气。

这一乐章的音乐风格应该从_____到_____再到_____。

示例:明快　高亢　低沉(言之有理即可)

理由:"更有趣、更活泼",两个"更"字体现了"我"对小猫的喜爱之情,这只猫带给我们很多快乐,可以使用明快的音乐。"有一次,居然捉到一只很肥大的鼠。""居然"二字表现了"我"对小猫本领的惊叹,使用高亢的音乐可以表达强调的意味;后来小猫丢失了,"好像亡失了一个亲爱的同伴",表达出"我"的遗憾、惋惜,"我也怅然地、愤恨地,在诅骂着那个不知名的夺去我们所爱的东西的人",直接点明我的怅然、愤恨的情感,可以用低沉的音乐。

(3) 第三乐章:张妈把它拾了进来,它在家里渐渐变得肥胖,不受人喜爱。有一天,家里的鸟被咬死了,我们都怀疑是这只猫咬死的,于是用木棒打它,它跑走了。后来"我"才发现是外面的大黑猫咬死的。可两个月后,它暴死屋脊上了。

这一乐章的音乐风格应该从_____到_____再到_____。

示例:滑稽　低沉　悲怆(答案不唯一,言之有理即可)

理由:张妈把它拾了进来,它在家里渐渐变得肥胖,样子也不是很好,不受人喜爱,有点类似于"小丑",可以使用滑稽风格的音乐;当"我"看到鸟儿惨死的现场时,对它充满偏见,(我很愤怒,叫道:"一定是猫,一定是猫!"),在冤案发生的那段时间里,我们家的气氛是比较低沉的;在发现真正的凶手后,十分后悔(想到它的无抵抗的逃避,益使我感到我的暴怒、我的虐待,都是针,刺我良心的针!)猫死后,"我永无改正我的过失的机会了!"感到无比后悔、遗憾,可以使用悲怆的音乐。

设计意图:抓住文章的两条线索:猫的命运和"我"的情感态度。

(四) 课堂小结

这节课,我们通过给小猫起名字、谱写"命运交响曲"这两个活动梳理了小说的脉络，其中最令我们扼腕叹息的是第三只小猫。那么，第三只猫不幸的命运是什么造成的呢？下节课我们将一起探索第三只猫悲剧的根源。

(五) 布置作业

作者对三只小猫的描写可谓惟妙惟肖。请你借鉴本文的写法，描写一只你喜欢的动物，不少于150字。

第二课时

(一) 课时目标

1. 抓住关键语句，探究第三只猫悲剧命运的根源。
2. 从不同人物出发，多角度理解文章的主题思想。
3. 抓住细节，理解次要人物在小说中的作用。

(二) 导入

第三只猫不幸冤死，它不幸的命运是否可以避免呢？我们能否想办法拯救它？

(三) 活动设计

▲ 活动设计一：为第三只猫选择辩护者

现在，我们已经知道第三只猫是含冤而死的。然而，在小鸟惨死的时候，我们却将它指认为凶手。小说写到了很多人物，请同学们讨论，在这些人物中，谁最有可能为这只猫辩护呢？

示例：张妈最有可能为这只猫辩护。

表层理由：第三只猫是张妈拾进来的，鸟儿惨死的时候，张妈也不曾怀疑是这只猫咬死的，而是心生疑惑。别人都在指控这只猫，还要张妈小心，而张妈却不说什么，她其实很想为这猫辩护，但是她"不能有什么话来辩护"。

深层理由：张妈有着底层民众身上特有的坚韧的善良。第二只猫丢失后，虽然张妈"向来不喜欢它"，却连连表示惋惜。可见她是个富有同情心和同理心的人，这也是她后面会将"要为冬寒与饥饿所杀"的"不好看""好像是具有着天生的忧郁似的"第三只猫"拾了进来"的思想基础。她是个生活在底层的弱者代表，是人世间的"花白猫"，甚至连"芙蓉鸟"也不如，受到伤害、委屈时，自然连辩解的权利也没了。

把握住张妈这个人物形象，能更好地从深度和广度上理解整篇小说的主题思想。

设计意图：抓住细节，理解次要人物在小说中的作用。

▲ **活动设计二：为第三只猫写辩护词**

花花虽然不会说话，不能辩诉，但是我们已经清楚地知晓事情的来龙去脉。请你试着从张妈的角度给花花做一次辩护吧！

示例：你们对花花"犯罪行为"的指控都来自于自己的推测，例如它吃得很胖，经常凝视着鸟笼子，而且案发当天它还跑了，你们认为是"畏罪潜逃"，其实更可能是"不在场证明"。花花是我捡回来的，也是我饲养着的，以我对花花的了解，它不会吃鸟的。在查清凶手之前，万不可对花花下手。

设计意图：从不同人物出发，多角度理解文章的主题思想。

▲ **活动设计三：拯救第三只猫的方案**

第三只猫的死亡，带给"我"巨大的惋惜，但这遗憾其实是可以避免的。假如你是文中的"我"，应该怎么做才能使第三只猫不枉死呢？

提示：有两次可以避免的机会。第一次，当"我"发现鸟儿惨死的时候，如果能够明察秋毫，不为偏见所影响，就可以避免它的暴死户外；第二次，当"我"发现真凶是那只黑猫的时候，完全有可能把被冤枉的猫找回来（从它的死亡地点推断，这只猫应该就是在自己家附近活动）。但"我"完全没有去找猫，也不曾真正以行动补救过失。这两次机会，"我"都失去了，由此直接导致了它的暴死户外。

从中，我们可以得出一些教训：人们应该平和善良，客观公正地对待身边的人和事，而不能带有私人偏见，更不能因迁怒而伤及无辜。

（四）课堂小结

学习这篇文章，我们从梳理文本入手，比较三只猫特点、命运的不同，进而感受到"我"情感的变化：从刚刚开始养猫咪的"欢愉"到小猫死去的"酸辛"，再到第二只猫遗失的"怅然""愤然"，最后到小猫冤死户外的"悔恨"，一次比一次强烈、深挚。我们也为猫谱写了《猫之命运交响曲》，并通过为第三只猫寻找辩护者、为它辩护、想办法拯救它，深入理解了小说的多重主题。

写猫，其实不仅仅是在写猫，更是在映射着人的世界：可爱者死去、有能者被劫、不幸者被冤,这不正是那不公正的社会的写照吗?

(五) 布置作业

从第三只猫的角度(以它为第一人称),写一写"冤案"始末,不少于 400 字。

17　动物笑谈

康拉德·劳伦兹

一、教学目标与学习要素

(一) 教学目标

1. 在保证阅读速度的情况下圈画生动的语句，概括文章的写作内容。
2. 通过勾画重要语句或段落理清思路，进而提炼文章中心。
3. 通过品味生动活泼、富有幽默感的语言，体会作者热爱自然、尊重生命的情感态度。

(二) 学习要素

1. 在确保速度的情况下圈画描写生动的语句。
2. 梳理材料，提炼中心。

二、教学建议

《动物笑谈》节选自奥地利动物行为学家、科普作家康拉德·劳伦兹所著《所罗门王的指环》，作者用生动活泼的语言讲述了四件趣事：一是为了证实"新出世的雏凫只对母凫的叫声有本能的反应，却不知道母亲该像什么"，"我"在草地上一边爬一边学母鸭叫唤，结果惊呆了栏杆边的观光客；二是在火车站为了唤回黄冠大鹦鹉，不让它走丢，"我"用尽全身力气模仿它的叫声，引起人们的围观；三是大鹦鹉咬掉父亲衣裤上的纽扣，并把它们整齐地排在地上；四是大鹦鹉也许是出于对母亲的热爱把鲜艳的毛线有规则地缠到屋前的柠檬树上。

这四件趣事逗笑的主角前两件是"观察者自己"（动物学家），后两件的主角是"黄冠大鹦鹉"（行为有趣的动物）。他们的行为看似怪诞不经，其实他们身上都隐含着无限的趣味，正如作者在《所罗门王的指环》中所言："我很少笑话动物，有时笑过，后来总是发现其实笑的是自己，或者也是因为动物的某一种滑稽相很像人才笑的。"正是因为这种对动物、对自然的热爱，对生命的尊重，劳伦兹才找到了听懂鸟兽虫鱼的语言的"魔戒"，荣膺 1973 年诺贝尔生理学奖。

指导学生学习这篇自读课文，不仅要增进学生对人与大自然关系的理解，形成尊重动物、善待生命的意识，还要培养学生边读边思考的习惯，并且要在理清思路、概括段意的基础上学会提炼文章的中心思想。

三、教学过程

(一) 导入

关于"魔戒"的故事

请同学们仔细阅读课本注释①,思考:

本书选自《所罗门王的指环》,所罗门王是谁?这是一个怎样的指环呢?这书的标题听上去像个神话故事,和本文的标题"动物笑谈"又有什么关系呢?

所罗门王是古以色列王国的王,非常富有智慧。传说他有一个指环,戴上它就可以和动物们聊天。同学们,你想拥有这样的指环吗?本书的作者康拉德·劳伦兹就拥有这样的指环,为了让更多的人拥有这个指环,劳伦兹教授打算开设一个动物科普园,让我们一起来帮他筹备这个充满笑声的园子吧!

(二) 活动设计

▲ 活动设计一:介绍动物科普园的"明星"

康拉德·劳伦兹教授有很多动物,其中《动物笑谈》这篇文章中写到的动物有趣可爱,引人发笑,它们非常有潜力成为动物科普园的喜剧明星。它们是谁?做了哪些令人发笑的事儿?你打算怎样介绍这些喜剧明星呢?

1. 分析"明星"的潜在优势。

分组讨论:文中写到了哪些动物?关于它们发生了哪些"逗笑"的事情?这几件"逗笑"的事有何共同点呢?

	动物	相关事件	共同点
趣事1			
趣事2			
趣事3			
趣事4			

示例:

	动物	相关事件	共同点
趣事1	小鸭子	我和小鸭子一起匍匐	"我"对动物、动物行为研究有一种发自内心的热爱,一方面不惜做出许多看似"啼笑皆非"的行为,一方面"我"对动物搞笑的行为也保持好奇、喜爱,不会因它们搞破坏而生气。
趣事2	大鹦鹉	"我"像大鹦鹉一样大声喊叫	
趣事3	大鹦鹉	大鹦鹉像人一样摆放纽扣	
趣事4	大鹦鹉	大鹦鹉像人一样织毛线	

2. 根据小鸭子和皇冠大鹦鹉的特点,为它们制作明星海报,并配以简要的文字。

示例1:

示例2:

设计意图:在保证阅读速度的情况下圈画生动的语句,概括文章的写作内容。

▲ **活动设计二:设计动物科普园的互动活动**

动物科普园光有喜剧明星可不够,我们还得设计一些互动活动,让游客朋友们不仅能大饱眼福,还能玩得开心,玩得有心得。请大家开动脑筋,根据小鸭子和皇冠大鹦鹉的特点,开发一些人与动物亲密接触的互动活动吧。

示例1:做鸭妈妈一小时体验。游客可以尝试一下匍匐在小鸭子前面爬,并且"呱咯咯咯"地叫唤,让小鸭子把你当成妈妈,和它们沟通感情。在此过程中,仔细观察一下小鸭子是怎样学习的?它们的情绪会受哪些因素影响?

示例2:皇冠大鹦鹉的好把戏:表演小物件分类。

示例3:游客与皇冠大鹦鹉互动:一起用毛线装饰一棵树。

设计意图:在保证阅读速度的情况下圈画生动的语句,概括文章的写作内容。

▲ **活动设计三:猜猜谁最爱动物科普园**

小组讨论,在下面几类人中,谁会喜欢参观动物科普园,在此收获良多?

A. 把康拉德·劳伦兹当疯子的爱丁顿居民。

B. 看到劳伦兹带着小鸭子们在地上又蹲又爬时脸色变得煞白的外地观光客。

C. 像劳伦兹一样对动物"恶作剧"表示宽容,而且觉得有趣的人。

示例:C,只有对动物的行为充分理解、尊重,才能在动物科普园收获乐趣。

设计意图:勾画重要语句或段落,理清思路,进而提炼文章中心。

▲ **活动设计四:推介动物科普园**

在我们的共同努力下,劳伦兹教授的动物科普园已经做好充分的准备就要开园了!为了让更多的游客了解动物科普园,我们打算请你为动物科普园写一段广告词。

示例:

传说所罗门王有一个指环,戴上它就可以和动物们说话。这个指环在人间失传已久,直到劳伦兹教授发现它。现在,劳伦兹教授将这个指环藏在动物科普园,来到这里,悉心寻找,你就可以拥有它……

在这里,你可以体验当小动物的妈妈,在和它们亲密接触的过程中,体会它们的喜怒哀乐;在这里,你可以和皇冠大鹦鹉一起玩耍,比如,一起装饰一棵树;在这里,你可以欣赏它们的拿手好戏,和它们一起收获快乐……来动物科普园,和小动物们做朋友吧——一起了解它们、欣赏它们、善待它们。或许不知不觉中,所罗门王的指环就落到你的指尖……

设计意图:通过品味生动活泼、富有幽默感的语言,体会作者热爱自然、尊重生命的情感态度。

(三) 课堂小结

通过策划"动物科普园",我们可以发现,在劳伦兹眼里,动物和人一样,都是大自然的"成员",在研究它们的同时更应该尊重它们,善待它们。唯有与动物和谐相处,我们才能拥有"所罗门王的指环",听懂它们的心声,与它们共享一个美好的世界。

(四) 布置作业

在你的成长过程中,是否曾经出现一个不会说话的朋友,用自己的方式默默陪伴着你?或许它是一只小鸟,用你听不懂的语言啁啾;或许是只小狗,在你孤独时给你最温暖的陪伴;或许是只可爱的小猫,用可爱和灵动治愈你……请写写你和小动物的温暖故事吧!不少于550字。

18 狼

蒲松龄

一、教学目标与学习要素

(一) 教学目标

1. 积累字词与文言句式,疏通文义,把握文章内容。
2. 通过把握小说情节转折点的妙处,体会一波三折的写法。
3. 抓住关键语句,分析狼和屠夫的心理与性格特征,多角度理解文章寓意。

(二) 学习要素

1. 人物形象的把握。
2. 启示或寓意的总结。

二、文本解读

(一) 课文整体解析

1. 文言寓言小说

文言寓言小说是指以寓言的形式写成的文言小说,这类小说通过假托的人物形象(例如动物、植物、无生命物体)和带有劝喻或讽刺性质的故事来阐明某种事理。它既有寓言的文体特点,又有小说的艺术手法,其主题不限于故事情节本身,往往是借此喻彼、借远喻近、借古喻今、借小喻大、借物喻人、借具体喻抽象,以简单的故事表现深刻的道理。

2. 蒲松龄和《聊斋志异》

蒲松龄(1640—1715),清代淄川人,文学家。字留仙,一字剑臣,别号柳泉居士,世称聊斋先生。

蒲松龄一生怀才不遇,家境贫困,坎坷的遭遇和长期艰辛的生活,使他能接触底层人民生活,并加深了对当时政治的黑暗、科举制度的腐朽以及社会弊端的认识和了解,为文学创作奠定了基础。代表作为《聊斋志异》,"聊斋"相传是蒲松龄的书斋名,"志异"则为"记载奇异之事"之意。《聊斋志异》近五百篇小说,题材广泛,内容丰富,故事情节曲折离奇,结构布局严谨,文笔简练描写细腻,反映现实生活,寄托作者的理想,有极高的艺术成就,堪称文言短篇小说的巅峰之作。

现代作家郭沫若评价此书"写鬼写妖高人一等,刺贪刺虐入骨三分";老舍认为此书"鬼狐有性格,笑骂成文章"。在《聊斋志异》里,神仙狐鬼精魅的怪异故事往往蕴藉着作者的思想,作者正是以人间不存在的怪异之物,表达了对现实世界深刻的关照。当然,除了"写鬼写妖",作者也写了"狼"一类的真实生物,但意图显然是在刺喻像狼一样狡诈、贪婪、凶残的人。

课文选自《狼三则》第二则,作者在文末综述"三事皆出于屠;则屠人之残,杀狼亦可用也。"屠之"残",在此处应为"针锋相对、斗争坚决"之意,非"残忍"也。而彼时彼境,非"残"不可用。所谓"残"与本单元主题"尊重动物、善待生命"之间是否相悖?执教者在教学中要引导学生认真思考。

3.《狼三则》第二则

《狼三则》都叙写了屠夫与狼斗智斗勇的故事,展现出狼的贪婪、狡猾以及屠夫的机智、勇敢。

课文所选择的《狼》记叙了一名屠夫在归家路上遇到两狼的惊险故事,其危急程度可以说是三则之"最"。屠夫从起初的投骨斡旋到骨尽狼驱,从倚薪自保到暴起杀狼,将屠夫的紧张、恐惧以及果敢描绘得淋漓尽致,刻画出一个机敏、勇敢的屠夫形象。而狼则是从起初的得骨到驱屠,从眈眈相向到施展计谋,最后却落得个"毙"的后果,生动地描绘出贪婪、狡诈、自食恶果的禽兽形象。文中细致生动的动作描写恰当地体现出人物的情感,叙写得十分有情景感,让人读来不由得为屠夫捏一把汗。

联系蒲松龄所在的时代背景,狼的所作所为又可以让人读出讽刺的意味来。狼的贪婪、阴险正是对应着当时社会具有同样卑劣品质的人,那么,遇到此类人该如何是好呢?蒲松龄的答案已经蕴藏在文章中,那便是屠夫的反应。遇到像狼一样贪婪而又狡诈的人,一味的退让只会让此种人得寸进尺、变本加厉,我们要像屠夫一样奋起反抗、勇于斗争才能够获得胜利。

学习《狼》,我们不妨结合《狼三则》中的其他两则,找寻三篇文本的共同点,加强对寓言启示的理解。

(二)重点语段细读

在寓言体小说中,作者想表达的思想内涵,是通过对寓言中人物的不同态度表现出来的。在阅读过程中,必须仔细体会人物的性格特点,以及作者对不同人物的态度,才能把握作者的思想内涵。

1. 屠惧,投以骨。一狼得骨止,一狼仍从。复投之,后狼止而前狼又至。

一个"惧"字鲜明地点出屠夫此刻的恐惧感,这是人在野外遭遇大型食肉动物的本能反应。"惧"的外在表现为"投"。投,其表层含义是"投骨",深层含义则是精神上的"投降",显然在初遇狼时,屠夫处于绝对的弱势。后面再次写到屠户的动作,仍然是"投",由此可见此时屠户动作之简单重复、机械僵化。在极端危险的处境中,这种思维方式很可能将人引向悲惨的绝境。而狼则吃着骨头,并且一前一后,又一后一前,不紧不慢,悠闲自在直到骨头吃光了,再一起追赶。两只狼配合得如此默契,竟然表现出人一般的智力水平。屠户则面临着生死攸关的抉择,投降策略宣告失败。

2. 骨已尽矣,而两狼之并驱如故。

这是屠夫与两狼"交手"的第二个环节,局势愈发紧张。"矣"字虽是个虚词,但放在此处作用很微妙,传达出屠夫对"骨已尽"之事实的无助、担忧、恐惧渐生之感。"尽"代表骨头已被吃光,屠夫陷入绝境。"而"字,一个表转折的虚词更是加深了这一层恐惧感,骨头已经被狼吃干抹净,可贪心的狼并没有得到满足,让人不禁想到这"并驱如故"的下一步就是扑向屠夫,体现出狼的贪婪、凶狠,屠夫处境的危险,他的生命受到了威胁。同时,也解释了后文"屠大窘"的原因,为后文屠夫"暴起"杀狼埋下伏笔。

3. 屠大窘,恐前后受其敌。顾野有麦场,场主积薪其中,苫蔽成丘。

"窘"的意思是困窘,处境危急,困迫为难,在前面加一个"大"字,可见屠夫处境之险恶,内心之惶恐。在与狼的第一轮较量中,屠夫的心态从"惧"转为"大窘",恐惧的程度不断加深,"惧"可在心理和行动上逃避,但"窘"境则逃无可逃,只能自己去面对了。危机中也预示着屠夫的觉醒——在形势极为危险的情况下,屠夫即使内心充满恐惧,但依然镇定自若,观察、研究周遭环境,从中寻找一切可能有利于自己的要素——发现田野有个麦场,场主把柴草堆积在里面,覆盖成小山似的样子,屠户于是跑过去倚靠在柴草堆下,卸下担子拿起屠刀。屠夫充分利用了有利地形"野有麦场,场主积薪其中,苫蔽成丘",准备决一死战。

4. 屠乃奔倚其下,弛担持刀。狼不敢前,眈眈相向。

行文至此,屠夫彻底觉醒了,行动起来了,他不再是畏惧的。"奔倚其下"写出屠夫当时的果敢,行动速度非常快,显然已经做好和狼决一死战的准备;"弛担持刀"是两个动作,"弛担"指放下担子,也代表屠夫放弃妥协和最后一丝侥幸的幻想;"持刀"指屠夫拿起屠刀,也代表屠夫拿出背水一战的决心。同时,这把刀的出现也为下文"刀劈狼首""自后断其股"埋下了伏笔。

此时两只狼的反应:等到屠户放下担子拿起刀,并且倚靠着柴草堆,狼的反应转变为不敢上前,只是瞪眼朝着屠户。剧情出现反转,力量对比发生重大变化,戏剧性很强,也让关心屠夫命运的读者暂时大喘一口气。

5. 少时,一狼径去,其一犬坐于前。

"少时"意思是"一会儿",在与屠夫对峙一会儿之后,两只狼就想出了下一步的对策,"少时"突出时间之短,也足见两只狼的默契,联系后文可知,在很短的时间内它们就想到了一诱敌、一攻敌的方法。但此方法其实破绽良多,也体现出狼的心急。"径去"意为"径直离开","犬坐"意为"像狗一样坐着",两只狼的不同动作目的都是相同的,就是让屠夫放松警惕,拖延时间,以便达到它们前后夹攻屠夫的目的,再次强化了狼狡猾的特点。

6. 屠暴起,以刀劈狼首,又数刀毙之。方欲行,转视积薪后,一狼洞其中,意将隧入以攻其后也。身已半入,止露尻尾。屠自后断其股,亦毙之。

"屠暴起"将情节推向一个新的高潮——从"惧""大窘"到"暴起",我们发现,原来屠户也有神勇果敢的一面,只是之前一直被懦弱和谨慎所吞噬。屠户突然跳起来,用刀劈砍狼头。这把刀总算真正派上用场——多次手起刀落,痛快利落,令人血脉偾张。而狼的计策已到强弩之末。

7. 狼亦黠矣,而顷刻两毙,禽兽之变诈几何哉?止增笑耳。

狼"黠"的天性却是"毙"之因(能在短时间内高效配合,几乎突破屠夫的心理防线),然而"变诈"的多少都逃脱不了"止增笑耳"的结局,狼这一场老谋深算最终在屠夫的勇气、智慧和行动中败下阵来,从中足见作者的嘲讽态度。可见,面对像狼一样的恶人、恶势力,只有勇于斗争、善于斗争才能取得胜利,妥协和投降是无效的。

《狼三则》中另两则的结尾句都是点明作者情感态度的句子。教学中要引导学生关注蒲氏这种先叙事后显志的行文方法。

三、教学过程

第一课时

（一）课时目标

1. 积累字词，梳通文义。
2. 初步把握屠夫和狼的心理与性格特征。

（二）导入

1. 成语话"狼"

请同学们完成下面的填字游戏。

			狼		
	狼				
	狈		狗	一	
				肺	
				狼	虎
		杯		藉	
		如		虎	
				后	

示例：

			狼			
	狼	子	野	心		
	狈		狗	一	片	
	为			肺		
	奸		狼	吞	虎	咽
		杯	盘	狼	藉	
				前		
		如	狼	似	虎	
				后		

这些成语中的狼都有什么共同特点呢？狼历来是狡诈、残忍、贪婪的代名词，以谈狐说鬼著称的《聊斋志异》中就记录了有关屠户与狼斗智斗勇的三个小故事。今天，我们就一同走进其中一个小故事。

2. 知人论世读经典

请同学们搜集关于蒲松龄的资料，制作作家知识卡。

示例：蒲松龄作家知识卡

时代	地点	名字	作品	评价
清代	山东淄博	蒲松龄，字留仙，世称聊斋先生	《聊斋志异》	郭沫若评价此书"写鬼写妖高人一等，刺贪刺虐入骨三分"；老舍评"鬼狐有性格，笑骂成文章"

蒲松龄称自己的书房为"聊斋"，你能仿照这种方式，给自己的书房或教室拟个名字吗？

示例：自在室、无忧堂、怡情斋、讷斋……

（三）活动设计

▲活动设计一：学习实词，积累成语

解释带点词语，并且根据词语说出相关成语

（1）途中两狼，缀行甚远。

缀，连接、紧跟。——笔不停缀

（2）狼不敢前，眈眈相向。

眈眈，注视的样子。——虎视眈眈

（3）久之，目似瞑，意暇甚。

瞑，闭上眼睛——死不瞑目

（4）屠暴起，以刀劈狼首。

暴，突然——暴风骤雨

（5）狼亦黠矣，而顷刻两毙，禽兽之变诈几何哉？

黠，狡猾——小黠大痴

设计意图：落实积累字词，为疏通文意做铺垫。

▲ **活动设计二：疏通文意，初探形象**

1. 请同学们用红笔圈画出关于狼的语句，用蓝笔圈画出关于屠夫的句子，梳理在下面的表格里。

屠夫	狼
一屠晚归，担中肉尽，止有剩骨。	途中两狼，缀行甚远。
屠惧，投以骨。	一狼得骨止，一狼仍从。
复投之。	后狼止而前狼又至。
骨已尽矣。	而两狼之并驱如故。
屠大窘，恐前后受其敌。顾野有麦场，场主积薪其中，苫蔽成丘。屠乃奔倚其下，弛担持刀。	狼不敢前，眈眈相向。少时，一狼径去，其一犬坐于前。久之，目似瞑，意暇甚。
屠暴起，以刀劈狼首，又数刀毙之。方欲行，转视积薪后。	一狼洞其中，意将隧入以攻其后也。身已半入，止露尻尾。
屠自后断其股，乃悟前狼假寐，盖以诱敌。	亦毙之。

2. 借助课下注释，同桌两人分别疏通写屠夫的句子和写狼的句子。

预设难翻译的句子：

倒装句、省略句：**屠惧，投以骨。**

翻译：屠夫感到很害怕，把骨头投给狼。（"投以骨"应理解为"以骨投"，并且补上句子的宾语"狼"）

省略句：**顾野有麦场，场主积薪其中，苫蔽成丘。**

翻译：屠夫看见田野里有一个打麦场，打麦场的主人把柴草堆积在打麦场里，覆盖成小山一样。（补充主语"屠夫"）

词类活用现象：**其一犬坐于前。**

翻译：其中一个像狗一样蹲在前面。（"犬"，名词作状语，意思是"像狗一样"）

3. 通过梳理屠夫和狼前后的行为变化，请简要分析双方各自具有怎样的特点，并说说你的理由。

提示：屠夫开始是妥协的，"投以骨"，表面上投的是"剩骨"，其实也是投降，是妥协。后来在极为窘迫的环境中，屠夫仔细观察环境，寻找有利条件，拿起刀与狼决一死战，最终反败为胜，表现出自己的智慧和勇气。

狼是贪婪的，不仅仅满足于屠夫投喂的骨头，还想吃掉屠夫；狼也是狡诈的，在短时间内形成对付屠夫的策略，尽管最后被屠夫杀死了。

设计意图：疏通文义，把握文章主要内容。

【（四）课堂小结】

这节课，我们初步梳理了文本，简要分析了双方各自的特点。那么，原本处于优势地位的狼为何会"顷刻两毙"呢？作者写这个故事，究竟要表达什么呢？我们下节课继续探究。

【（五）布置作业】

积累本文中重要的文言实词、语法现象和特殊句式，翻译全文。

第二课时

【（一）课时目标】

1. 抓住关键语句，体会文章一波三折的写法；
2. 把握各类角色，多角度理解文章寓意。

【（二）导入】

上节课我们梳理了本文的故事，初步把握了狼和屠夫的形象特点。那么屠夫为什么会胜利？狼为什么会失败？接下来我们一起探究其原因。

【（三）活动设计】

▲ **活动设计一：绘制屠夫与两狼战斗实力对照图**

文章字数不多，但内在包含了双方实力的逆转，情节可谓一波三折。请同学们基于第一课时的表格，绘制屠夫与两狼战斗实力对照图。可以用折线图或柱状图的形式表现。

示例：

浅色柱代表屠夫的实力，深色柱代表狼的实力。

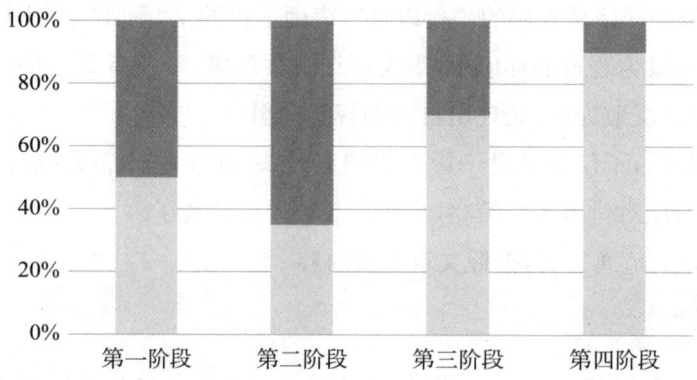

设计意图：抓住文章的转折点，体会文章一波三折的写法。

▲ 活动设计二：新闻选题会

《坊间报》是一张专门报道坊间奇闻逸事的报纸。该报召开了一次新闻选题会，打算对当前的一些坊间逸事做一些报道。你是一位记者，屠夫和狼的故事在坊间早已口耳相传，打算要为新闻主角——屠夫，写一篇人物专访。

1. 聚焦访谈重点。

根据"活动设计一"的"屠夫与两狼战斗实力对照图"，结合文本，抓住访谈重点。

提示：由图可知，故事情节的转折点在于"驰担持刀"，放下担子的那一刻，他放弃了消极防守，拿起刀的那一刻，他选择了积极进攻。在此之后，原本猖狂的狼竟"不敢前"。因此，访谈重点应该放在屠夫"驰担持刀"之后，重点突出屠夫的勇气、智慧和冷静。

2. 讨论选题价值。

报社一位编辑认为，我们报纸版面非常宝贵，这不过是一则市井传奇，百字以内的一篇"豆腐块"就可以了，没必要花那么多功夫进行专访。你打算怎么反驳这个观点？

示例：这件事本身非常有传奇色彩，人们一定十分好奇屠夫是怎样仅仅依靠一把刀战胜狼的，发表出来大家一定很喜欢看。更重要的是，这个故事还有针砭时弊的作用，咱们可以借着这个狼的故事讽刺那些贪婪的剥削我们的人。读者朋友们一定很有共鸣啊！

设计意图：理解人物形象。

▲ **活动设计三：帮"狼"出谋划策**

1. 在这个故事中，狼有两只，而屠夫只有一人，再加上夜深人静的特殊环境，狼其实原本实力强大，可以活下来。可它们却双双被屠夫杀死。请同学们讨论，造成狼死亡的原因是什么？你能否帮狼出谋划策，告诉它们活命的方法？

示例：

外在原因：屠夫敢于斗争，善于斗争，沉着冷静且有力、有勇、有谋。

内在原因：狼过于贪婪，十分狡猾，耍小聪明被屠夫识破。

狼如果不要那样贪婪，吃完屠夫给的骨头就赶紧溜走，别想着吃屠夫本人，它们就不会死。

2. 狼的贪婪直接导致了最后的死亡。在行文过程中，蒲松龄为何重点凸显狼的贪婪？你能联系作者的写作背景试着分析一下吗？

示例：

原因1：狼生性贪婪。

原因2：狼代指社会上像狼一样的贪婪、狡猾的人，这类人是作者意图讽刺的。

设计意图：多角度探索寓意。

（四）课堂小结

学习《狼》一文，我们积累了字词、特殊句式（特别是省略句和倒装句）和词类活用这一语法现象，梳理了文意，分析了屠夫、狼各自的特点，并借助图像对比了双方实力的变化。从对比图中我们可以发现：二者原本实力悬殊，狼贪婪、狡猾，还有利齿獠牙，但正是这样的贪婪狡猾断送了它们的生命；屠夫从最初的妥协、投降到后来置之于死地而后生，从"弛担持刀"开始，他鼓起勇气，拿出智慧，巧斗恶狼。作者写狼，也意在写像狼一样凶恶、狡诈的人。

（五）布置作业

1. 自主阅读《聊斋志异》中另外两则关于狼的故事。

2. 在理解字词，疏通文意的基础上，从屠夫和狼各自的角度复述故事。为了让你的故事更动人，可以在尊重原作的基础上增加一些细节。

示例：

屠夫讲故事：

今天生意真不错，肉都卖光了，只剩下一些骨头。收摊时，太阳恰好收起它的最后一缕光线，夜幕低垂。不知为什么，走在夜色中的我竟有一丝不祥的预感。

果然，路上我遇到两头狼。它俩紧紧跟随在我身后，走了很远。

我很害怕，用骨头投喂它们。一头狼得到骨头后停下了脚步，而另一头狼仍然跟着我！我只好又给了它一根骨头……正当我以为自己可以摆脱那头停下脚步的狼的时候，那头后面的狼又跟了上来……我的老天爷啊！眼看着骨头就快没了！在绝望中，我投下了最后一根骨头，两头狼像原来一样一起追赶着我……

我害怕极了！担心从前后两个方向受到它们的袭击！那我不就完了么？此时此刻，一句话浮现在我心头——干脆置之于死地而后生！如有神助一般，我冷静下来，看看四周的环境，这片野地有个麦场，场主在麦场上堆积了一些柴草。可见，附近一定有人！那麦场的人或许会来帮我对付狼？我转念一想，不，不能把希望寄托在别人身上，还是得靠自己！看，这柴草覆盖成小山……我似乎找到了有利地形！我飞速奔向麦场，倚靠在柴草堆下，卸下担子拿起刀。狼不敢上前，瞪眼朝着我。就这样，我们大眼瞪小眼僵持了一阵子。我索性也不怕了，是死是活，就此一搏吧！

一会儿，一只狼径直走开，其中一只狼像狗一样蹲坐在前面。过了一会儿，狼的眼睛好像闭上了，神情悠闲得很。呵，装啥呢？老夫怎可能不识破你的诡计？你的小命马上就没了！我突然起身，用刀劈砍狼的头，又劈砍几刀杀死了狼。我正想要走，转念一想，不行！于是我转身看柴草堆后面，一只狼在其中打洞，意图想要钻洞进入柴草堆来攻击我的身后。狼的身体已经钻进入一半了，只露出屁股和尾巴。哈哈！正是好时机！我从后面砍断狼的大腿，这只狼也死了。这时候，我突然明白之前的狼假装睡觉，原来是用来诱惑我啊！还好我没上当受骗，不然……想到这里，我后背湿了一片……

狼讲故事：

那是一个月黑风高的夜晚，我和我的同伴正在森林里歇息。那几天，我们和狼群走散了，一连几天都抓不到大的猎物，只抓到了些小野兔来勉强充饥。然而，几只小兔子怎么能填饱两头狼的肚子呢，这样下去，我们还是非饿死不可。正想着，突然，空气里隐隐飘来了一丝血的气息，我们几乎同时抬起头，交换了一个眼神，慢慢起身，循着气息悄悄地找过去。

摸到路边，微弱的月光下，一个挑着扁担的人影在小路上若隐若现，正是那扁担里散发着浓浓的血腥味儿。在这荒无人烟的地方，两头狼对一个人，我们的胜算明显大些。然而他身上有刀,还是小心为妙。想到这里,我们便从路边的灌木丛中出来,尾随着他,寻找机会发动进攻。

几缕云飘过,月光下的一切更加若隐若现了。那屠夫似乎也注意到了我们的存在,时不时地回头,紧张地瞟一眼我们。我们之间的距离越来越近了,屠夫也愈发不安起来。或许是想暂且拖慢我们的脚步吧,他从肩上的扁担里拿出一根骨头扔过来。我们才不会傻到去抢同一根骨头呢,他扔来一根,我们其中的一个就去啃两口,另一个就继续跟着,这样既能啃到骨头,又能继续缩短距离,实在是妙哇!

不一会儿,他的骨头就扔完了,我们之间的距离可是一点都没有拉开,反而还缩短了不少。他明显更加慌了,看路边有一个麦场,堆了一堆堆的稻草,便急急忙忙地跑过去,背靠着一个稻草堆,放下了扁担,拿出刀来,便要和我们对峙。这要是和他正面对峙,我们可能就变成狼肉了。我俩互相看了对方一眼,一个眼神便理解了对方的意思。

我径直离去,伙伴则像狗一样蹲坐在前面,假装睡觉。哈哈,趁机我赶紧去柴草堆里打洞,从背后袭击这个家伙。正当我开始打洞的时候,突然阴风四起,一些粘稠的液体似乎溅到我尾巴上。来不及了!我赶紧把头继续往里钻,赶紧去攻击屠夫。说时迟那时快,当我只剩下屁股和尾巴露在外面的时候,我的大腿忽然消失了……

写作 如何突出中心

一、教学目标与学习要素

(一) 教学目标

1. 通过分析材料的详略,学习提炼文章中心的方法。
2. 基于文章中心合理安排详略,并通过想象与扩写合理安排详写内容。
3. 通过巧妙设置线索突出中心,叙写一个物品、一个场景或一件小事,表达自己的思考。

(二) 学习要素

1. 提炼中心。
2. 详略得当。
3. 设置线索。

二、教学建议

围绕中心写作是作文的基本要求。刘师培在《汉魏六朝专家文研究》中说:"是知作文之法,因意谋篇者其势顺,由篇生意者其势逆。"立意,不仅是写作的主心骨,而且是谋篇布局、材料取舍、详略安排、炼词造句的先导。有了中心,要突出中心,则需要对选定的材料进行一定的加工和提炼,合理安排好先后的次序和详略。

不仅要在写作内容上深思熟虑、精心构思,还可以借助具体的写作方法与技巧来突出中心。篇章上,可以借鉴《猫》的写法,设置贯穿全文的线索;语段上,可以采用前后呼应、铺垫渲染、抑扬对比、细节描写等技巧突出中心;词句上,可以"一字立骨",反复运用关键词……本课重点训练详略安排和线索设置。

教学策略上,以新闻故事《"芬芳"接力找寻,书包归还主人》为教学切入点,引导学生掌握具体的突出中心的写作方法与技巧。

三、教学过程

(一) 导入

书包是我们学习的必备用品。今天,我们一起来读一个关于书包的故事。

"芬芳"接力找寻 书包归还主人①

拂晓新闻网—皖北晨刊讯,9月3日下午,□桥区支河乡农民邢善出门办事,在宿城上河城小区门口捡到一个学生书包。在大家的爱心接力下,书包的主人终于找到了。

当天下午5点左右,邢善路过上河城小区西门时捡到一个书包。他在原地等了一会儿,不见有人来找。邢善在书包里找到一张背面写着班级和姓名的照片,但没有联系方式。邢善想起之前帮助过女儿的"芬芳"公益诗书画研究会,便拿起手机将相关信息发到微信群和朋友圈中。

在微信群里看到邢善发的信息后,志愿者立刻行动起来,纷纷转发,部分学校的老师也参与进来帮助寻找失主。经过大家的爱心接力,当晚10点半,终于在宿城一中高二年级找到丢失书包的王同学。邢善说:"别人曾经帮助过我,我现在帮助别人,是很正常的,这是我应该做的。"

(二) 活动设计

▲ 活动设计一:妙手抓中心

1. 根据以上材料,以"邢善"为主人公复述新闻故事。

(1)<u>外出办事捡书包</u>→(2)<u>原地等人还书包</u>→(3)<u>为找主人翻书包</u>→(4)<u>想起公益"转"书包</u>→(5)<u>送还书包忆"芬芳"</u>

2. 分组讨论:通过这则新闻,作者想要表达什么?

示例:由标题中的"接力"二字可以看出,爱心需要传递,"接力"才能成功。

▲ 活动设计二:多角度提炼中心

除了作者想要突出的中心外,我们还可以从这则新闻中提炼出哪些中心呢?

示例:

中心①:助人为乐是中华民族传统美德。邢善、志愿者、老师们都是助人为乐

---

① 陶璞、王云:《"芬芳"接力找寻,书包归还主人》,《拂晓新闻网·皖北晨刊》2017年9月6日。

的人,传承了助人为乐这一中华民族传统美德。

中心②:小小的善举也足以温暖人心。找书包虽然只是一件小事,但也足以温暖一个孩子的心,温暖一座城。

中心③:人要懂得感恩。邢善因为懂得感恩,把温暖传递给别人。

设计意图:通过分析材料的详略,学习提炼文章中心的方法。

▲ **活动设计三:选定中心,慧心解新闻**

1. 如果从邢善的视角去叙述这则故事,你觉得哪一种立意更为新颖?

提示:中心③"人要懂得感恩"要比中心①"助人为乐是中华民族传统美德"新颖;中心②"小小的善举也足以温暖人心"要比中心③"人要懂得感恩"新颖,但要注意用"邢善"这一视角去叙述故事,"邢善"和志愿者们的小小善举让人们感受到这座城市的温暖。

2. 如果以"爱心需要传递"为中心复述这则故事,为了突出中心,你认为上述复述故事时的 5 个片段哪些需要详写,哪些需要略写,看看哪些地方还需要补写?

提示:上述 5 个片段均能体现邢善"爱心",但是只有片段(4)(5)能突出爱心"传递",所以需要详写。同时关于志愿者、部分学校的老师以及"芬芳"公益诗书画研究会,也需要补写相关内容。

示例:

(1) 邢善外出办事捡书包(略写)

(2) 邢善原地等人还书包(略写)

(3) 邢善为找主人翻书包(略写)

(4) 邢善想起公益"转"书包(详写)

(5) 邢善送还书包忆"芬芳"(详写)

补写:

(1) 志愿者在微信群里看到邢善"寻人"信息后纷纷转发书包图文,一起寻找书包主人。

(2) 学校老师也参与爱心"接力",帮助寻找书包主人。

(3) "芬芳"公益诗书画研究会帮助邢善女儿。

(4) 书包主人王同学表示以后也要帮助他人,让爱心"接力"下去。

设计意图:基于文章中心合理安排详略,并通过想象与扩写合理安排详写内容。

▲ 活动设计四：细节我来报

为了突出"爱心需要传递"这一中心，请你运用想象扩写邢善想起公益"转"书包这一片段。

提示：

（1）邢善想起之前帮助过女儿的"芬芳"公益诗书画研究会，便拿起手机给书包拍照，并将书包相关信息发到微信群和朋友圈中。

（2）运用插叙补写"芬芳"公益诗书画研究会帮助邢善女儿的片段。

（3）志愿者在微信群里看到邢善"寻人"信息后纷纷转发书包图文，一起寻找书包主人。

（4）部分学校的老师也参与爱心"接力"，帮助寻找书包主人。

设计意图：基于文章中心合理安排详略，并通过想象与扩写合理安排详写内容。

▲ 活动设计五：妙手抓线索

仿照下表中郑振铎《猫》的情感线索，给《"芬芳"接力找寻，书包归还主人》设置线索，学会从不同角度描写书包与邢善心情，以此突出中心。

《猫》	情感线索	变化原因	中心
第一只猫	由快乐而心酸	"我"把它们奉为掌上明珠，完全是从个人利益出发，用于"玩耍"。	少臆断，多仁爱
第二只猫	更加快乐，时时担心，最后怅然、愤恨		
第三只猫	不大喜欢，留下深深悔恨	"我"偏听偏信，妄下断语，横加罪名。	
《"芬芳"接力找寻，书包归还主人》			
事情	书包	邢善心情变化	中心
外出办事捡书包	_____	奇怪	爱心需要传递
原地等人还书包	_____	焦急、犹豫	
为找主人翻书包	_____	无奈、嗔怪	
想起公益"转"书包	_____	期盼、_____	
送还书包忆"芬芳"	_____	欣慰、_____	

提示：

邢善外出办事捡书包，看到书包先是觉得"奇怪"，长时间丢在地上，怎么无人认领？捡起书包之后又"犹豫",想着自己有约在身,即将迟到,想要放回原地,想到自己女儿受到"芬芳"公益诗书画研究会帮助、接受捐赠红书包的那一场景又坚定起来,一定要找到书包主人,让爱心传递下去……

对于书包的描写,不仅可从外观、形状、包内书本、照片等方面作客观描写,还可以从邢善的不同心情去看待"书包",描写书包;同时虚实结合,将王同学的书包和志愿者网上转发的书包图片、邢善女儿接受捐赠的红色书包相结合,以"书包"为线索,突出中心。

设计意图:通过巧妙设置线索突出中心,叙写一个物品、一个场景或一件小事,表达自己的思考。

(三)课堂小结

本节课,我们借着"找书包"的故事,学习了提炼中心的方法。在明确中心后,所有的材料就要围绕着中心展开,这就需要我们对材料进行详略处理,并设置线索,从而让文章条理清晰。

(四)布置作业

我们每天都和家人一起吃饭,在餐桌前,大家都在谈论些什么?也许是当天发生的事,也许是正在看的电视节目……请以《餐桌前的谈话》为题,自定立意,写一篇作文。不少于600字。

提示:

(1)地点是"餐桌前",内容是"谈话"。参与的人有谁?谈话的内容是什么?是一次内容宽泛的聊天,还是一次有针对性的谈话?题目有很大的开放性,需要结合你自己的生活,确定写作内容。

(2)内容确定了,需要考虑你想表现什么,也就是立意的问题。比如,要写爸爸在餐桌前跟你语重心长地谈话,纠正你的错误,立意就可以放在生活的启示上;要写一家人热烈地讨论电视节目,立意可定在展现温馨的家庭氛围上。

单元练习

所罗门王的指环(节选)

康拉德·劳伦兹

另一次我差点儿被送进疯人院里,这得怪我养的那只黄冠大鹦鹉"可可"了。那年复活节前几天,我花了一笔数目可观的钱买下这只漂亮而温驯的鸟。过了好几个礼拜,这个可怜的家伙才渐渐从它长期禁锢所受的精神虐待中恢复过来。最初它甚至不知道自己已经不受脚链的约束,可以随意行动;看到这只骄傲的大鸟坐在树枝上想飞却又不敢飞的模样,真叫人觉得可怜。不过最后等它克服了这种心理障碍时,它马上变得活泼而神采奕奕起来,并且对我恋恋不舍。

晚上我们通常把它关在屋里睡觉,早晨一放它出来,它总是迫不及待地去找我。它聪明得很,不要多久,就知道在哪儿可以找到我了:首先它一定飞到我的卧房窗口,如果我不在里面,它便会去养鸭子的水塘里。只要是我早上要做例行检查的地方,它都会一一找到。这种追寻对它而言并不是没有危险,因为它如果找不到我,就会越飞越远,有好几次迷了路,回不了家。因此,我的助手都知道,凡是我不在家的时候,就根本不能把可可放出来。

六月里的一个周末,我从维也纳坐火车回艾顿堡。因为天气好的时候,周末常有别的地方的旅客到艾顿堡来游泳,所以和我一起出站的人很多。我才走了几步,忽然看见前方有一只大鸟,在离地相当远的空中缓缓而飞,它的动作非常之慢,时而振翅时而滑翔。一时之间,我完全不能确定这到底是哪一种鸟,说它是秃鹰,未免太重;说它是鹳,又不够大,而且鹳在飞到这般高度的时候,颈子和腿应该还看得见才对。这时,它忽然歪斜了一下。落日的余辉照在它巨大的翅膀底部,就像夜空因为星星而发光一般,我看出来这是一只白鸟——老天!<u>这不是可可吗?它的翅膀稳定地动着,不是很清楚地表示它正要去做长途飞行?我怎么办?该不该喊它一声呢?</u>对了,你听过黄冠大鹦鹉的鸣声没有?假使没有,只要想想用老法子杀猪时猪的嚎声,再用扩音器放大几倍就得了。如果一个人用尽全身之力,把嗓门憋得尖尖的,发出"哦——啊"的叫声,虽说比不上大鹦鹉的气势,听起来也蛮像了。从前我曾试过这样喊它,每次它都听话地回到我的身边,但是它现在飞得这么高,肯不肯听话就不知道了,因为鸟通常不喜欢直直地从上往下飞的。到底叫不叫它呢?那一刻真叫我为难呀,如果我叫了,它竟然理也不理地飞走了,我怎么向旁边的人解释？

　　不过我到底还是叫了。我四周的人一个个都像生了根似的定在那里。可可伸开了翅膀迟疑了一会儿，然后敛翼俯冲而下，只一下就停在我伸出的手臂上了。真是谢天谢地，我总算松了一口气。

　　又有一次，这只鸟的恶作剧把我吓了一大跳。我的父亲那时已经上了年纪，他最喜欢在我们房子西南面的阳台上睡午觉。我虽然很不赞成他在强烈的阳光下晒着睡觉，他却不肯让任何人改变他的老习惯。一天又在他睡午觉的时候，我忽然听见他在阳台上像个大兵似地大声咒骂起来。我连忙赶去，只见这位老先生弯着身子，蹒跚地走过来，两手紧紧地围在腰际。

　　"我的天啊，你是不是病了？"

　　"没有，"他生气地说，"我一点病也没有，只是那个混账东西在我睡觉的时候，把我裤子上的扣子全咬掉了。"

　　我跑到犯罪现场一看，果然，可可不但把这位老教授身上的扣子全咬下来了，而且还整整齐齐地排在地上：袖子上的扣子作一堆，背心上的作一堆，另外，一丝不错地，裤子上的扣子也排作一堆。

　　这只鹦鹉还有一样好把戏，可以跟猴子和小孩子的丰富想象力比美，也许是因为它对我母亲的热爱而触动了灵机吧。夏天里，我的母亲只要在院子里坐，总是一刻不停地织着毛衣。可可似乎很清楚那一团团柔软的毛线是干什么用的，它总是一口咬住露在外面的活线头，很快地飞到空中，把一整团线都打开来，就像一个纸风筝拖着一条极长的尾巴。它总是蹲得高高的，然后就绕着我们屋子前面的柠檬树有规则地打起转来。要是没人在那儿打断它的好把戏，它就把整棵树都缠上鲜艳的毛线，叫你怎样也没法子再解开来。我们家的客人常常会在这棵树前一站半天，想不出我们为什么把它打扮成这个模样，也不知道我们是用什么法子把毛线缠上去的。

　　这只鹦鹉对我母亲真是一往情深，它热烈地追求她：在她的身边用各种古怪的姿势跳舞，一下子把它漂亮的冠毛打开来，一下子又合上；而且无论她到哪儿去，它都跟着；如果她不在，它一定像初来时找我一样，孜孜不倦地去找她。

　　我的母亲一共有四个妹妹，一天，我的姨妈们和好几个相熟的老太太一起在我们家的走廊上喝茶。她们围着一张很大的圆桌子坐着，每人的面前都有一盘才从园里采来的新鲜草莓，桌子的中央放了一浅碟很细的糖粉。这只鹦鹉，不知是有意还是无意，打外面飞过，偶然看见我的母亲正在里面主持茶会，才一转眼，它就已经俯冲而下了。走廊上的门虽然很宽,却比它张开的翅膀窄,它大概想像平时一样,一下子就停在我的母亲面前。

这一次,却不那么简单了,等它好容易落到桌子上,才发现原来四周都是陌生的面孔,它想了一下,然后突然跳起来,像个直升机一样掠过桌面,一转身就不见了。碟子里面的糖粉经它这么一来,也跟着不见踪迹,桌子的四周却坐了七个涂满了糖粉的老太太,脸上像麻风病人一样白得像雪,每个人的眼睛都闭得好紧,实在是"美"极了!

1. "我跑到犯罪现场一看"中的"犯罪"在文中是指＿＿＿＿＿＿＿＿＿＿
2. 根据示例,完成下表:

"可可"行为表现	"我"的评价	"我"的情感变化	人对动物态度
	神采奕奕		
咬下扣子排成三堆	恶作剧		
把柠檬树缠上毛线		欣赏、惊奇	
飞身掠过桌面撒糖粉	"美"极了		

3. 试从句式的角度赏析画线句:"这不是可可吗?它的翅膀稳定地动着,不是很清楚地表示它正要去做长途飞行?我怎么办?该不该喊它一声呢?"

4. 选文一开始称"可可""漂亮",最后说它"热烈地追求"母亲,你认为黄冠大鹦鹉前后发生了怎样的变化,为什么会产生这种变化?

解析

1. 大鹦鹉把父亲衣裤上的扣子全咬下来,整整齐齐地排在地上,导致父亲行走不便,"我"还以为父亲生病。

【思路点拨】从词语语境义体会作者诙谐幽默的语言特色,准确把握作者对动物的情感态度。

2.

"可可"行为表现	"我"的评价	"我"的情感变化	人对动物态度
远行寻我	神采奕奕	激动、欣慰	尊重、欣赏、热爱
咬下扣子排成三堆	恶作剧	惊吓、佩服	
把柠檬树缠上毛线	想象力丰富	欣赏、惊奇	
飞身掠过桌面撒糖粉	"美"极了	赞美、热爱	

【思路点拨】以表格的形式让学生在速读的过程中学会摘录，引导学生圈画重要语句，在此基础之上提炼中心，整体把握作者情感态度。

3. 画线句运用反问、疑问的句式生动形象地写出了"我"在车站突然遇见黄冠大鹦鹉时的激动、兴奋，以及担心它远行迷失方向想要呼唤它的矛盾与犹豫，表现了"我"对大鹦鹉的关爱之情，也从侧面表现了大鹦鹉克服心理障碍后的"神采奕奕"与活力。

【思路点拨】从句式赏析的角度体会作者生动活泼的语言特色，正确认识人与大自然的相互关系，增进尊重动物、善待生命的意识。

4. 一开始称"可可""漂亮"，是从外形上看，它内心其实因长期受到禁锢而受到精神虐待，让人觉得"可怜"；后来在"我"的关爱和帮助下，"变得活泼而神采奕奕起来，对我恋恋不舍"，而且发挥丰富的想象力，"热烈地追求"母亲。

原因：一方面是因为"我"欣赏、善待"可可"，尊重生命，关爱动物；另一方面是因为"可可"天性灵动可爱，行动敏捷。

【思路点拨】从对比分析的角度体会深入了解动物，形成尊重动物、善待生命的健康意识。

第六单元

单元教学目标

1. 通过诵读、续写、改写、表演等活动,感受想象文学的奇思妙想,体验想象的力量,学会换一种眼光来看世界。
2. 通过查找关键词理清文章的思路,提高阅读速度,学会快速阅读。
3. 调动自身体验,发挥想象和联想,深入理解课文。

单元内容框架

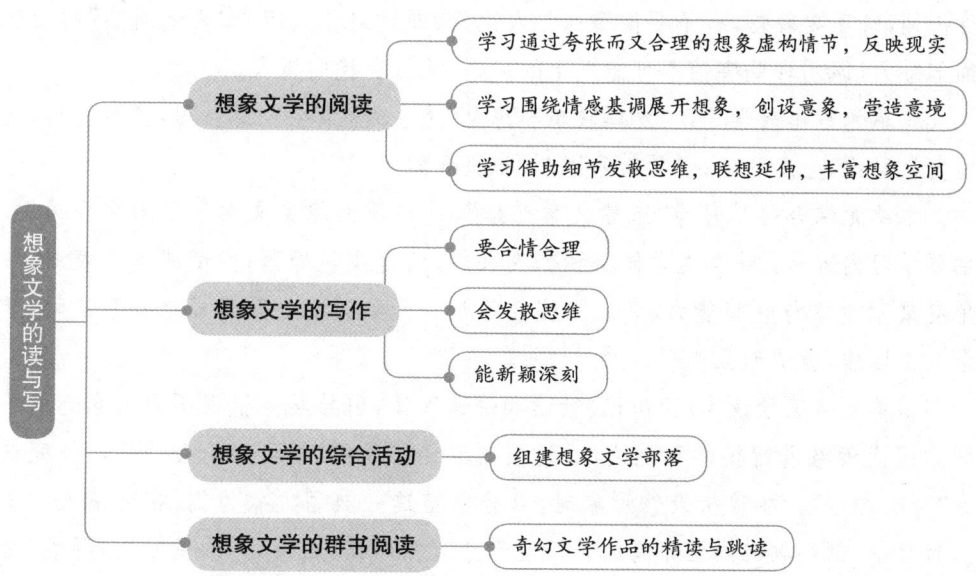

单元设计说明

本单元课文体裁多样,有童话、诗歌、神话和寓言,都富有奇思妙想,借助想象表现主题,令人思考。《皇帝的新装》对神奇的布料加以夸张,通过想象揭露十九世纪初丹麦社会上盛行的虚伪风气,讽刺统治阶级的自欺欺人和愚蠢;《天上的街市》借助联想和想象,构建美丽的"天上的街市",寄托诗人对光明和理想的向往和追求;《女娲造人》根据古籍中的相关记载想象女娲造人的情景,表现先民对人类自身起源的探索精神;《寓言四则》对形象化的细节加以适当的变形、夸张,以此展开情节,针砭现实,启示人们。《赫尔墨斯和雕像者》想象商人的"庇护伸"赫尔墨斯化作凡人来到人间,借助雕像这一物件细节加以想象,讽刺爱慕虚荣、盲目自大的人;《蚊子和狮子》借物喻人,通过蚊子"咬"、狮子"抓"、蜘蛛"粘"这些动作细节展开想象夸张,讽刺"打败过大人物、却被小人物打败的人";《穿井得一人》通过"穿井得一人"这一语言细节加以"变形",展开情节,告诉我们要以审慎的态度对待传闻,既不要轻信,也不要传播;《杞人忧天》通过对杞人担心"天地崩坠"的心理细节夸大,讽刺那些害怕不可能发生的灾祸、徒然自扰的庸人。

本单元写作教学是以"发挥联想和想象"为主题,重在合情合理,自然适切;运用发散思维,生发联想;倡导新颖深刻,积极探索。

本单元综合性学习为"组建文学部落",是对前面想象文学学习的综合运用。主要学习内容有:结合文学作品和个人兴趣,组建文学部落;尝试课本剧表演,多角度展示想象与联想能力,并以交流会等形式开展读书与写作成果分享活动;学会分工协作,尝试创立班刊。

本单元名著导读为《西游记》精读和快速阅读,引导学生根据不同内容选取不同的阅读策略进行精读和跳读,通过绘制取经路线图、举行辩论会等活动探究这一"童心之作"。在赏析人物形象时,以孙悟空这一典型人物为例,在理清人物关系过程中,剖析具有人性光辉的孙悟空形象。在阅读《西游记》的基础上,开展"奇幻文学"专题阅读,指导学生拓展阅读古今中外"奇幻文学"经典作品,如《中国神话选》(袁珂著,人民文学出版社)、《三体》(刘慈欣著,重庆出版社)、《伊索寓言》(伊索著,吴健平译,上海译文出版社)、《安徒生童话选集》(安徒生著,叶君健译,译林出版社)等,并进行群书阅读的成果展示与交流分享。

19 皇帝的新装

安徒生

一、教学目标与学习要素

(一) 教学目标

1. 通过查找关键词提高阅读速度，理清文章线索，了解主要内容。
2. 调动自身体验感受童话的奇思妙想，发挥想象和联想，深入理解课文的批判意义。

(二) 学习要素

1. 童话的合理想象：曲折地反映生活，增进儿童性格的成长。
2. 童话的夸张：通过对故事情节的夸大虚构来批判社会现实。

二、文本解读

(一) 课文整体解析

《皇帝的新装》是19世纪丹麦童话大师安徒生创作的童话作品，写于1837年。当时的丹麦是一个半封建性质的国家，虽然实行君主立宪制，但仍存在落后的农奴制度。1815年，拿破仑率领法国军队与欧洲联军决战，兵败滑铁卢。丹麦由于支持法国而沦为战败国，逐渐成为给英国供给粮食的附庸国。劳动人民遭受本国君主和外来资产阶级的双重剥削，过着贫困交加的生活；而封建统治阶级却肆意挥霍民脂民膏。作者根据这一社会现象运用夸张的笔调写皇帝"为了要穿得漂亮，不惜把所有的钱都花掉"，"每一天每一点钟都要换一套衣服"，表明皇帝是一个穷奢极欲、爱慕虚荣、不理朝政的昏君，同时也为下文写骗子行骗奠定了基础。

全文以"新装"为线索展开情节，依次写了皇帝"爱"新装，骗子"做"新装，大臣们"看"新装，皇帝"穿"新装，小孩评"说"新装。情节看似荒诞无稽，实则合理，不仅以现实生活为基础，而且合乎事理逻辑。文中对"神奇的布料"这一细节加以夸张，赋予"新装"奇怪的特性：任何不称职的或愚蠢得不可救药的人，都看不见这衣服。这一特性正是贯穿故事始终的逻辑主线。骗子抓住人们"害怕别人说自己不称职或愚蠢"这一性格弱点，导演了一幕皇帝在光天化日之下不穿衣服游行的闹剧。皇帝、大臣、随员的可笑行径，正是当时欧洲封建统治者自欺欺人、愚蠢无知和虚荣腐败的生动写照，同时也揭露了十九世纪初丹麦社会上盛行的虚伪风气。

童话中的皇帝和大臣自然是安徒生讽刺和批判的对象，但也不能忽视围观群众身上的弱点——盲从。他们对权威盲目服从，对经验或规则盲目认可，这正是超越阶级属性的人性弱点所在，这也是童话蕴含的哲理内涵。

篇末小孩揭露真相的情节别有意味，不仅寄托了作者对未来的信心，而且蕴含着对"盲从"这一人性弱点的思考。小孩看到什么就说什么。这不免引起读者对"回到事情本身"这一哲学命题的深刻反省，正如赫尔德所言，童话可以使我们摆脱"时间和地点"，到达"精神王国"。

（二）重点语段细读

1. "我的老天爷！"他想，"难道我是愚蠢的吗？我从来没有怀疑过这一点。这一点决不能让任何人知道。难道我是不称职的吗？——不成，我决不能让人知道我看不见布料。"

作者运用心理描写深入刻画老大臣的丑陋灵魂。句中两处"这一点"的含义并不相同：第一处"这一点"是指老大臣也以为自己"很有理智"，并不愚蠢；第二处"这一点"是指老大臣并没有看到骗子所说的"布料"。连用两个"难道""决不能"，语气强烈，人物心理活动倍感真实，把一个自欺欺人、虚伪狡猾的廷臣形象刻画得入木三分。朗读时可以结合句中感叹号、问号和破折号读出老大臣"看"新装瞬间产生的心理波澜——惊异、悲叹、疑惑和故作镇定。

2. 他们说："请看吧，这是裤子！这是袍子！这是外衣！……这些衣服轻柔得像蜘蛛网一样，穿的人会觉得好像身上没有什么东西似的——这也正是这些衣服的优点。"

这里运用排比、比喻不仅描绘了骗子"高明"的表演，而且充满了细节与仪式感。此外，"……"表示说话停顿，"——"表示声音延长，这不仅展现了骗子的油嘴滑舌，还使得骗子的夸张显得合理，文章在想象中呈现真实。

3. 不过他自己心里却这样想："我必须把这游行大典举行完毕。"因此他摆出一副更骄傲的神气。

这一结局的想象不仅符合人物身份，而且合乎事理。皇帝虽然意识到了自己未穿衣服，但又生怕人们说出他的不称职、太愚蠢，继续趾高气扬地举行游行大典。不仅讽刺了封建统治者的虚伪、骄横,而且表明腐朽的统治者是决不会自动放弃他们的权力而承认真理的。这与"最后所有的老百姓都说皇帝并没有穿什么衣服"形成对比,被孩童唤醒后的老百姓最终成为"真理"的信奉者、传播者,作者在他们身上寄托了对于未来的信心。

三、教学过程

第一课时

(一) 课时目标

1. 依据"新装"的制作和穿着等先后顺序梳理故事情节,提高阅读速度。
2. 通过语言表达、情节设置、人物形象塑造感受童话的奇思妙想,把握童话想象的特点。

(二) 导入

西班牙作家堂胡安·马努埃尔创作的《卢卡诺伯爵》有一则《国王和三个骗子的故事》:有三个骗子拜见国王,谎称他们能织出一种面料,凡是合法婚生的人都能看见它,而非婚生的人都看不见。国王十分高兴,以为据此就能识别国内谁是合法婚生子弟,而且还能增加国库收入。因为国王有权将没有儿子的人的财产收归国有。于是国王把三个骗子关进大厅纺织这种面料。当他应邀视察的时候,却看不到那布料。因为害怕别人说自己不是老皇帝的合法继承人而丧失宝座,于是极力夸赞那看不见的布料。骗子让国王穿上那并不存在的布料做成的新衣参加游行大典,最后国王的马夫揭穿真相,其他人随声附和,国王这才派人逮捕骗子。骗子早就逃之夭夭。

安徒生从中受到很大启发,在此基础上创作了著名的童话故事《皇帝的新装》。与原来的故事相比,安徒生的童话有许多新意。让我们一起来探寻安徒生笔下的"新装"到底蕴藏着怎样的新意!

(三) 活动设计

《国王和三个骗子的故事》(以下简称《国》)的作者堂胡安·马努埃尔认为安徒生的《皇帝的新装》(以下简称《皇》)侵害了他的著作权,将安徒生告到法院。如果你是这场官司的庭审法官,该如何审判。

设计意图：运用情景学习模式，创设"版权庭审会"学习情境。通过为堂胡安·马努埃尔写诉状、为安徒生答辩写辩词，在语言表达、情节设置、人物形象方面比较分析《皇》与《国》的异同，分组陈述事实与理由，展开辩论，感受童话的奇思妙想，把握童话想象的特点。

▲ **活动设计一：我为堂胡安·马努埃尔写诉状**

比较《国》和《皇》在情节设置、语言表达、人物形象等方面的相似处，开展"我为堂胡安·马努埃尔写诉状"活动。

1. 教师提供课外阅读材料《国》（选自《卢卡诺伯爵》，堂胡安·马努埃尔著，杨德友、杨德玲译，北岳文艺出版社，2015年版）。

2. 圈画"新装"关键词，以"新装"为线索分别梳理《国》和《皇》的故事情节，然后归纳它们情节设置方面的相似处。如《皇》写皇帝"爱"新装、骗子"做"新装、大臣"看"新装、皇帝"穿"新装、小孩"说"新装。比较阅读之后可归纳两部作品在"骗子谎称布料神奇美丽、君臣假称看见布料、皇帝'穿'新装参加游行大典、真相揭穿"等情节设置方面存在相似性。

3. 快速阅读，查找《国》和《皇》在语言表达、人物形象两方面存在雷同或相似的地方。

语言表达示例：

情节	国王和三个骗子的故事	皇帝的新装
骗子称赞布料	有神奇功能；天下最精美的布料、图案有多好。	奇怪的特性；人类所能想到的最美丽的布，色彩和图案都分外地美观。
假称看见布料	他担心一旦说了实话，就会丧失宝座。于是，他也开始夸起了布料，并假装仔细欣赏三个织布工所说的特征细节。	"难道我不够资格当一个皇帝吗？这可是我所遇见的一件最可怕的事情。""哎呀，真是美极了！"皇帝说，"我十二分地满意！"于是他就点头表示出他的满意。他仔细地看着织布机。
皇帝"穿"新装游行	国王穿着新装，全身一丝不挂，骑上骏马，向市中心走去。	皇帝把他所有的衣服都脱下来了……这样，皇帝就在那个富丽的华盖下游行起来了。
揭穿真相	国王的马夫说："陛下您正光着屁股呢。"……其他的人也都随声附和。	"可是他什么衣服也没有穿啊！"一个小孩子最后叫了出来……"他实在没有穿什么衣服啊！"最后所有的百姓都说。

人物分析示例：皇帝"自欺欺人"，大臣"自欺、虚伪"，骗子"油嘴滑舌、虚伪奸诈"等。

4. 根据教师提供的公文写作模板，小组合作撰写"起诉状"，评选最优小组"为堂胡安·马努埃尔庭审代言"。

提纲	模板
标题	民事起诉状
首部：原告人、被告人基本情况，如姓名、性别、年龄、职业、住址。	原告：_____，_____ 代理人：_____，_____ 被告人：_____，_____
正文： 1. 诉讼请求。 2. 起诉事实和理由，提供必要的证据。 3. 被告所犯罪行或应承担的法律责任。	请求事项：请依法判决_____ 事实和理由： 以上事实证明_____。根据《著作权法》第47条规定："有下列侵权行为的，应当根据情况，承担停止侵害、消除影响、赔礼道歉、赔偿损失等民事责任：歪曲、篡改他人作品的；剽窃他人作品的……"因此，_____侵害了我的合法权益。现提起诉讼，请求人民法院查清事实，依法判决_____
结尾：起诉法院。	此致 ××市××人民法院
落款：署名和时间。	原告：_____ ×年×月×日

▲ **活动设计二：我为安徒生答辩写辩词**

1. 针对原告在"骗子谎称布料神奇特性、君臣假称看见布料、皇帝'穿'新装参加游行大典并被群众揭穿真相"等情节设置方面提出相似性，比较它们的不同之处，如《国》写骗子称赞布料神奇特性在于它能区分是否合法婚生，《国》写国王假称看见布料侧重于他"害怕大臣说自己不是合法继承人"，而《皇》侧重于称职与否。

2. 针对原告在语言表达、人物形象两方面提出《国》和《皇》存在雷同或相似，通过朗读感知，比较分析它们的不同之处。

语言表达示例：

《皇》："我的老天爷！"他想，"难道我是愚蠢的吗？我从来没有怀疑过这一点。这一点决不能让任何人知道。难道我是不称职的吗？——不成！我决不能让人知道我看不见布料。"……"哎呀,美极了!真是美极了!"老大臣一边说,一边从他的眼镜里仔细地看,"多么美的花纹!多么美的色彩!是的,我将要呈报皇上,我对这布料非常满意。"

《国》:(大臣)想到自己没有看见布料;想到如果让别人知道了这些,那他将要遭受何等的奇耻大辱;想到这些,他立刻大声赞扬骗子们的工作,比国王还卖力。

解析:《皇》中两个"决不能""美极了",要读出语气变化,可以由强而弱;"花纹"和"色彩",可以一轻一重,读出层次感;"眼镜"与"非常",读出重音,强调真实感。这段老大臣的心理描写与语言描写,生动表现了他的自欺欺人与虚伪愚蠢。

《国》中三个"想到",要读出语气变化,可以由弱而强,"立刻"读出重音,表现大臣"说谎"经历了从"犹豫"到"果断"的心理变化过程。

同样是写大臣谎称看见布料,《皇》运用短语、感叹句、反复手法绘声绘色表现大臣害怕别人说自己不称职而故作夸赞的情景;而《国》仅用"立刻大声赞扬"表达。

可见在语言表达上,《皇》与《国》差异较为明显。《国》较为平实,《皇》浅显生动,较能适应儿童的接受能力,有利于增进儿童思想性格的成长。

人物分析示例:

《国》与《皇》中的国王虽然都自欺欺人,但《国》中的国王贪婪自私,骗子谎称布料具有神奇功能时,他高兴的是"能增加国库收入";最后国王消除恐惧,识破奸计,下令追捕,表现国王并非"愚蠢无知"。而《皇》中的皇帝则不同,觉察到自己上当受骗还"必须把大典举行完毕,摆出一幅更骄傲的神气",十分固执愚昧;此外他还奢侈浪费,"为了要穿得漂亮,不惜把所有的钱都花掉","每一天每一点钟都要换一套衣服"。可见《国》叙事目的侧重说理;而《皇》侧重想象和夸张,既针砭现实,又具哲理启迪。

3. 小组合作为安徒生撰写"辩词",评选最优小组"为安徒生答辩"。

▲ **活动设计三:版权庭审会**

1. 原告被告辩论:"堂胡安·马努埃尔小组"与"安徒生小组"陈述事实与理由,展开辩论。

2. 法官庭审:补充堂胡安·马努埃尔与安徒生生平资料,依据"被诉侵权人有接触到权利作品的可能性、被诉侵权内容与权利作品在表达方面相同或实质性相似"等原则开展"庭审"。

3. 庭审宣判：《皇》与《国》都是对民间故事的改写，属于"再创作"，而非"抄袭"。作为童话故事，《皇》侧重于借助想象、幻想反映生活，语言活泼，符合儿童的认知水平。综合语言表达、情节设置、人物形象来看，两部作品并不构成"实质性相似"。

（四）课堂小结

本堂课我们模拟"版权庭审会"。通过为堂胡安·马努埃尔代言写诉状、为安徒生答辩写辩词，按照"新装"线索梳理情节，快速阅读；在语言表达、情节设置、人物形象方面比较阅读《皇》与《国》的异同之处。作为民间故事，《国》虽有幻想色彩，但现实性较强；而《皇》充分体现了童话故事的想象丰富的特点，而且浅显生动，适应儿童的接受能力。

（五）布置作业

参考"起诉状"写作模板，为安徒生撰写"答辩状"。

第二课时

（一）课时目标

1. 通过圈画"布料特性""谎言揭穿"关键句归纳要点，速读课文，深入理解课文批判意义。

2. 通过"双簧"表演、角色访谈，发挥想象和联想，理解课文"讽刺盲从、回到事情本身"的精神内涵。

（二）导入

童话作为一种完全虚拟的文学，人物是虚构的，情节也是离奇的；但是发人深省。我们不仅能从《皇帝的新装》中看到当时统治者的愚蠢、社会的虚伪风气，而且还能引发对生命意义的思考。童话是在最简单的形式中表现着"生命中某种特殊的东西"。安徒生被誉为"世界儿童文学的太阳"，他的作品超越时空，抚慰了无数人的心灵。《皇帝的新装》在曲折离奇的情节背后到底深藏着怎样的"童话精神"？

（三）活动设计

▲ 活动设计一：开启"速读机"——比较异同，快速阅读

快速阅读除了通过查找关键词梳理线索、了解文章大意外，还有什么"秘诀"？

上节课我们发现《皇》与《国》在"布料特性""谎言揭穿"两方面存在明显差异,现在围绕《皇》有关"布料特性"与"谎言揭穿"的叙写内容,开启"速读机",想想怎样速读课文才能读得既快又准?

1. 速读"布料特性",异中求同,比较不同身份的人看到"新装"有什么相似的心理反应。

第3段:"那真是理想的衣服!"皇帝心里想,"我穿了这样的衣服,就可以看出在我的王国里哪些人是不称职的;我就可以辨别出哪些人是聪明人,哪些人是傻子。……"

第10段:"我的老天爷!"他想,"难道我是愚蠢的吗?我从来没有怀疑过这一点。这一点决不能让任何人知道。难道我是不称职的吗?——不成,我决不能让人知道我看不见布料。"

第17段:"我并不愚蠢啊!"这位官员想,"这大概是因为我不配有现在这样好的官职吧?这也真够滑稽,但是我决不能让人看出来!"

第21段:"这是怎么一回事呢?"皇帝心里想,"我什么也没有看见!这可骇人听闻了。难道我是一个愚蠢的人吗?难道我不够资格当一个皇帝吗?……"

第33段:谁也不愿意让人知道自己什么也看不见,因为这样就会显出自己不称职,或是太愚蠢。皇帝所有的衣服从来没有获得过这样的称赞。

解析:教师引导学生归纳不同身份的人看到"新装"的相似心理反应。皇帝、大臣、随员的可笑行径,正展现了封建统治者自欺欺人、愚蠢无知和虚荣腐败;安徒生别出心裁地设计布料神奇特性,写人们随声附和、一味盲从,这揭露了当时社会上普遍盛行的虚伪风气。

2. 速读"谎言揭穿",同中求异,比较不同身份的人在"谎言揭穿"方面有什么不同表现。

第34段:"可是他什么衣服也没有穿啊!"一个小孩子最后叫了出来。

第35段:"上帝哟,你听这个天真的声音!"爸爸说。于是大家把这孩子讲的话私下里低声地传播开来。

第36段:"他并没有穿什么衣服啊!有一个小孩子说他并没有穿什么衣服啊!"

第37段:"他实在没有穿什么衣服啊!"最后所有的老百姓都说。

解析:结合加点词读出四句不同的语气变化。"孩子"代表未来,安徒生先让小孩说出真相,然后老百姓谨小慎微,低声传播,传扬开来,导致皇帝听了"有点儿发抖",表明被孩童唤醒后的老百姓最终成为"真理"的信奉者、传播者,对皇帝的专制与威严产生巨大的心理冲击,寄托了作者对于人民大众、对于未来的信心。

▲ **活动设计二:"双簧"表演——一人朗读,一人表演**

课文情节离奇,描写夸张,极具想象力,但让人觉得合情合理。选择富有夸张意味的语句,两人表演。一人朗读,另一人按照朗读内容表演动作,使观众看起来好像是他自己朗读的一样。

示例:

(1)许多年以前,有一位皇帝,他非常喜欢好看的新衣服。为了要穿得漂亮,他不惜把他所有的钱都花掉。他既不关心他的军队,也不喜欢去看戏,也不喜欢乘着马车去游公园——除非是为了炫耀一下他的新衣服。他每一天每一点钟都要换一套衣服。人们提到他,总是说:"皇上在更衣室里。"

解析:加点字读出重音,感知作者用夸张手法写出皇帝爱慕虚荣的真实心态,为下文写骗子轻而易举骗过皇帝作铺垫,是整个故事的引子。"(皇帝)每一天每一点钟都要换一套衣服"可以发挥想象,创意表演。

(2)"对!我已经穿好了,"皇帝说,"这衣服合我的身吗?"于是他又在镜子面前把身子转动了一下,因为他要使大家觉得他在认真地观看他的美丽的新装。

解析:"穿""转动""要""观看"重读并且声音可以适当延长,意在突出皇帝故弄玄虚,生怕别人说自己不称职、愚蠢;"镜子"重读,意在强调情境的真实感。表演时,"转动""观看"等动作既要追求真实,又要适度夸张。

(3)头一天晚上,两个骗子整夜都没有睡,点起十六支以上的蜡烛。人们可以看到他们是在赶夜工,要把皇帝的新衣完成。他们装作是在把布料从织布机上取下来,用两把大剪刀在空中裁了一阵子,同时用没有穿线的针缝了一通。最后,他们齐声说:"请看!新衣服缝好了!"

解析:"十六支""大剪刀""针"等词重读,意在突出情境的真实性,从而衬托骗子的狡诈;"取""裁""缝""齐声""看"等词重读,意在表现骗子的虚伪。可要求演员结合加点动词的朗读节奏创意表演。人物外在的语言、动作、神态可以夸张,但人物内在的心理活动必须真实,符合人物身份,符合事情发展逻辑。因此,具有夸张色彩的创意表演也要合情合理,有时可以借助一些细小的物件增加情境的真实感。

▲ 活动设计三:"皇帝游行大典"访谈会

假如你是《童话日报》的记者,围绕"小孩为什么能率先揭穿谎言"这一话题采访《皇帝的新装》中的小孩、群众、皇帝、大臣等人,探究课文的精神内涵。

1. 拟定采访提纲:采访主题是"探寻小孩率先揭穿谎言真相";采访对象有小孩、爸爸、群众、皇帝及政府官员等人员;采访流程,先采访小孩及其亲属,然后是现场群众,最后是皇帝及政府官员。

2. 采访小孩及亲属:预设"小孩看到什么就说什么,有一颗童心",围绕"童心"设置提问,如"你平时最喜欢做的事是什么","你孩子率先说出真相,作为孩子的父亲,你平时是怎么教育孩子的"。

3. 采访现场群众,预设"看待问题要回到事情本身,专注事物本身",围绕"真相"设置提问,如"你当时说过皇帝没穿衣服吗""你为什么没有勇气率先说出真相"。

4. 采访皇帝及政府官员:预设"小孩是民众的代表,是民族未来与希望的象征",围绕"未来"或"希望"设置提问,如"小孩说皇帝没穿衣服,你相信吗""小孩的行为将会对社会产生怎样的影响"。

5. 师生总结"小孩为什么能率先揭穿谎言":小孩率先揭穿谎言,比较符合生活真实和事情发展逻辑,因为小孩有一颗童心;而且小孩不在乎别人说自己愚蠢,无欲无求,能够专注于事物本身,看到事物真相;小孩率先揭穿谎言,寄托了安徒生对于人民大众、对于未来的信心。

(四)课堂小结

本节课我们通过圈画关键句、归纳要点、速读课文,选择富有夸张意味的语句,边读边演,为课本剧演员试镜;通过模拟"皇帝游行大典"访谈会,深深感受到童话的诗意想象和丰富的精神内涵。这不仅因为童话的想象合情合理,有坚实的生活基础;而且在于童话能跨越时空,具有深邃的童话精神。让我们专注事物本身,回到事情本身,永葆一颗童心!

(五)布置作业

阅读《安徒生童话选集》(安徒生著,叶君健译,译林出版社),你会发现童话世界里有安徒生自己生活的影子,比如《丑小鸭》里丑小鸭有很多迫害者,鸭子咬他，小鸡啄他，连女佣都讨厌他。这和安徒生在日志中说自己"长得丑并且将永远贫穷，谁也不会愿意嫁给我"非常相似。除此以外，你还能找出哪些类似的例子？

20 天上的街市

郭沫若

一、教学目标与学习要素

(一) 教学目标

1. 学习停连、重音、语气和节奏，体味诗歌的音韵美。
2. 围绕"天上的街市"展开想象和联想，体会诗人对光明和理想的向往和追求。

(二) 学习要素

1. 诗歌音韵美：在朗读中掌握停连、重音、语气、节奏等技巧。
2. 诗歌的象征义：借助联想与想象表达对光明和理想的向往和追求。

二、文本解读

(一) 课文整体解析

《天上的街市》写于1921年10月24日，是郭沫若早期创作的新诗，收入诗集《星空》。当时，五四运动的高潮已逐渐退去，新的革命高潮还未到来，诗人在平和的感情基调中借助联想和想象，构建美丽的"天上的街市"，寄托对光明和理想的向往和追求。

《天上的街市》共四节。诗的一开头就借助联想绘写了一个地上的"街灯"与天上的"明星"交相辉映的神奇境界，隐含着对理想与现实的思考。接着，诗人运用想象构建了与当时黑暗现实迥异的"天上的街市"。在诗的第三、四节里，诗人的想象十分奇特，赋予了牛郎织女这一神话传说以崭新的思想内涵。诗人描写牛郎织女"在天街闲游""骑着牛儿来往"的幸福美满的生活，不仅与全诗平和、安定、愉悦的氛围和谐一致，而且通过有意摒除神话故事中夫妻分离的悲剧情节来表达诗人改造现实生活的美好愿望。

全诗读来朗朗上口，音韵和谐而悠扬。每节第二、四句押韵，押韵的字分别为"星""灯"，"市""奇"，"广""往"，"游""走"。一、三节韵脚"eng/ing""ang"响亮，二、四节韵脚"i""ou"低沉，这样读起来不仅音节上显得错落有致，而且声调抑扬顿挫。同时，"i""ou"发音时口腔开度较小，声音轻短模糊，适宜传达淡淡的惆怅之情。《星空》写于"五四"以后诗人思想苦闷的时期。当时诗人留学日本，其间于1921年4月和次年7月两度回国。面对当时的中国社会现实，诗人既痛恨黑暗现实，满怀对未来的憧憬，又不知如何实现理想，心中不免苦闷而惆怅。正如诗人自己所言，"五四"期间那种勇猛的反抗精神和烈火般的热情已经消退，有的只是"潮退后的一些微波，或甚至是死寂"。

全诗运用想象与联想，融地上天上景物为一体，"天上的街市"既朦胧美好，又暗含惆怅，这正是诗人当时心境的真实写照。

(二) 重点语段细读

1. 我想那缥缈的空中，定然有美丽的街市。街市上陈列的一些物品，定然是世上没有的珍奇。

这是诗人在现实生活的基础上，描绘出想象中的"美丽的街市"，这正是诗人理想生活的象征。诗人连用两个"定然"意在强调这种想象正是诗人对未来美好生活的向往和追求，"世上没有的珍奇"含蓄表达了诗人改造社会现实的愿望。"缥缈"又隐隐透露出一丝不知如何实现理想的迷茫和惆怅。

2. 你看，那浅浅的天河，定然是不甚宽广。那隔河的牛郎织女，定能够骑着牛儿来往。

诗人描绘出一幅美妙的天街"闲游图"。原先不得随意往来、备受相思之苦的牛郎织女，现在却打破王母娘娘的"枷锁"，在天街结伴闲游。这种对古代神话传说的有意改造正突出诗人对美好未来的憧憬。

3. 不信，请看那朵流星，是他们提着灯笼在走。

"不信"看似闲来之笔，实则紧承上文"定然"，表达诗人对未来的憧憬。"朵"字作为量词，生动形象地展现了流星的美丽和灵动，给读者留下丰富的想象空间。"流星"像花儿一样美丽动人，牛郎织女在天街"提着灯笼"闲游，这样安定、幸福的生活也像花儿一样，令人神往。

三、教学过程

(一) 导入

"牛郎织女"是我国古代著名的神话传说。在故事中，牛郎与织女每年只能在七夕相会一次,从而成为夫妻分离的象征。但在诗人郭沫若的笔下,牛郎织女过着自由自在的生活。凭借想象,我们可以超越时空,创造神话,表达美好愿望。那么,诗人借助想象到底表达了怎样的思想感情?

(二) 活动设计

▲ 活动设计一:"声音设计师"

通过朗读把握诗歌情感,学会借助"声音设计"表情达意。以诗中五处"定"为例指导学生学会停连、找准重音、读出语气、把握节奏。

1. 通过停连读出语速缓急,把握节奏。

停连不仅要结合语词本身的含义与情感分析,还要关注上下文之间的联系,尤其要关注那些在声音流动、语词推进中回环往复的片段。如"定然在天街闲游"这句停连,到底是"定然/在/天街/闲游"还是"定然在/天街/闲游"还是"定然/在天街/闲游"?可组织学生讨论,注意结合上文"定然有美丽的街市""定然是世上没有的珍奇""定然是不甚宽广""定能够骑着牛儿来往"分析。不仅在于它们形成呼应,能够读出节奏,而且更能传达诗人憧憬未来之情。

2. 找准重音,奏出诗歌"最强音"。

重音有语法重音、逻辑重音、感情重音等多种分类,首先根据感情表达的需要,找出适宜重读的某些词或词组。如诗中第三节:

你看,/那浅浅的/天河,

定然是/不甚/宽广。

那/隔着河的/牛郎/织女,

定能够/骑着牛儿/来往。

重音标在"定然是""定能够",自然能奏响诗人改造现实生活、憧憬光明未来的"最强音"。此处重音重读,可加强音量,以高示重。

其次,联系全诗,读准逻辑重音。逻辑重音在单一句子里较难确定,不过联系上下文乃至全篇往往能够找准。如全诗五处"定",从情感表达上看,都是重音。但它们如何"重读",需要结合逻辑关系读出起伏变化,如重音轻读,快中慢读,实中虚读等。这样,"定然有美丽的街市""定然是世上没有的珍奇""定然是不甚宽广""定能够骑着牛儿来往""定然在天街闲游"五句中的"定""定然",可以读出"低沉—舒缓—高亢—舒缓"四种不同的语气来,可以读出"轻—重—轻""远—近—远""虚—实—虚"的层次变化,进而体会诗人既满怀对未来的憧憬、又不知如何实现理想的矛盾与惆怅。

3. 语气与节奏是朗读的双翼。

节奏是全局性的表现,是诗歌思想情感与声音形式的综合体现;而整首诗的感情基调形成总的语气。二者在诗歌整体性上相互关联,形成情感"共振"。《天上的街市》感情基调是平和、舒缓,语气宜"气徐声柔",较为温和,口腔宽松,气息深长;与此相应的节奏当是舒缓型,语气多扬少坠,音高而不着力。这样相互统一才能情声并茂。但是每节诗的语气往往富有变化,把握好节奏变化才能更好地读出语气与语势。全诗四节,根据"定然有""定然是""定能够""定然在"的语义不同与情感变化,可以读出"低沉、舒缓、高亢、舒缓"的节奏来。每句诗的语气是色彩缤纷的,可以通过升降调的标记,更为细致地体味诗情,步入诗人所独创的意境。如:

远远的/街灯/明了,↗

好像/闪着/无数的/明星。↘

天上的/明星/现了,↗

好像/点着/无数的/街灯。↗

我想那/缥缈的/空中,↗

定然有/美丽的/街市。↘

街市上/陈列的/一些/物品,↗

定然是/世上/没有的/珍奇。↗

▲ **活动设计二:"声音美容师"**

1. "声音美容师"是在"声音设计师"的基础上引导学生进一步探究诗歌声音的奥秘,挖掘诗歌声音之美。诗歌声音之美在于声情并茂,找出诗中押韵的字,结合押韵说说"声"和"情"有怎样的联系。

说明:每节第二、四句押韵,押韵的字分别为"星""灯","市""奇","广""往","游""走"。这样不仅显得错落有致,而且较有抑扬起伏、回环往复之美。一、三节韵脚"eng/ing""ang"较为响亮,表达对理想、光明的向往和追求;二、四节韵脚"i""ou"较为低沉,表达淡淡的惆怅之情。诗的内在韵律(即"情绪的自然消涨")与外在韵律正相一致。

2. 欣赏示范朗读,感受韵律之美。可欣赏央视主持人康辉示范朗读《天上的街市》视频,在舒缓、柔和的情感基调中进一步理解诗人既满怀对未来的憧憬、又不知如何实现理想的复杂心情。

3. 模仿名家朗读,并从声音的高低、远近、强弱、虚实等多角度进一步把握诗歌韵律变化,读出韵脚"eng/ing""ang"与"i""ou"的不同,如一、三节韵脚"eng/ing""ang"较为响亮,侧重读高、强、远、虚,表达对理想、光明的向往和追求;二、四节韵脚"i""ou"较为低沉,侧重读低、弱、近、实,表达淡淡的怅惘之情。这样让声音之美听得到、看得见、摸得着。

▲ **活动设计三:花式朗读,因境抒情**

先是单人无乐"裸读",强调"声情并茂";再是男女依韵诵读,突出"情感变化";最后配乐朗读,品析联想与想象,体味诗境。

1. "裸读"——无伴奏朗诵,建议单人朗读,从中感受声音高低、远近、强弱、虚实变化,读准停连,把握节奏,做到"声情并茂"。

2. "交响诗"——根据"eng/ing""ang"与"i""ou"声部不同,男女生分别诵读第一、三节与第二、四节,感受诗歌"交响乐"。

3. 配乐朗读——古有"乐府诗",诗歌可以和乐而歌。如果你给《天上的街市》配乐朗诵,你会选取什么乐曲,结合诗中的联想与想象,从诗歌内容与乐曲风格方面加以说明。然后以背景音乐为诗歌主旋律"和乐而歌"。

联想和想象是本诗一大特色,诗人巧妙借助联想和想象推进诗歌情感,拓展诗境,营造诗歌情感"制高点"。联想是依据现实事物间的某种联系由一事物想起另一事物的心理过程。如诗人先由"远远的街灯"想到"天上的明星",又由"天上的明星"联想到"天上的街灯";再从街灯、明星交织的景象联想"天上的街市"。想象指人在头脑里对已储存的表象进行加工改造形成新形象的心理过程,一般可分为创造想象和再造想象两种。联想重在"联",即"相似性";想象重在"创",即"加工改造",从已有、已知来创造新鲜的、从未有过的事物。诗人围绕"天上的街市"这一中心意象想象"街市上美丽的物品"和牛郎织女的美好生活。在思想感情和声音形式的运动曲线上,诗人通过想象将牛郎织女这一神话故事的悲剧结局加工改造成"在天街闲游"的美好生活,全诗呈现出清新悠远、委婉朦胧之美。

可选"班得瑞"《仙境》配乐朗诵。因为《仙境》呈现出黎明、黄昏、夜晚的星空变化之景,风格轻柔,缥缈空灵,富有浪漫情怀。这与《天上的街市》借想象之境抒发的对美好未来的向往和追求十分和谐一致。

(三)课堂小结

本节课我们从停连、重音、节奏和语气四方面对声音进行"美容",尤其通过诗中五处"定"的重音设计与不同形式的重音朗读,发挥联想和想象,感受诗人独创的意象与意境,体会诗人对理想、光明的向往和追求。通过梳理韵脚"eng/ing" "ang"与"i""ou"的不同,深入理解诗人既满怀对未来的憧憬、又不知如何实现理想的复杂心情。最后借助配乐朗读,深入理解诗中的联想与想象,步入诗人所创设的平和之境。

(四)布置作业

1. 眺望远方,你会有怎样的联想和想象?选择某一事物,发挥联想和想象,写一首小诗。

示例:

伞

你伸出双手

把我托起

我张开双臂

离你远去

青春痘　在我脸上写下青春

鱼尾纹　在你脸上刻下深沉

我们

曾经共同撑起一把雨伞

(王洪《给母亲》,1996 年 10 月 1 日载于《镇江日报》)

2. 运用停连、重音、语气、节奏等技巧诵读现代诗人艾青的《太阳》,围绕"太阳"这一中心意象思考诗人所要表达的思想情感。如有条件可以配乐朗诵,制作视频或音频资料加以展示。

太阳

艾　青

从远古的墓茔

从黑暗的年代

从人类死亡之流的那边

震惊沉睡的山脉

若火轮飞旋于沙丘之上
太阳向我滚来……

它以难遮掩的光芒
使生命呼吸
使高树繁枝向它舞蹈
使河流带着狂歌奔向它去

当它来时，我听见
冬蛰的虫蛹转动于地下
群众在旷场上高声说话
城市从远方
用电力与钢铁召唤它

于是我的心胸
被火焰之手撕开
陈腐的灵魂
搁弃在河畔
我乃有对于人类再生之确信

一九三七年春

提示：结合第一节的三个"从"、第二节的三个"使"以及最后两节的三个"我"划分停连，找准重音，读出语气，把握节奏；从中感受太阳升起时的艰难和壮美，感受诗人对太阳带给万物自由欢腾的生命以及激发人类的奋发和创造的礼赞，进而体味诗人借助"太阳"这一中心意象表达对美好生活的执著向往，怀抱坚定的人生信念，投身于"人类再生"的洪流。

21 女娲造人

袁 珂

一、教学目标与学习要素

(一) 教学目标

1. 发挥想象，通过续写体会神话想象合情合理的特点。
2. 通过比较阅读把握神话人物"神性"与"人性"完美结合的特点。

(二) 学习要素

1. 神话人物形象塑造：神话人物"神性"与"人性"的完美结合。
2. 创世神话的想象：先民对人类来源的探索。

二、教学建议

本文是关于"女娲造人"的创世神话，女娲抟土造人，藤条一挥，搅浑泥浆，挥洒泥点，人儿蹦跳……这些想象可谓"珠光宝气"，反映了先民对人类来源的探索精神。文中三写女娲思虑："这天地之间添点儿什么东西进去呢""让小生灵布满大地，但是大地太大，该怎么办""人总是要死亡的，怎样能使他们继续生存下去"，逐层深入地展现了女娲的孤独之心、忧愁之情、勤劳之性、疲惫之貌、质朴之美、坚韧之力，体现了神话的想象既大胆新奇、又合情合理的特点。

教学时，建议围绕女娲的三次思虑，指导学生阅读有关女娲解决问题的描写，赏析女娲既具创造力，又有勤劳、质朴、坚韧的精神品质，"神性"与"人性"完美结合。借助"阅读提示"注释，引导学生比较阅读《风俗通》中有关"女娲造人"的记载，进一步理解创世始祖女娲身上所体现的母性光辉。

三、教学过程

(一) 导入

神话是一个宝藏，正如美国历史学家查尔斯·盖雷所说，"里面充满了黄金般珍贵的故事、闪闪发光的思想、粗野或者顺畅的激情以及珠光宝气的幻象"。女娲形象正展现了中华民族五千年来勤劳而质朴、坚韧而聪慧的文化精神。女娲与伏羲、神农并称"三皇",她是我国古代神话中最伟大的女神,被认为是华夏民族的创世始祖。今天让我们走近充满神性的女娲,探究她人的精神、人的情感和人的特性。

(二) 活动设计

▲ 活动设计一:担当"智多星"

结合文中有关女娲的三次思虑,阅读有关女娲解决问题的相关描写,帮助女娲出谋划策,看看谁能担当"智多星"。

1. 快速阅读课文,找出女娲针对难题的"解决办法",感受女娲的聪慧、富有创造力。

示例:

(1) 这天地之间添点儿什么东西进去呢?掘起黄泥,掺和水,揉团造人;一直工作到夜深,天刚微明,继续工作。

(2) 让小生灵布满大地,但是大地太大,该怎么办?拉下枯藤,伸入泥潭,搅混泥浆,向地面挥洒,出现许多小人。

(3) 人总是要死亡的,怎样能使他们继续生存下去?把小人分成男女,让他们自己创造后代。

2. 发挥想象,在原文基础上加以补充拓展。如针对"让小生灵布满大地,但是大地太大,该怎么办"这一难题,女娲"拉下枯藤,伸入泥潭,搅混泥浆,向地面挥洒,出现许多小人";她又吩咐"小人"去山林砍伐枯藤,授以口诀,让他们帮助自己一起造人,加快进程。

3. 师生点评"智多星":注意结合想象要合情合理、富有新意。

▲ 活动设计二:对比分析女娲的形象

对照《风俗通》中"女娲造人"的记载,结合"阅读提示"注释,看看课文主要增删了哪些内容,思考神话人物的塑造怎样做到"神性"与"人性"完美结合。

示例:

增添内容:女娲因为孤独而造人;小人喊叫"妈妈",女娲感到高兴和安慰;女娲拉下枯藤,挥洒泥点造人。

删减内容:用粗绳索造人;女娲用黄土造的人是富贵者,用粗绳索造的是贫贱者。

课文写女娲"感到非常孤独。她觉得在这天地之间,应该添一点儿什么东西进去,让它生气蓬勃起来才好",让女娲有了人的情感、人的特性;尤其是写"女娲看着她亲手创造的这个聪明美丽的生物,又听见'妈妈'的喊声,不由得满心欢喜,眉开眼笑",使女娲的母亲形象更为鲜明突出,从而兼具"神性"与"人性",这也是神话的一大特点。原文写女娲用黄土造的人是富贵者,用粗绳索造的是贫贱者,显然带有浓厚的富贵贫贱等级观念。课文舍弃这一内容,并把粗绳索改成"枯藤","藤"往往是爱情的象征,是女性的化身,这样更能突出女娲的母性光辉。

▲ **活动设计三:结合课文填空**

结合课文旁批一,圈画文中表现女娲人性特征的语句,采用"与其说女娲是一位_____的女神,不如说她是一个_____的母亲"的句式交流。

示例:

(1) 与其说女娲是一位<u>神力无边</u>的女神,不如说她是一个<u>勤劳、坚韧</u>的母亲。

女娲不知疲倦地造人,"一直工作到晚霞布满天空"。累了就稍睡一下,第二天又继续工作。工作了许久,直到"疲惫不堪";"大地上虽然有了人类,女娲的工作却还没有终止"。

(2) 与其说女娲是一位<u>孤独寂寞</u>的女神,不如说她是一个<u>聪慧、慈爱</u>的母亲。

女娲"一心想把这些灵敏的小生物布满大地""她想出了一个绝妙的创造人类的方法。她从崖壁上拉下一条枯藤,伸入一个泥潭里,搅混了浑黄的泥浆,向地面上这么一挥洒,泥点儿溅落的地方,就出现了许多小小的叫着跳着的人儿";她又考虑到人的死亡的,怎样才能使人类永远生存下去。后来她想出办法,把人分为男女,叫他们自己创造后代。

▲ **活动设计四:发挥想象续写**

女娲造人以后,人类过着快乐幸福的日子。不料有一年,半边天空坍塌下来,山林燃起大火,洪水爆发。人类无法生存下去。女娲看见她的孩子们受到大灾难,痛心极了。她会怎么做呢?请发挥自己的想象续写下文,注意:

(1) 想象大胆新奇,合情合理,注重细节真实。

(2) 续写内容符合女娲"勤劳、坚韧、聪慧"的形象特征。

示例:

女娲先在江河里细心挑选了许多不同颜色的石子,燃起火把,花了九九八十一天才把这些石子熔化成彩色的液体。她再用芭蕉叶涂上这些彩色液体,把天上丑陋的大窟窿一一粉刷好。她生怕补好的天空再次坍塌,又杀了一只大乌龟,用它的四只脚竖立在大地的四方,当作天柱,像帐篷似地撑起来。此后,天空再也没有坍塌。

(三) 课堂小结

本节课根据文中女娲的三次思虑,概括女娲解决这些问题的方法,进而分析女娲勤劳、聪慧、坚韧、富有创造力的特征。通过比较《女娲造人》与《风俗通》有关"女娲造人"的不同叙写,深刻理解女娲兼具"神性"与"人性"的母亲形象。在此基础之上,借助"与其说……不如说……"的句式进一步分析女娲形象,把握神话中蕴藏的中华民族的文化精神,这也正是神话的魅力所在。

(四) 布置作业(二选一)

1. 很多民族都有关于人类起源的神话传说,找来读一读,看看先民们的想象有什么相同和不同之处。

2. 阅读《山海经》(方韬译注,中华书局版)中的神话故事,思考其中所蕴含的民族文化精神。

22　寓言四则

一、教学目标与学习要素

(一) 教学目标

1. 引导学生发散性思维，从多角度理解寓言寓意。
2. 发挥想象，体会寓言运用夸张变形、借物喻人的手法说明事理的特点。
3. 通过诵读、课本剧表演等形式积累重点文言词汇，提升文言文阅读能力。

(二) 学习要素

1. 寓言的想象：运用夸张变形、借物喻人说明事理，启迪智慧。
2. 文言积累：积累文言词汇、文言句式和一词多义等知识点，提升文言文阅读能力。

二、文本解读

(一) 课文整体解析

本文四则故事都属于寓言。寓言大多短小精悍，常常用假托的故事寄寓深刻的道理。正如拉·封丹所说："一个寓言可以分为身体和灵魂两个部分，所叙述的故事好比身体，所给予人们的教训好比是灵魂。"而所讲的故事往往通过适当的变形、夸张，突出其中包含的道理，给人启示。如《赫尔墨斯和雕像者》把"商人的庇护神"赫尔墨斯变成凡人，借助雕像这一细节加以想象，讽刺爱慕虚荣、盲目自大的人；《蚊子和狮子》借物喻人，通过蚊子"咬"、狮子"抓"、蜘蛛"粘"这些细节展开想象夸张，讽刺"打败过大人物、却被小人物打败的人"；《穿井得一人》通过"穿井得一人"这一传言加以"变形"，展开情节，告诉我们要以审慎的态度对待传闻，既不要轻信，也不要传播；《杞人忧天》通过对杞人担心"天地崩坠"的心理夸大，讽刺那种害怕不可能发生的灾祸、徒然自扰的庸人。

寓言有很强的针对性，它往往是针对某一种社会现象或某类人物进行批判，都是围绕要说明的道理展开情节、刻画人物。因此要引导学生联系自己的生活经验，理解寓言的"言外之意"。正如我国著名儿童文学家严文井所说："寓言是一把钥匙,这把钥匙可以打开心灵之门,启发智慧,让思想活跃。"

(二) 重点语段细读

1. 赫耳墨斯想知道他在人间受到多大的尊重,就化作凡人,来到一个雕像者的店里。

"想"与"多大"表明赫耳墨斯不仅想获得人们的尊重,而且希望自己获得很大的尊重,体现出他是一个爱慕虚荣的人。赫耳墨斯想知道他在人间受到多大的尊重,化作凡人,首先来到的是"一个雕像者的店里"。他若真正想知道自己在人间受到的尊重程度,理应"化作凡人",与人访谈;而他来到雕像者的店里,问的是雕像的价格,其实已经把自己符号化、形式化,将自己等同于"雕像",爱慕虚荣不言而喻。

2. 蚊子战胜了狮子,又吹起喇叭,唱着凯歌飞走,却被蜘蛛网粘住了。

"又"照应上文"蚊子吹着喇叭冲过去,专咬狮子鼻子周围没有毛的地方",同时形成对比。上文是"蚊子吹着喇叭冲过去",表现了蚊子的斗志昂扬;而此处"吹起喇叭"是为了"唱凯歌",表现了蚊子的骄傲自满。这导致善于以己之长、攻人之短的蚊子很快"被蜘蛛网粘住"而覆灭。

3. 国人道之,闻之于宋君。

"闻之于宋君"中的"闻"是使动用法,可以解释为"使……听到,禀告"。此处的"闻"既照应上文"有闻而传之者",又表明事态进一步发展。从民间百姓之间相互传闻"穿井得一人",发展到向国君禀告此事,可见谣言传播之快,从侧面告诫人们不要像宋人那样轻信传闻。

4. 杞国有人忧天地崩坠,身亡所寄,废寝食者。

"忧天地崩坠"中的"忧"可以解释为"为……感到担忧"。"身亡所寄,废寝食者"紧承"忧天地崩坠",是"忧"的具体表现。"忧"不仅点明题目,而且引出下文杞人与"晓之者"的对话,又与结尾"其人舍然大喜,晓之者亦舍然大喜"形成鲜明对比,暗含对杞人担忧"天地崩坠"的讽刺。

三、教学过程

第一课时

（一）课时目标

1. 通过物件、动作等细节描写发挥想象，体会寓言运用夸张变形、借物喻人的手法说明事理的特点。

2. 通过诵读、续写引导学生发散性思维，从多角度理解寓言寓意。

（二）导入

严文井曾说："寓言是一个怪物，当它朝你走过来的时候，分明是一个故事，生动活泼；当它转身要走开的时候，却突然变成了一个哲理，严肃认真。""生动活泼"与"严肃认真"是如何有机和谐地统一在寓言身上的？

（三）活动设计

▲ 活动设计一："问价三重奏"

比较分析赫耳墨斯三次"问价"的细微不同，通过不同形式的重音朗读想象、揣摩赫耳墨斯心理，分析赫耳墨斯的性格特征。

1. 列举赫耳墨斯三次"问价"的提问方式。

第一次"问宙斯雕像价格"：值多少钱？

第二次"笑着问赫拉雕像价格"：赫拉的雕像值多少钱？

第三次"问自身雕像价格"：这个值多少钱？

2. 三句问价都有"值"，比较提问的细微差异，通过不同形式的"值"的重音朗读感知人物心理变化。

第一、三次问句比较简练，第二次相对较长。三次问价心理不同，朗读第一次问价语气要短促，运用"快中慢读"重读"值"，读出赫耳墨斯急与宙斯比高低的迫切之情；朗读第二次问价，"值"字重音虚读，语气舒缓，读出满足、得意之情；朗读第三次问价，"值"字重音低读，读出期待、盲目自大之情。

3. 透过"值"字分析赫耳墨斯性格特征：爱慕虚荣、自高自大。

▲ 活动设计二："价格调查员"情景剧

假如你是赫耳墨斯，以"价格调查员"身份与店主展开情景对话，表演情景剧。

1. 紧扣文中三次"问价",模仿"价格调查员",与店主展开情景对话,结合人物表情、动作表演情景剧。

示例:

(旁白:赫耳墨斯想知道他在人间受到多大的尊重,就化作凡人,来到人间进行访谈)

赫耳墨斯:宙斯雕像值多少钱?

店主:一个银元。

赫耳墨斯(非常得意,笑着问):赫拉的雕像值多少钱?

店主:还要贵一点儿。

赫耳墨斯(指着自己的雕像):这个值多少钱?

店主:假如你买了那两个,这个可以白送!

2. 点评情景对话是否完整、生动,注意结合人物心理分析人物对话的语言、语气、语速和语调。

如第二次问"赫拉的雕像值多少钱"而不说"赫拉的值多少钱?""雕像"一词应重读,其中暗含讽刺,赫尔墨斯其实已经把自己符号化、形式化,自己形同空虚的"雕像"而无实在的灵魂。整句话朗读时语气宜舒缓,读出赫尔墨斯的满足、得意之情。尽管是问句,但是明知故问,语调宜用降调,声音宜虚不宜实。

▲ 活动设计三:"蚊狮之战"创意写作

创意写作旨在引导学生发挥联想和想象,培养学生发散性思维。

1. 阅读原文,了解原意。依据表格品读《蚊子和狮子》中有关蚊子两次"吹喇叭"的细节描写,分析蚊子形象。

次数	喇叭	细节	蚊子形象
1	蚊子吹着喇叭冲过去,专咬狮子鼻子周围没有毛的地方。	"吹着喇叭""冲""咬""鼻子周围没有毛的地方"	斗志昂扬 聪明机智
2	蚊子战胜了狮子,又吹起喇叭,唱着凯歌飞走,却被蜘蛛网粘住了。	"吹起喇叭"	骄傲自满

2. 以"'蚊狮之战'的妙招"为题,发挥想象,创意写作,看看谁是"蚊狮之战""智多星"。如狮子不用蛮力去"抓"蚊子,而用巧劲去"吹"蚊子等。

3. 改写故事,理解寓言寓意。如果故事只写到"蚊子战胜了狮子,又吹起喇叭,唱着凯歌飞走",那么寓意如何理解?改写后故事中有关蚊子"吹喇叭"的描写则为褒义,寓意变成赞扬像蚊子那样善于以己之长、攻人之短的人。

(四)课堂小结

寓言运用夸张变形、借物喻人的手法说明事理比较形象生动,更能启发人们思考。《赫尔墨斯和雕像者》把神变形为人,通过"雕像"这一形象化的细节展开想象夸张,讽刺了爱慕虚荣的人;《蚊子和狮子》把蚊子拟人化,借物喻人,通过"吹喇叭"这一形象化的细节展开想象夸张,讽刺了骄傲自满的人。可见,变形夸张往往要借助形象化的细节使之真实,让人思考。

(五)布置作业

续写赫尔墨斯听了雕像店主的话之后,一气买下了宙斯和赫拉的雕像,会有怎样的情节发生。注意结合赫尔墨斯爱慕虚荣的性格特征。

参考答案:

续写首先要揣摩赫尔墨斯听了雕像店主回答之后的心理状态,"一气买下了宙斯和赫拉的雕像"当是十分气恼,但赫尔墨斯爱慕虚荣的性格特征不会改变。可以围绕"爱慕虚荣"设计情节。如:

"假如你买了那两个,这个可以白送",店主话音刚落。赫耳墨斯气恼地说:"我要买下你店里所有的宙斯和赫拉!"店主既惊讶又兴奋地说:"那……赫耳墨斯的雕像我不够赠送……原来,赫耳墨斯不好卖,我进货不敢……进多。"赫耳墨斯哈哈大笑道:"赫耳墨斯的雕像——不用赠给我了,你留着以后单卖,它会卖个好价钱的!"

第二课时

(一)课时目标

1. 通过比较阅读启发学生发散性思维,多角度理解寓言寓意,学会换一种角度看问题。

2. 通过诵读、课本剧表演等形式积累文言词汇、文言句式、一词多义等文言知识,提升文言文阅读能力。

(二)导入

生活中,我们每个人都曾有面对传闻的疑虑,甚至是轻信;我们每个人都有过庸人自扰的担心、忧虑。其实我们每个人都扮演过《穿井得一人》中的"传者"、《杞人忧天》中的"杞人"角色。"寓言是一座奇特的桥梁,通过它,可以从复杂走向简单,又可以从单纯走向丰富。"让我们运用夸张的手法来揭示"五光十色的生活现象"背后所蕴藏的"生活的内在意义"。

(三) 活动设计

▲ 活动设计一:成语"对对碰"

解释加点字,说说与此字相关的成语,积累常用文言词汇。

	例句	释义	成语	
1	及其家穿井	等到	措手不及	望尘莫及
2	吾穿井得一人	得到	得陇望蜀	春风得意
3	国人道之,闻之于宋君	道:讲述	道听途说	道貌岸然
		闻:听到,这里是"使……听到,禀告"的意思	闻风而动	闻名遐迩
4	求闻之若此,不若无闻也	闻:消息	闻过则喜	置若罔闻
5	身亡所寄	亡:无,没有	亡羊补牢	唇亡齿寒
6	因往晓之	因:于是	因材施教	因地制宜
		晓:告知,开导	晓以大义	家喻户晓
7	若屈伸呼吸	若:你	固若金汤	安之若素
8	充塞四虚	同"墟",大土山	子虚乌有	虚怀若谷
9	其人舍然大喜	舍:同"释",解除,消除	退避三舍	舍我其谁

▲ 活动设计二:对话"二人传"

这两则寓言都运用对话推动情节发展,十分精彩。试从朗读的停连、重音、语气与节奏四方面加以标记、诵读。建议:①先在理解大意的基础上,判断节奏;②运用重音的变化揣摩意义的变化,可根据语境,判断重读的词语;③揣摩人物心理,据此确定升降调。

组次	对话		朗读标记
1	丁氏：吾/穿井/得一人。↘	传者：穿井得一人？↗	节奏：/
2	传者：丁氏/穿井/得/一人。	国人：天下/奇闻也！↘	重音：·
3	国人：有/丁氏/穿井/得一人。	国君：此乃/天下/奇闻也！	升调：↗
4	国君：汝/穿井/得/一人？↗	丁氏：得/一人之使，非得/一人/于井中也。↘	降调：↘

结合人物对话时的语气、神态、心理加以表演，如：

丁氏：吾/穿井/得一人。重音在"得"，强调丁氏得到一个人劳力的欢喜之情。

传者：丁氏/穿井/得/一人。重音在"人"，强调传者对"穿井得人"的惊异之情。

国人：有/丁氏/穿井/得一人。重音在"有"，强调国人对"穿井得人"觉得很神秘。

国君：汝/穿井/得/一人？重音在"汝"，强调国君急于得知此事真情的急切。

仿照上文，为下表中的句子做好朗读标记，然后加以诵读。

组次	杞国人	晓之者
1	天地崩坠，身焉寄耶？	天，积气耳，亡处亡气。若屈伸呼吸，终日在天中行止，奈何忧崩坠乎？
2	天果积气，日月星宿，不当坠耶？	日月星宿，亦积气中之有光耀者，只使坠，亦不能有所中伤。
3	奈地坏何？	地，积块耳，充塞四虚，亡处亡块。若躇步跐蹈，终日在地上行止，奈何忧其坏？

示例：

组次	杞国人	晓之者
1	天地/崩坠，身/焉/寄耶？↗	天，/积气/耳，亡处/亡气。若/屈伸/呼吸，/终日/在天中/行止，/奈何/忧/崩坠/乎？↗
2	天/果积气，/日月/星宿，不当/坠耶？↗	日月/星宿，/亦/积气中/之/有光耀者，/只使/坠，/亦不能/有所/中伤。↘
3	奈/地坏/何？↗	地，/积块/耳，充塞/四虚，/亡处/亡块。若/躇步/跐蹈，/终日/在地上/行止，/奈何/忧其坏？↗

杞国人话语多为问句,语气上扬,表现疑惑、忧虑;而"晓之者"语气抑扬顿挫,显得振振有词。此外,同为"积气","天,积气耳"一句中重读"积气",主要是强调"晓之者"劝导杞国人无须忧虑"天地崩坠";而"日月星宿,亦积气中之有光耀者"一句中重读"光耀",主要是强调日月星宿与天的不同在于"光耀",而非其他,也无须忧虑。

▲ **活动设计三:"时光穿梭机"**

如果宋人和杞人听闻中国航天员聂海胜、刘伯明、汤洪波在 2021 年 6 月 17 日 18 时 48 分先后进入中国天宫空间站,他们会有怎样的反应?如果他们仍然感到迷惑、担忧,你该如何劝说他们?

1. 师生讨论:现代信息社会仍然会有这样的宋人和杞人存在,甚至更多,因为信息社会科技发达,网络传播更便捷、更广泛,谣言更易滋生。人的生活压力、工作压力更大,即使不会忧虑天崩地塌,但也会有其他焦虑。如果宋人和杞人听闻中国航天员聂海胜、刘伯明、汤洪波进入中国天宫空间站,他们仍然会感到迷惑或担忧。

2. 劝说宋人:7 月 4 日中国航天员聂海胜、刘伯明、汤洪波首次出舱活动取得圆满成功。这是新闻报道的客观事实,我们要相信,不要迷惑。而对待传闻,我们要态度审慎,既不要轻信,也不要传播。

劝说杞人:中国天宫空间站设计寿命为 10 年,我们不必害怕那些不可能发生的灾祸,不要庸人自扰,要理性、客观对待生活中的各种压力。劝说时注意结合寓意,语气委婉。

3. 总结寓言的夸张手法:这两则寓言都运用了夸张手法,夸大而又不失真实。《穿井得一人》通过"穿井得一人"这一传言加以"变形"夸张,展开情节;《杞人忧天》通过对杞人担心"天地崩坠"的心理进行夸张,讽喻现实。他们的心理想法其实都比较真实,有很强的针对性、现实感,能够跨越时空,永远警示人们。

(四)课堂小结

作为文言阅读,《穿井得一人》与《杞人忧天》这两篇寓言故事首先需要我们圈画重点文言词汇,并进行翻译,在反复诵读的基础上尝试理解看似简单实则深刻的寓意。为此,我们紧扣文中的对话描写,从朗读的停连、重音、语气与节奏四个方面学习运用"变形"夸张而又符合人物心理真实想法的写法。通过变换情境"劝说"宋人与杞人,挖掘寓言背后所蕴藏的"内在意义"。

(五) 布置作业

1. 积累"及、得、国、道、闻、若、亡、因、晓、舍"等常用文言词汇解释,翻译"国人道之,闻之于宋君""求闻之若此,不若无闻也""身亡所寄,废寝食者""只使坠,亦不能有所中伤""地,积块耳,充塞四虚"等重要文言语句。

2. 比较《列子》中有关"杞人忧天"的删节部分,看看原文对"杞人忧天"一事持怎样的看法。

长庐子闻而笑之曰:"虹蜺也,云雾也,风雨也,四时也,此积气之成乎天者也。山岳也,河海也,金石也,火木也,此积形之成乎地者也。知积气也,知积块也,奚谓不坏? 夫天地,空中之一细物,有中之最巨者。难终难穷,此固然矣;难测难识,此固然矣。忧其坏者,诚为大远;言其不坏者,亦为未是。天地不得不坏,则会归于坏。遇其坏时,奚为不忧哉?"

子列子闻而笑曰:"言天地坏者亦谬,言天地不坏者亦谬。坏与不坏,吾所不能知也。虽然,彼一也,此一也。故生不知死,死不知生;来不知去,去不知来。坏与不坏,吾何容心哉?"

参考答案:

《杞人忧天》中的杞人毕竟和浑浑噩噩的庸人不同,他有强烈的忧患意识;联系《列子》全文来看,"坏与不坏,我所不能知也",文中的"晓之者"同样是列子所讽喻的对象。原文中长庐子对"杞人忧天"的忧虑意识表示赞赏,所谓"忧其坏者,诚为大远",但列子认为"言天地坏者亦谬,言天地不坏者亦谬。坏与不坏,吾所不能知也",对杞人、"晓之者"与长庐子的观点都予以否认,体现了超然物外的道家思想。

【思路点拨】在理解寓言原有寓意的基础之上,鼓励学生展开联想,进行发散思维,尝试从多个角度进行解释,在旧寓言中注入新的意义。

写作 发挥联想和想象

一、教学目标与学习要素

(一) 教学目标

1. 通过融合同类表象的特点创造典型艺术形象,提升创造想象能力。
2. 从相似、相反、因果等角度展开联想,提升发散性思维能力。

(二) 学习要素

1. 想象:融合同类表象的特点,创造典型艺术形象。
2. 发散性思维:从相似、相反、因果等角度展开联想。

二、教学建议

本单元课文体裁多样,大多借助想象表现主题,往往令人浮想联翩。通过本单元学习,同学们运用形象化的细节、夸张变形、联想想象、发散思维等技巧改写、仿写想象类文学作品或片段。写作过程中,我们将进一步引导学生围绕设定的话题整篇创作,发挥联想和想象,融合同类表象的特点,创造典型艺术形象,注意合情合理,自然适切;运用发散思维,要借助事物形象生发联想,丰富想象空间;鼓励学生积极探索,独立思考,发展创造性思维,倡导立意新颖深刻。在教学中,可以借助生活中常见的事物,如伞、雪、星星等,从相似、相反、因果等角度展开联想,创作故事,想象未来生活。

三、教学过程

(一) 导入

黑格尔说:"最杰出的艺术本领就是想象。"联想和想象是人类特有的思维活动,它可以让我们"思接千载,视通万里"。通过本单元学习,我们了解了什么是联想和想象,请举例说说课文如何运用联想和想象创设情境。

示例:

《赫耳墨斯和雕像者》借助"雕像"这一物件想象赫耳墨斯与店主交流的场景;

《蚊子和狮子》融合日常生活中骄傲自满的人喜欢自吹自擂、蚊子"嗡嗡"叫个不停的特点,创造、想象出蚊子"吹喇叭"这一典型艺术形象;《天上的街市》从街灯联想起空间上与之"接近"、特点上与之"相似"的明星,并从神话故事中牛郎织女分离的悲剧情节生发"相反联想",进而融合创造出牛郎织女骑着牛、提着灯笼、自由逛街的典型艺术形象。

(二) 活动设计

▲ 活动设计一:创造"这一个"

皇帝在侍从的簇拥下游行起来。站在街上的群众,有的挥舞着手臂说:"皇上的新装真漂亮!"有的手臂高高举过头顶,大声呼叫:"皇帝的新装真合身!"有的从楼上窗子里探出头来,弯着身子,挥动手里的布巾,生怕别人听不到他的夸赞。谁也不愿意让人发现自己什么都看不到,说自己不称职、太愚蠢。

发挥想象,根据《皇帝的新装》课文插图中诸多围观群众的表现创造想象"这一个",即融合他们围观皇帝游行时的突出特点想象创造某一位典型的人物形象,描写他(或她)在路边观看皇帝不穿衣服游行的情景。如有兴趣,可以根据你的描述通过绘图形式再造"这一个"人物形象。

▲ 活动设计二:搭建"联想之桥"

以"我仰望夜空"起笔,可从相似、相反、因果等角度展开联想,运用三句话在"伞""雪""星星"之间架设"桥梁",使它们组合成"回忆"的情境。

示例:

我仰望夜空,看到一颗闪亮的星星倏地钻到云层深处,想起那年冬天舅舅打着雨伞,肩上还沾着几片雪花把年货送到我家。

▲ 活动设计三:故事接龙大比拼

小组合作,发挥想象和联想,围绕"伞""雪""星星"开展故事接龙。

以四人为一组,第一个同学可以选用"伞丢了""下雪了""一颗星星在闪烁"等开头语讲述故事,后面的同学接续上一位同学最后一句讲出完整的故事。每人三轮共十二片段合成一个完整故事。最后分享故事,依据联想和想象合情合理等标准评比内容最精彩、结构最连贯的小组故事。

评价量表示例:

评价等第	联想想象合情合理	联想想象富有新意
A	联想想象合情合理	联想想象丰富，有新意
B	联想想象总体上符合情理，但细节显得牵强	联想想象单一化，无新意
C	联想想象过于牵强随意，脱离事物之间的相似特点，违背生活逻辑	未进行联想或想象

（三）课堂小结

发挥联想和想象，我们先从课文中的事例入手，为《皇帝的新装》课文插图配置"画外音"，对生活中常见的"伞""雪""星星"这三个事物展开联想和想象，搭建"想象之桥"，进行故事接龙，创编小组故事。最后，我们从联想和想象是否合情合理、是否富有新意评选最佳小组故事，进一步把握联想和想象要合情合理、会发散思维、能新颖深刻等要求。

（四）布置作业

请以《十年后的一天》为题，写一篇不少于600字的作文，注意联想和想象要合情合理。

综合性学习　文学部落

一、教学目标与学习要素

(一) 教学目标

1. 结合个人兴趣与主题阅读组织学生组建文学部落，开展自主阅读与读书交流活动。

2. 通过小组合作创建班刊，开展课外写作活动。

(二) 学习要素

1. 关注学生学习状态：通过组建文学部落组织学生小组讨论、班级交流，利用教学资源开展自主阅读与合作探究。

2. 主题阅读：以"想象之翼"为主题创建班刊，开展课外写作活动。

二、学习建议

本单元综合性学习为"文学部落"，是对想象和联想的综合运用。主要学习内容包括：结合文学体裁和个人兴趣，以"想象之翼"为主题组建文学部落；尝试课本剧表演，从视听角度展示自我想象与联想能力，并以交流会形式开展读书与写作成果分享活动；学会分工协作，创立班刊。这一系列活动不能仅仅停留在语文学科的知识、技能、方法层面，更要让学生学会小组合作、活动策划等学习策略，在活动中提升学生语言运用、思维发展、审美鉴赏、文化理解等学科素养。

三、教学过程

(一) 导入

文学作品是作家用独特的语言艺术表现其独特的心灵世界的作品，一个杰出的文学家就是一个民族心灵世界的英雄，文学代表着一个民族的艺术和智慧。小说、诗歌、散文、戏剧这四大文学样式，你最感兴趣的是哪一种？在诸多文学作品中，你最感兴趣的是哪一类主题？

(二) 活动设计

▲ 活动设计一:"我的地盘我作主"——组建"想象文学"部落

结合个人兴趣,组建"想象文学"部落。依文体类别可分为小说部落、诗歌部落、散文部落、戏剧部落、影视文学部落等;依主题类别可分为"安徒生童话"部落、"西游记"部落、"山海经"部落等。部落成员首先根据想象内容为部落命名,要求富有文学色彩。其次为本部落寻找"自己的地域"开展活动,可借助班级读书角,设计宣传海报,营造读书氛围。

▲ 活动设计二:"神奇的新装"——"安徒生童话"部落

1. 组建"安徒生童话"部落,参考剧情大纲编写五幕剧《皇帝的新装》:

幕数	时间	地点	情节	道具
第一幕	某天	宫廷	骗子向皇帝行骗	座椅、服饰、镜子
第二幕	深夜	机房	骗子做新装	织布机、生丝、金子
			老大臣与官员、随员看新装	眼镜
第三幕	次日	宫廷	大臣向皇帝夸赞新装布料	生丝、金子
第四幕	夜晚	机房	皇帝"看"新装	勋章
			骗子赶制新装	蜡烛、剪刀、针
第五幕	早晨	大街	皇帝穿新装参加游行大典	华盖
			小孩与群众揭穿谎言	/

2. 演员选拔:皇帝、老大臣、官员、随员、骗子甲、骗子乙、典礼官、侍从甲、侍从乙、小孩、爸爸、路人甲、路人乙等,注意男女比例均衡。

3. 场景设计:根据"宫廷行骗、巡视机房、大庭美言、不眠之夜、大街游行"五幕情景设计"宫廷、机房、大街"三处场景,宫廷通过"座椅、服饰、镜子"等道具突出"奢华",暗示皇帝穷奢极欲、爱慕虚荣的特征;机房通过"织布机、生丝、蜡烛、剪刀、针"等道具摆设突出"杂乱",暗示骗子弄虚作假、故弄玄虚的特征;大街突出当时"经济萧条、农奴制仍存"的社会背景,可用幻灯片制作展示。

4. 人物对白:人物对白要符合人物身份和心理特征,突出人物个性,人物对白与动作设计相得益彰。

示例：

第一幕 "宫廷行骗"

（两个骗子上场，东张西望、蹑手蹑脚。皇帝离开宝座，走到镜子面前，扭动着腰肢，欣赏自己刚换上的新装）

骗子甲、乙（来到皇帝面前，齐声）：参见陛下，陛下万岁，万岁，万万岁！

皇帝（不耐烦地）：你们就是从德国来的裁缝吗？有什么本事，快快说！（大摇大摆地回到宝座）

骗子甲、乙（侧立一旁，点头哈腰）：听说贵国繁荣昌盛，发展日新月异，我们专程从德国赶来为陛下效劳。我们能织出人类历史上最神奇的布料来——

皇帝（疑惑）：最神奇？

骗子甲（与骗子乙耳语，走到皇帝身边，一脸严肃）：我们织出的布料，能分辨出王子是否合法；只有陛下亲生的皇子才能看得见这种面料。

骗子乙（上前一步，与骗子甲并肩）：后来我们经过四年零五个月的实验，改良，用这种布料织出的新装又有了新的特性。

皇帝（身子前倾，急切）：什么新特性？

骗子甲、乙：就是任何不称职的、愚蠢得不可救药的人，都看不见这衣服。

5. 画外音：每一幕剧情开始前，可设计画外音介绍相应故事背景。第二幕"巡视机房"画外音示例：

转眼间，一天又过去了，夜幕渐渐降临在织布机的窗前。皇帝对他的新衣总是放心不下，决定派他最忠实的老大臣去看看。年迈的老大臣戴着厚厚的老花镜在随从的搀扶下来到骗子的机房。

▲ **活动设计三：趣析神佛妖魔，制作西游神魔卡——"西游记"部落**

在《西游记》中，无论是师徒四人，还是各路神佛妖魔，大多个性鲜明，令人过目不忘。组建"西游记"部落，通过"制作西游神魔卡"探究神佛妖魔的形象。

要求：首先梳理《西游记》中有关神佛妖魔的故事情节和生动描写，筛选信息，包括名字、章节、身份、法宝、困难解决、结局；其次，根据小说描述再造想象，绘制一幅人物形象图；最后，通过"神魔形象想象值"（满分 5 颗星）估算法力，进行"神魔法力"大比拼。

示例：

神佛卡：		
章节		
来历		
法宝		人物想象图
困难解决		
结局		
想象值	☆☆☆☆☆	

▲ **活动设计四："我的文学梦"——编辑班刊**

每个文学部落选派 2—3 位有特长的同学，共同编辑班刊。首先在老师指导下成立班刊编辑部；其次选取一本优秀的文学刊物作为范例加以研读，分析刊物的栏目设置与版面设计，推荐研读《十月》《收获》《少年文艺》等；围绕"想象之翼"主题给班刊拟定富有文学色彩的名字，可在全班范围内征集刊物名称，营造想象文学的创作氛围；确立刊物版面和编辑部门，刊物版面包括封面、封二、封三、封底、卷首语、目录、编辑部人员简介、正文等，编辑部门包括主编、文编、美编等；主创人员按照"主题策划——栏目设计——征文——选文——选择插图——编辑排版——内容校对"这一流程加以编辑；最后印刷装订，班刊发行，在班刊推广中注意征求读者反馈意见进一步反思修正。

（三）课堂小结

本次活动首先结合个人兴趣，组建各具特色的"想象文学"部落。在此基础上，小组合作，发挥想象，开展《皇帝的新装》课本剧表演和西游神魔卡制作活动；围绕"想象之翼"主题编辑班刊，开展自主阅读与读书交流活动。同时，在分享与交流中学会反思与修正，进一步提高想象与联想能力。

（四）布置作业

1. 为班级书架推荐一本书，并说明推荐理由，不少于 100 字。
2. 根据"想象之翼"这一主题为班刊写一篇卷首语。

名著导读 《西游记》精读和跳读

一、教学目标与学习要素

(一) 教学目标

1. 运用跳读快速阅读全书,把握主要故事情节。
2. 通过辩论会形式探究唐僧、孙悟空等师徒四人形象,学会提炼归纳,提升精读能力。
3. 运用精读和跳读相结合的方法广泛阅读想象类文学作品,开展群书阅读。

(二) 学习要素

1. 精读——对阅读内容有自己的理解,并能够把理解的内容提炼归纳,与人交流。
2. 跳读——根据目录和人物称谓选择性快速阅读,了解内容大意。

二、学习建议

本单元名著导读为《西游记》精读和跳读,引导学生根据不同内容选取不同的阅读策略进行精读和跳读,通过绘制取经路线图、举行"取经四人团"辩论会等活动探究这一"童心之作"。在赏析人物形象时,以孙悟空这一典型人物为例,在梳理人物关系过程中剖析具有人性光辉的孙悟空形象。在阅读《西游记》的基础上,围绕"奇幻媒介""反复结构"设计阅读单开展"奇幻文学"专题阅读,指导学生拓展阅读古今中外"奇幻文学"作品,如《中国神话选》《三体》《伊索寓言》《安徒生童话选集》等,并结合"组建想象文学部落"这一综合性学习活动进行群书阅读的成果展示与交流分享。

三、教学过程

(一) 导入

在浩如烟海的古代文学作品中,吴承恩创作的神魔小说《西游记》凭借妙语连珠的文辞、奇幻夸张的想象、跌宕起伏的情节、妙趣横生的形象赢得了大众的喜爱。《西游记》是我国古代第一部浪漫主义章回体长篇神魔小说，它是在宋元话本的基础上编撰而成的一本小说。它反映的社会生活其实并非一时一地一人的独特经历，而是具有高度的典型性，可以说西游记的取经之路其实是人生的修行之路。它是一本常读常新的生活奇书，不同年龄、不同人生阅历的人，都能读出自己独特的理解和体会。

（二）活动设计

▲ **活动设计一：通览小说目录，绘制取经图**

明确：小说每一章节用两句字数相等的句子做题目，概括本章节内容。这种分章回叙述的小说叫"章回体小说"。阅读这类小说，通过跳读浏览题目，我们很快就可以把握主要内容。章回体小说是中国古典长篇小说的主要形式，它是由宋元时期的"讲史话本"发展而来的。"讲史"是说书的艺人们讲述历代的兴亡和战争的故事。讲史一般都很长，艺人在表演时必须分为若干次才能讲完。每讲一次，就相当于后来章回体小说中的一回。在每次讲说以前，艺人要用题目向听众揭示主要内容，这就是章回体小说回目的起源。作为章回体小说，《西游记》"回目"具有提纲挈领的作用，借助小说目录，可以纲举目张，梳理故事梗概。参考《大唐玄奘西行取经线路》，将目录中主要地点进行排序，绘制唐僧师徒西天取经的路线图。

▲ **活动设计二：以称谓为线索，梳理孙悟空生平经历**

小说中，不同阶段的悟空分别有哪些称谓，为什么会有这一系列不同的称谓？我们一起来梳理一下，以鱼骨图的形式画一个思维导图。

示例：

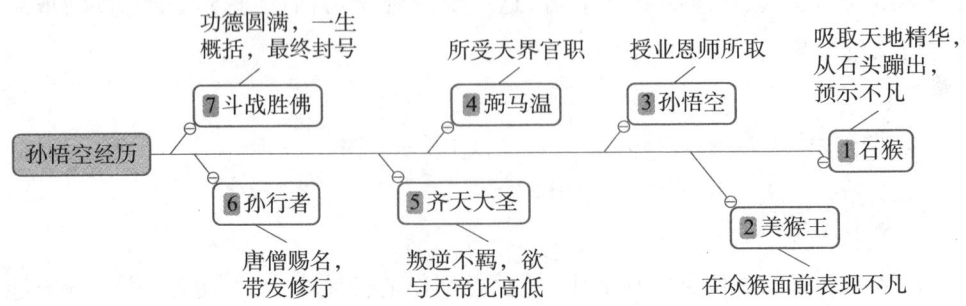

在阅读过程中,对于小说中渲染环境气氛的诗词、描写人物(鬼神)外貌的语句、打斗场面的内容,可以采取跳读略读;对于少数降妖除魔的故事,套路雷同,情节简单,也快速浏览。

▲ **活动设计三:运用精读法,探究孙悟空个性特征**

以《尸魔三戏唐三藏,圣僧恨逐美猴王》为例,小组合作,运用精读阅读法探究孙悟空个性特征。

1. 以孙悟空为对象梳理故事情节,梳理两对矛盾。

明确:孙悟空识别白骨精的诡计并且一棒打死白骨精,却遭八戒、唐僧误解,最后因为八戒搬弄是非而被唐僧逐出师门。两对矛盾:唐僧师徒与白骨精;孙悟空与唐僧、八戒。

2. 从唐僧师徒与白骨精的矛盾入手赏析悟空的忠诚。小说中孙悟空三打白骨精,每次情节都很相似,都被师父误会。第三次打白骨精孙悟空做了什么准备,为什么要做这些准备,和前两次有什么区别?同样的情节,为什么要写三次?

明确:孙悟空所做的准备:一是叫来土地山神;二是"断绝了灵光"。做这些准备是因为孙悟空坚决要打杀白骨精,确保唐僧的安全。从打白骨精之前的犹豫到痛打白骨精那一刻的坚决,孙悟空的心里发生了重大变化:从犹豫到果敢。他明知道自己打了白骨精也会被唐僧冤枉,但他思虑再三后,毅然决定打杀白骨精,确保唐僧的安全。这体现了孙悟空对唐僧忠心耿耿。

3. 从孙悟空与唐僧、八戒的矛盾入手赏析孙悟空的忠诚。唐僧在孙悟空三打白骨精时是如何对待悟空的,悟空又是如何回应唐僧的?

明确:一纸贬书、拒绝下拜表现了唐僧的无情无义。而悟空围住师父下拜,叮嘱沙师弟照顾师父,在回花果山的路上流下眼泪,体现了孙悟空的情深意重。孙悟空彻底消灭了白骨精,可谓在取经路上除了一害;但是八戒搬弄是非,唐僧不识好歹,有力反衬了悟空忠诚坚毅的性格特征。深入理解反衬手法,读出悟空的情意深重。

4. 探究作者为何要详写孙悟空三次恸哭。

明确:三次恸哭,第一次是第二十七回,孙悟空遇尸魔被师父赶走;第二次是第五十七回,孙悟空又被师父赶走;第三次是第七十七回,孙悟空在狮驼山以为师父已经被妖怪吃了。孙悟空都是为担忧师父生死安危而恸哭,可见悟空对唐僧情感深厚。孙悟空的眼泪让我们看到了另一个悟空——他不是花果山里自由自在的美猴王,不是不可一世的齐天大圣,也不是令各路妖魔鬼怪闻风丧胆的孙行者;而是情意深重的孙悟空,一个充满人性光辉的孙悟空。他的情意深重、忠诚坚毅,在小说中通过三次恸哭这一细节描写并在唐僧的绝情的反衬下表现得更为充分。

▲ **活动设计四:角逐辩论场,话说二师徒**

1. 辩论主题:

(1) 在西游记中,师徒四人历经九九八十一难终取得真经,修成正果;在这漫漫取经路上,到底谁是功劳最大的呢?有同学认为,悟空凭借七十二变和筋斗云的功夫为取经团队创造了最大的贡献;还有同学认为,唐僧虽然是肉身凡胎,没有降妖除魔的法力,但他凭着执着和领袖风范,最终取得真经归来。基于以上两种观点(正方观点:取经路上唐僧功劳最大;反方观点:取经路上悟空功劳最大),班级将展开一场"取经四人团"辩论会。

(2) 猪八戒向来以懒惰、贪吃著称;取回真经后,因"有颇顽性,色性未泯"被封为"净坛使者"。班级同学在阅读《西游记》后对这个封号产生不同的看法:有些同学要为猪八戒正名,取经路上,他没有功劳也有苦劳;有些同学认为,猪八戒在取经路上帮倒忙、拖后腿的情况更多,一些灾祸因他而起。基于以上两种观点(正方观点:猪八戒有情有义,有胆有谋,大有功劳;反方观点:猪八戒好色懒惰,常拖后腿,不如不要),班级将展开一场"取经四人团"辩论会。

2. 活动流程:

(1) 学生明确自己的立场,根据《西游记》目录精读相关章节,为自己的观点寻找有力证据。

(2) 正反双方分组准备辩词,开展辩论活动。

(3) 评委打分,决出胜负;观众投票,评选"最佳辩手""最具人气辩手"等。

▲ **活动设计五:"奇幻文学"群书阅读**

根据"奇幻文学"这一主题推荐更多想象类文学名著,如《中国神话选》(袁珂著,人民文学出版社)、《三体》(刘慈欣著,重庆出版社)、《伊索寓言》(伊索著,吴健平译,上海译文出版社)、《安徒生童话选集》(安徒生著,叶君健译,译林出版社)等,开展"奇幻文学"群书阅读。可根据个人阅读兴趣、问卷调查拟定班级共读与小组研读计划,借助问题驱动设计阅读单开展"奇幻文学"专题阅读,结合精读和跳读开展自读指导,结合本单元综合性学习活动"组建想象文学部落"组织学生分享阅读经验,展现阅读成果。

专题设计示例：

(1)《搜神记》写神仙从天上下来常常是在"下雨的时候"；刮风的时候，又从地上回到了天上。《绿野仙踪》写一场龙卷风把多萝西带到奥兹国。可见"奇幻文学"写主人公进入奇幻世界往往需要一个媒介(如风、门、灯、梦、女巫)充当引导，你还能从奇幻文学作品中找出哪些相似的例子？请总结它们的共同特点，说说想象的特点。

(2)"奇幻文学"想象奇特多变，但是往往有许多"重复"。"重复"的语言，"重复"的结构；但是它们并未让人感到乏味，反而耐人寻味，如《西游记》"尸魔三戏唐三藏""孙行者三调芭蕉扇"。你还能从奇幻文学作品中找出哪些相似的例子？请总结它们的共同特点，运用台阶式思维导图说说这种反复结构设计的特点。

(三) 课堂小结

在阅读长篇小说《西游记》过程中，我们首先通览小说目录、依据称谓梳理孙悟空生平经历，通过跳读快速浏览小说，把握主要情节。然后聚焦故事主要人物，以《尸魔三戏唐三藏，圣僧恨逐美猴王》为例赏析孙悟空性格特征，进而分析师徒四人不同个性，深入探究影响人物命运变化的原因以及作者借助奇幻人物想要表达的主题。最后通过辩论会探究更为丰富的神魔世界。在此基础上，我们围绕"奇幻媒介""反复结构"开展"奇幻文学"群书阅读活动，放飞想象的翅膀，阅读古今中外奇幻文学精品，进一步提升精读和跳读能力。

(四) 布置作业

我国邮电部曾发行多套《西游记》特种邮票，以 2019 年 4 月发行的《中国古典文学名著——〈西游记〉》特种邮票为例，这套邮票分别描绘了"三打白骨精""智斗红孩儿""斗法车迟国""情阻女儿国""众神收青牛"五个故事，选择其中你最喜欢的一个故事，编写剧本，并配上插图。

单元练习

阅读下面两则寓言故事,回答问题

捕鼠

赵人患鼠,乞猫于中山。中山人予之。猫善捕鼠及鸡。月余,鼠尽而其鸡亦尽。其子患之,告其父曰:"盍①去诸?"其父曰:"是非若所知也。吾患在鼠,不在乎无鸡。夫有鼠,则窃吾食,毁吾衣,穿吾垣墉②,坏伤吾器用。吾将饥寒焉,不病于无鸡乎!无鸡者,弗食鸡则已耳,去饥寒犹远。若之何去夫猫也?"

——刘基《郁离子》

注释:①盍:何不。②垣墉:墙。

1. 解释下列句子中的加点词。

(1) 其子患之(　　　) (2) 是非若所知也(　　　)

2. 用现代汉语翻译文中画线句。

无鸡者,弗食鸡则已耳,去饥寒犹远。

3. 文中写老鼠祸害的具体表现是"　　　　　　　　　　"(用原文语句回答)。

4. 对于文中父子对猫的不同看法,你更认同谁的观点,说说你的理由。

黄牛与黑驴

有一次,一头黄牛在地上写了一个"蠢"字,它对一头黑驴问道:"蠢字下面两只虫子,哪只是公的,哪只是母的呢?"

黑驴说道:"不知道。"

黄牛说道:"蠢字左边的那只虫子是公的,右边的那只虫子是母的。男左女右,你连这个简单道理都不知道,你真是头蠢驴。"

黑驴随后也在地上写了一个"笨"字,它对黄牛问道:"笨字里的竹字头与下方的本字各处在哪个方位?"

黄牛说道:"不知道。"

黑驴说道:"笨字里的竹字头在北方,下方的本字在南方。上北下南,你连这个简单道理都不知道,你真是头笨牛。"

(作者吴礼鑫,摘自 2019 年 1 月《思维与智慧》)

5. 根据上文内容,在横线处填上一句话来揭示故事寓意。

解 析

1.（1）其子患之（以……为患,把……当作祸害）　（2）是非若所知也（这）

【思路点拨】词不离句,结合语境解释词义。

2. 没有鸡,(我)不吃鸡也就罢了,(但是)距离饥饿寒冷还很遥远。

【思路点拨】抓住"已""去""犹"等关键词翻译并补充残缺主语"我"。

3. 窃吾食,毁吾衣,穿吾垣墉,坏伤吾器用

【思路点拨】依据"吾患在鼠,不在乎无鸡""夫有鼠"查找指代内容。

4. 认同文中其父的观点。因为其父既看到"猫善捕鼠及鸡"的优点和缺点,又能抓住"吾患在鼠"的主要矛盾;而其子只看到"猫善捕鸡"的缺点。任何事物都有两面性,凡事有利有弊。做事要权衡利弊得失,抓住主要矛盾,解决主要问题,不能因小失大。

【思路点拨】依据"吾患在鼠,不在乎无鸡"而在于"有鼠"概括其父能全面分析猫的优缺点并"能权衡利弊得失"的观点,从中提炼故事寓意。

5. 当你给别人出难题时,别人也会给你出难题;当你愚弄嘲笑别人时,别人也会愚弄嘲笑你。

【思路点拨】依据黄牛与黑驴互相嘲笑对方蠢笨的故事情节归纳"当你愚弄嘲笑别人时,别人也会愚弄嘲笑你"的启示。

学习任务群设计

语言文字积累与梳理：有朋自远方来
——"朋"字学习任务群设计

一、教学目标

1. 通过多种途径收集、积累关于朋友主题的相关资料。
2. 理解交友之道，学会与他人交朋友。

二、学习任务群设计框架

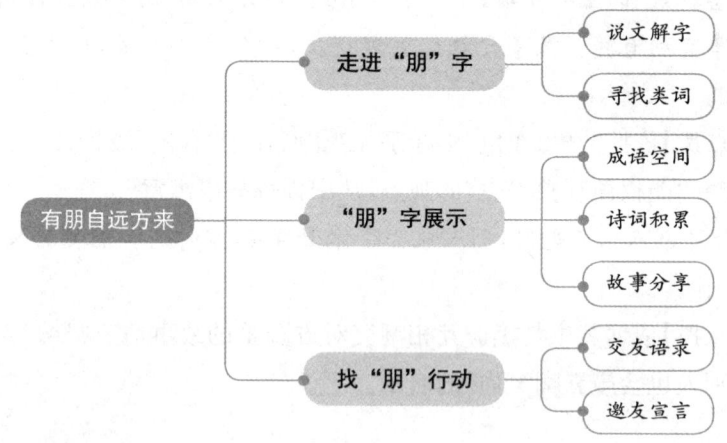

三、学习任务群设计说明

人生需要朋友，但什么样的朋友才是你需要的？你应该成为他人什么样的朋友？在本次学习任务群设计中，以"有朋自远方来"为话题，设计了走进"朋"字、"朋"字展示和找"朋"行动三个基本任务，旨在让学生了解"朋"字的本义，知道"朋"字比喻品行良好的人相结交，然后积累相关的成语、诗词、故事等，加强对"朋"字的理解，最后再通过摘录交友语录，设计邀友宣言等活动进一步深化自己交友的价值取向。

四、教学过程

(一) 导入

罗曼罗兰曾说过:"谁要是在这世界上遇到过一次友爱的心,体会过肝胆相照的境界,就是尝到了天上人间的欢乐。"人间处处有真情,人生在世,自然都有几个知己的好友。你懂我,我知你,可以互相帮助,可以共同成长,可以彼此照亮,即使远隔千里,知道这世界还有一个你,就很美好。

(二) 学习任务与学习活动设计

任务一:走进"朋"字

▲ **活动设计一:说文解字**

"朋"字的本义是货贝,语出《诗经·小雅·菁菁者莪》:"菁菁者莪,在彼中陵。既见君子,锡我百朋。"意思是说,莘莘学子,已经有幸受到老师的教育,老师教给我们的知识和本领,是多少钱也买不到的。郑玄笺曰:"古者货贝,五贝一朋。"

"朋"字甲骨文写法

因为货贝是基本相同的,因而常用于表示"同类,相类"的意思,比喻品行良好的人相结交。《礼记》曰:"同门曰朋,同志曰友。"

你现在知道"朋"和"友"的区别了吗?"朋"指是我们现在说的同学,"友"指的是志趣相投的人,与现在说的"朋友"基本一致。后来随着时间的推移"朋"和"友"的含义渐趋一致,就是现在所说的"朋友"。

▲ **活动设计二:寻找类词**

俗话说:人生难得一知己。知己是你人生中绝难找到的朋友,所以伯牙鼓琴,子期知音,就成了好多人梦寐以求的一种友谊,多少人渴望着有朝一日自己也能如古人一样高山巍巍流水洋洋。每个人对朋友的理解不同,有的人将对自己有帮助的人视为朋友;有的人将来往密切人的称之为朋友;还有的人是因兴趣相投走到一起成为朋友。在你心里,朋友又可以分为哪些类型呢?

示例:

(1) 从朋友特点上分类

知己型:友情特别深、来往密切的朋友,如:知音、密友、老友、挚友、知交等。

伙伴型:有着相同、相近爱好的朋友,如:票友、驴友、骑友、笔友、网友等。

志同道合型：一起做一些事情的人，如：战友、队友、学友、难友、校友等。

（2）从情感色彩上分类

褒义型：良师益友、倾盖之交、石友、诤友等。

贬义型：狐朋狗友、同伙等。

任务二："朋"字展示

▲ **活动设计一：成语空间**

你知道关于朋友的成语有哪些？这些成语背后有故事吗？

示例：

（1）高山流水：出自《列子·汤问》，比喻知音难遇或乐曲高妙。

（2）肝胆相照：出自《史记·淮阴侯列传》："臣愿披腹心，输肝胆，效愚计，恐足下不能用也。"宋·赵令畤《侯鲭录》："同心相亲，照心照胆寿千春。"

（3）谊切苔岑：出自晋·郭璞《赠温峤》诗："人亦有言，松竹有林，及尔臭味，异苔同岑。"

▲ **活动设计二：诗词积累**

中国是诗的国度，而古典诗词作为中文特有的一种文体，不仅是"六艺之一，群经之始"，也是每一个中国文人必备的文化技能，更是中国文化百花园中的一块瑰宝。古典诗词以最精炼、最抒情的文字直达人的心底，时而婉约到极处，时而又豪放到极处，细细品味间，让人沉醉心迷。古代的文人雅士更是喜欢以诗词会友，你知道有哪些关于朋友的诗词故事吗？

示例：

(1) 送杜少府之任蜀州

唐·王勃

城阙辅三秦，风烟望五津。

与君离别意，同是宦游人。

海内存知己，天涯若比邻。

无为在歧路，儿女共沾巾。

(2) 江城子·南来飞燕北归鸿

宋·秦观

南来飞燕北归鸿。偶相逢。惨愁容。绿鬓朱颜，重见两衰翁。别后悠悠君莫问,无限事,不言中。

小槽春酒滴珠红。莫匆匆。满金钟。饮散落花流水、各西东。后会不知何处是,烟浪远,暮云重。

(3) 归去来·平调
宋·柳永

初过元宵三五。慵困春情绪。灯月阑珊嬉游处。游人尽、厌欢聚。
凭仗如花女。持杯谢、酒朋诗侣。余酲更不禁香醑。歌筵罢、且归去。

▲ **活动设计三:故事分享**

真正的朋友,不在于花言巧语,而是关键时刻会拉起你的那只手。你知道有哪些关于名人交友的小故事吗? 和大家分享下。

示例:

(1) 范仲淹与王质

北宋的范仲淹因主张改革,惹怒了朝廷,被贬去颖州。当范仲淹卷起铺盖离京时,一些平日与他过从甚密的官员,生怕被说成是朋党,纷纷避而远之。有个叫王质的官员则不然,他正生病在家,闻讯后,立即抱病前去,大摇大摆地将范仲淹一直送到城门外。在那一人犯罪株连九族的封建社会里,王质能做到不计个人利害得失,真诚待友,和那些见利忘义之徒相比较,实在是难能可贵的。对范仲淹来说,谁是真朋友,谁是假朋友,此时此刻,也就一清二楚了。

(2) 马克思与恩格斯

恩格斯为了在经济上资助马克思的革命活动,不惜去经营他所厌恶的商业。当时他和马克思虽生活在同一城市,却几乎每天通信,在革命事业上互相鼓励、促进。马克思逝世后,恩格斯又担任了整理朋友遗稿的重任,编辑出版了《资本论》的第二、三卷,完成了朋友未完成的事业。可见,共同的理想和人生目标是建立友谊的基础。

任务三:找"朋"行动

▲ **活动设计一:交友语录**

你最欣赏哪个交友语录,把它写下来,说说这个语录好在哪里?

示例:

(1) 同学录是我们成长道路上必不可少的回忆,在你印象中,哪一篇同学录令你记忆犹新？

"友情就像放风筝,你在这头,我在那头。你牵着我,我拉着你。彼此紧紧地连在一起,彼此深深地仰望。那是一种美,一种既朴实又华丽的美。"

(2) 人们常说战友和同学之间的友情是世界上最真诚、最永恒的友情。当我们有了他们中的一个,难道我们不应该高兴吗？你知道友情微博暖心文案怎么发吗？

▲ **活动设计二：邀友宣言**

独行快,众行远。就是说：一个人可以走得很快,但一群人可以走得更远。为了让大家找到志同道合的小伙伴,相互扶持,共同成长,班委研究决定成立"成长共同体",请你拟一份《邀友宣言》。

要求：①邀友目的明确,理由合理。②条理清晰,表达得体。开头建议用一句诗或名言警句,能快速吸引注意力；主体要说出你为什么邀友、邀什么样的朋友；结尾建议用"邀请你加入我们的成长共同体"这样的语句。③只写正文,100 字左右。

邀友宣言

同学们：

××中学七1班翱翔组
2022 年 2 日 12 日

示例：孔子云："独学则无友,孤陋而寡闻。"701 班翱翔组成长共同体是由品学兼优的朋友组成,我们组成员学习上互相帮助,生活上互相关心,德智体美劳全面发展,为明天翱翔在祖国蓝天而时刻准备着。来吧,邀请你加入我们的成长共同体。

（三）任务群学习总结

本任务群学习,我们围绕"有朋自远方来"这一主题,通过走进"朋"字、"朋"字展示、找"朋"行动以点带面,层层深入。任务一通过说文解字、寻找类词活动来认识"朋"字,在解词中、比较中认识"朋"字的基本含义和朋友的不同分类；任务二为

"朋"字展示,进一步学习"朋"字的含义,在成语、诗词和名人故事中深入理解"朋"字以及朋友的真正内涵;任务三为找"朋"行动,在交友语录、邀友宣言活动中拓展延伸,根本任务是学以致用,融会贯通,将学到的知识融入到我们学习生活中去。

(四)任务群学习迁移

找一个自己感兴趣的汉字,通过走进汉字、展示汉字、寻找汉字相关的故事等活动,全面深入地理解、掌握这个字的内涵。

同学们可以把这个字的相关内容制作成一张小报纸,在全班范围内展示交流。

文学阅读与创意表达：梦想与现实交织的生存悲歌
——《骆驼祥子》课本剧创作与展演任务群设计

一、教学目标

1. 通过课本剧的形式，深度理解人物的形象，探究造成祥子悲剧人生的复杂因素。

2. 通过剧本的写作、汇演，提高学生对文学作品的领悟、感受与分析能力。

二、学习任务群设计框架

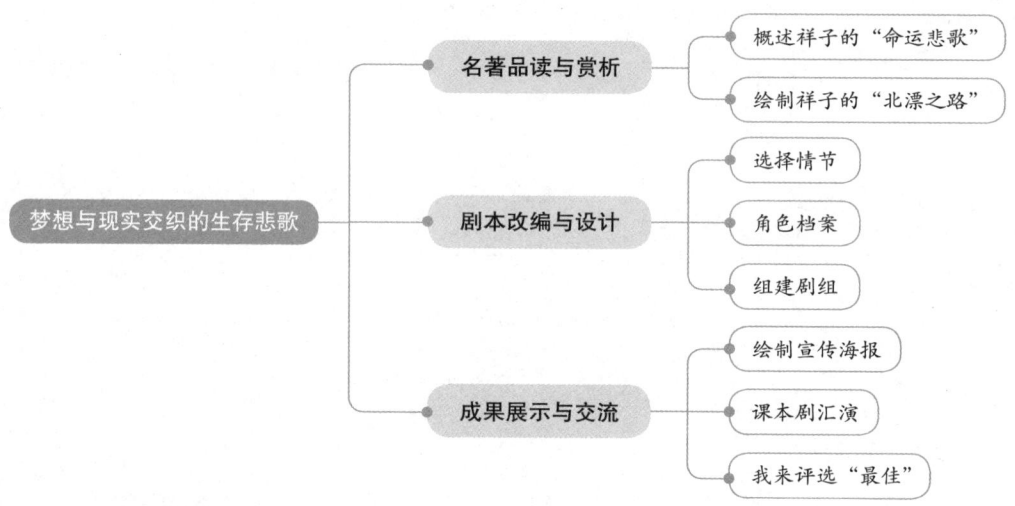

三、学习任务群设计说明

《骆驼祥子》是老舍的长篇小说代表作，这部小说语言浅显易懂，脉络分明，但篇幅长，阅读花费的时间多，要落实阅读效果难度相对较大。小说中的人物各具情态，情节丰富，很吸引学生；但是小说所反映的社会现实距离学生生活较远，学生对这本书的理解往往是肤浅和片面的，更不用说去探寻作品背后的内涵了。教师可以依托小说文本特点，从文学阅读与创意表达角度设置任务群。以"《骆驼祥子》课本剧创作与展演"为核心任务，通过"名著品读与赏析""剧本改编与设计""成果展示与交流"三个子任务的学习，让学生置身情境教学之中，激发学生的阅读兴趣，引领学生走进作品中人物的血肉和灵魂，把握作品的主题思想。同时各小组的交流情况在活动过程中也将得到记录，对活动表现和结果进行评价，让学生在学习活动中真实地进行阅读、思考,提升学生思维品质。

四、教学过程

(一)导入

一方舞台,演绎悲欢离合,几束灯光,投影世间百态。好的故事,犹如饮一杯好酒,其味无穷,久而弥笃。品读经典,走进大师们笔下的世界,和书中人物交流,从他们那里获取知识,汲取营养。今天让我们一起参与著名作家老舍笔下的经典作品《骆驼祥子》课本剧创作与展演,穿越时光,让经典重现。

(二)学习任务与学习活动设计

任务一:名著品读与分享

通过完成"概述祥子的'命运悲歌'""绘制祥子'北漂之路'"两个活动,让学生梳理祥子人轨迹,认识祥子的奋斗与堕落。

▲ **活动设计一:概述祥子的"命运悲歌"**

"生如逆旅,一苇以航",老舍笔下的骆驼祥子,起起落落的人生让千千万万个读者唏嘘感叹。文学作品的魅力,就在于与不同读者相遇,往往产生不同的解读,作品亦因为读者的自我体验而焕发生命之光。请同学们根据自己的阅读体验,为青年的祥子和老年的祥子画一幅肖像插图。试着从不同角度用下面的句式概述祥子的一生。

青年的他是那么_____,老年却_____。

提示:理想和现实总是充满了矛盾,他们往往不能调和,然而他们却同时存

青年

老年

在。祥子的一生,在身体状况、内心想法、行事风格、品质性格等方面前后形成了鲜明的对比。

示例:

青年的他积极向上,如今却自暴自弃。

曾经的他善良淳朴,如今却麻木冷漠。

曾经的他吃苦耐劳,如今却游手好闲。

▲ **活动设计二: 绘制祥子的"北漂之路"**

一个勤劳善良、吃苦耐劳的农村小伙子堕落成一具"行尸走肉",成为"个人主义末路鬼",何其悲哀! 祥子幸福和希望是怎么样一步步破碎的? 他经历了什么? 请同学们用绘制祥子的"北漂之路"。

提示:三起三落,像个鬼影,永远抓不牢,而空受那些辛苦和委屈。

——《骆驼祥子》第二十章。

补充材料:细读全文会发现,"一起一落"之后,祥子并没有真正"起"过,而是一直在滑落,所谓"二起"和"三起"不过是滑落中的挣扎罢了。也就是说,祥子只有在作者追述中的"一起"时期才是真正积极向上,奋发有为,努力追求美好生活,而"一落"之后的全书主体内容,其实是祥子不断滑落的堕落史和沉沦史。

——王惠《〈骆驼祥子〉深度阅读的策略与路径》

示例:

一起:来到北平当人力车夫,苦干三年,凑足一百块钱,买了辆新车。

一落:有一次连人带车被宪兵抓去当壮丁。

二起:卖骆驼,拼命拉车,省吃俭用攒钱准备买新车。

二落:干包月时,祥子辛苦攒的钱也被孙侦探骗去,

三起:虎妞以低价给祥子买了邻居二强子的车,祥子又有车了。

三落:虎妞去世,为了置办虎妞的丧事,祥子又卖掉了车。

祥子的三起三落中几个波峰的高低应该如何设计? 他的人生走向是什么? 哪幅图更符合原著。

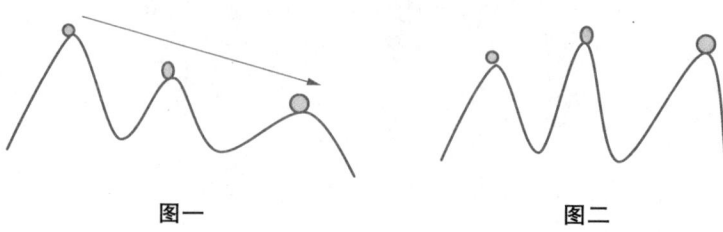

图一　　　　　　　　　图二

祥子的"一起",是来到北平当人力车夫,苦干三年,凑足一百块钱,买了辆新车。是他人生的最高峰,他真正拥有了属于自己的车;而在"一落"之后"二起",是他又开始重新拉车攒钱,经过努力虽有了买车钱,但因被骗没有买成车;"三起"也只是低价买了二手车。由此"二起"和"三起"不过是滑落中的挣扎罢了。"一落"之后祥子的人生,就是一部不断滑落的堕落史和沉沦史,因此图一更符合原著。

任务二:剧本改编与设计

祥子的悲剧,不单是三起三落的打击,也不仅是个人奋斗的没落,更不单是社会黑暗的侵蚀。应是那个大的时代背景下,众多的内因与外因共同铸成的。请同学通过剧本改编与设计探究造成祥子悲剧命运的复杂因素。

▲ 活动设计一:选择情节

《骆驼祥子》是一部深刻揭示人性本质的作品,故事情节跌宕起伏,主人公命运三起三落。这样精彩的长篇文本,选择情节一定要精当。请同学们从祥子的悲剧命运出发,选择一些典型情节来揭示造成祥子悲剧命运的原因。

提示:剧本情节选择需要具备以下几个条件:有矛盾冲突、有鲜明的人物个性、能够反映作品主题。

示例:

剧本名称	侦探讹钱
剧本缘由	祥子生活在一个非常可悲的时代,他所接触的人,或心怀鬼胎,与祥子的接触带有强烈的目的性;或是贪婪重利、道德沦丧的社会败类。祥子生活在这样一种环境中,每当他以一个善良、热情、充满希望的心去看待整个世界时,所换来的只有一次又一次的沉重打击。孙侦探讹钱,就是这样生活环境中人性黑暗的代表。
人物关系及冲突矛盾	孙侦探是旧社会的爪牙,一个小小的巡警。为人奸诈、贪婪,敲诈祥子的买车钱。
故事梗概	曹先生遭到特务的跟踪,不敢回家,让祥子去接他老婆孩子。祥子刚到家,就被孙侦探抓住。孙侦探骗祥子说他与乱党曹先生串通,需要花很多钱疏通才能免罪,骗走了祥子的买车钱。
打磨人物台词	阅读小说片段,分析人物的动作、心理,根据人物的形象设计台词。如: 孙侦探:祥子你不认识我了?(不怀好意地笑)你不记得当初你教我们拉到西山区。想起来了吗?(眼神盯着) 祥子:啊,孙排长(假装认识) 祥子内心独白:他是谁啊,当时拉上山的时候都快吓死了,谁记得那个是排长,哪个是连长啊。(摸头动作)

▲ 活动设计二：角色档案

请同学们根据情节内容，为情节建立人物档案卡，勾勒人物经历，剖析该人物对祥子悲剧人生的影响。

提示：阅读文章有关情节，根据其主要经历，分析其性格特点，并思考与祥子的悲剧的关系。

示例：

人物档案					
姓名	虎妞	绰号		小嫩肉	
外貌	"虎头虎脑，因此吓住了男人""她泼辣剽悍，能干精明"				
身份	人和车厂厂主刘四爷的女儿，人力车夫祥子的妻子				
主要经历	(1) 虎妞帮刘四爷管理车场。(2) 虎妞热情地款待了祥子。(3) 虎妞到曹宅去找祥子，谎称她怀孕了。(4) 虎妞和祥子为刘四爷准备寿宴，刘四爷骂祥子，因此虎妞跟他撕破脸，和祥子走了。(5) 虎妞难产而死。				
评价（与祥子悲剧的关系）	虎妞的一生充满悲剧色彩，她的性格和形象与那个时代格格不入。一方面，作为妻子，对祥子的控制欲极强，要把祥子拉入到自己的生活轨道中。另一方面，她处于独特的生活环境，想让祥子做一个剥削他人的车厂主，对待贫苦农民，没有一点同情心。她虽然并没有直接伤害祥子，但是她通过对祥子心灵上的打击、压迫和侵袭来满足自己，她最开始用权势利诱令祥子无法脱身，婚后利用经济优势来牵制住祥子，表面上的体贴关照其实是在一步步吞噬着祥子的内心。				

▲ 活动设计三：组建剧组

独学而无友，则孤陋而寡闻。通过小组合作，小组成员之间可以在学习上相互帮助、取长补短。为了高效完成话剧任务，我们将成立剧组，合作完成话剧表演。

要求：小组成员合作探究，资源共享；各成员积极参与学习，虚心接受别人的指导；明确自己的职责，按时完成小组任务。

岗位	工作简述	人员安排
导演	研究剧本、选演员、选景	
编剧	负责写剧本	
演员	揣摩人物角色	
道具	化妆、演出道具	
宣传	制作宣传海报	

任务三：成果展示与交流

青春演绎经典，活力绽放舞台。将《骆驼祥子》搬上舞台，以课本剧的形式，让名著鲜活起来。成果展示与交流通过"绘制宣传海报""剧本汇演""我来评选"三个活动展开，引领学生走进作品中人物的血肉和灵魂，把握作品的主题思想。

▲ **活动设计一：绘制宣传海报**

海报用于活动的宣传，一张醒目的海报，可以让人驻足观赏。请同学们为剧本绘制宣传海报。

提示：① 从构图上，海报设计的要素，要能突出剧本主题。② 从色彩上，具有美感和协调性，有视觉冲突，让主题更有表现力。③ 从创意角度，作品表现新颖、独特，巧妙运用灵感表达主题。④ 设计理念优秀，有深度含义。

示例：

海报选择与设计：祥子是社会底层劳动者的形象。选择的背景是繁华的街市，街前是祥子拉着车，他坚韧顽强地咬着牙，用孤苦的挣扎编织着美丽的梦想，他的影子如同一头骆驼。可连遭厄运后，他由乡间来的淳朴老实的小伙子沦落成一个让人同情的混混。故事讲述的就是底层人们的不易与辛酸，所以整体色调是黑色的。祥子是旧社会贫苦劳动人民的缩影，突出反映了旧社会劳动人民生活的苦难与无奈。

▲ **活动设计二：课本剧汇演**

作为舞台艺术的话剧，能够带来与电影、电视剧等不同的艺术体验。如何欣赏一部话剧呢，请同学们阅读评价表，在欣赏的过程打出你的分数，如果你有更好的观点，也可以补充到后面。

《骆驼祥子》课本剧评价表			
评价类型	主要指标	分数(满分10分)	备注
台词	台词设计符合京味语言,能让观众清楚明了看懂剧情,了解人物;并具有口语化的特点,适合演绎。		
人物角色	人物形象塑造符合原著,有自己独特的认识。		
宣传设计	海报设计的要素,要能突出剧本主题。		
表演	是否有情感投入,符合人物角色和心理		
剧本主题	情节片段选择能反映造成祥子悲剧命运的复杂因素。		

▲ **活动设计三:我来评选"最佳"**

精彩的话剧给我们带来与众不同的艺术体验,舞台上的他们用最朴实的演技演绎不同的人生。相信同学们已经感受到它的魅力了。请同学们推选你心目中的"最佳"。

要求:根据不同的奖项,能够从多角度评析。如"最佳宣传海报",可以从设计元素、颜色、创意、主旨等角度来谈。

《骆驼祥子》"最佳"评选表	
类别	推荐理由
最佳剧本	
最佳导演	
最佳角色	
最佳宣传海报	

(三)任务群总结

阅读点亮人生,经典叩动心灵。本任务群,我们围绕"梦想与现实交织的生存悲剧"主题,以名著为"源",用课本剧的形式感悟作品的艺术魅力,深度理解人物的精神世界。学生在通读全书的基础上,借助圈点批注的读书法,梳理故事情节,分析祥子的命运起伏变化和性格前后对比,通过剧本演绎理解作品的主题思想。活泼有趣、别具一格的课本剧展演为学生提供了展示智慧、张扬个性的舞台,也为推动经典阅读打开了全新视野,真正让学生在学习中"学有所乐,乐有所获"。《骆驼祥子》课本剧的演绎,可以鲜明地对比出旧中国和新中国百姓生存处境和生活状态的不同,让学生感受到当今幸福生活的珍贵,启发学生观察社会生活,关注身边的人,激发学生对弱势群体的同情心,关心弱势群体的生存现状。

(四)任务群迁移学习

老舍的话剧《茶馆》作为经典读物却并不受初中群体的关注,那么,我们该如何通过创新设计宣传,让更多的人来品鉴人物形象、领略经典魅力呢?请同学们阅读全书,编辑一期微信公众号推送文章,注意公众号的内容、标题、排版。